Czech for Foreigners

My good Czech Companion

O. Parolková, J. Nováková

Dotisk 4. opraveného a doplněného vydání, nakladatelství BOHEMIKA   ISBN 80-901739-4-2

Praha 2001

Introduction

Who is Czech for Foreigners for?

It is a short course for adult complete beginners. The whole course takes learners to pre-intermediate level. It provides a minimum of 180 hours of teaching.

What kind of method does Czech for Foreigners use?

It takes the best of modern and traditional language teaching. You will be helped to understand the rules and patterns of the Czech language. In this way you can lose your fear of grammar and see it as a logical and most helpful system. You will do a lot of speaking, using drills to automatise the structures and patterns. You will be given plenty of opportunities to use the language structures, patterns, forms and words you have learned. Your activities will be guided, so that you will always have enough of the language needed for the task.

What does Czech for foreigners consist of?

A **textbook** with a lot of drills. While doing them you should cover the right part of the page, where the solution is. You should repeat them many times, until you are able to master them.

A **vocabulary list** with words translated from Czech into English.

A list of grammatical expressions and their translations into English.

A list of teachers instructions and their translation into English.

A **tape** with dialogues you should reproduce to get used to understand and produce Czech speech.

Some **texts** to read.

A **set of tests** available at special request.

Introduction to the 3rd edition

This edition was corrected and provided with a Key to the exercises. No changes were made in taped texts. Therefore a short set of information (prices of transport, food, etc.) was added at the end of the book.

1

- Nazdar! Já jsem Adam.
- Ahoj! Já jsem Petr.
- Ty jsi cizinec?
- Ano.
- Angličan?
- Ne. Američan.

- Nazdar! Já jsem Eva.
- Ahoj! Já jsem Helena.
- Ty jsi cizinka?
- Ano.
- Angličanka?
- Ne, Američanka.

- Dobrý den. Já jsem Zeman.
- Těší mě. Já jsem Wagner.
- Vy jste cizinec?
- Ano.
- Němec?
- Ne, Rakušan.

- Dobrý den. Já jsem Zemanová.
- Těší mě. Já jsem Wagnerová.
- Vy jste cizinka?
- Ano.
- Němka?
- Ne, Rakušanka.

2

- Dobrý den. Jmenuji se Dana Poláková.
- Těší mě. Já jsem Olga Filipová.

- Dobrý den, paní Poláková. Jak se máte?
- Děkuji, mám se dobře. A vy?
- Děkuji.

- Ahoj! Já jsem Dana.
- Nazdar! Já jsem Olga.

- Ahoj, Dano! Jak se máš?
- Děkuji, dobře. A ty, Olgo?
- Ujde to.

3

- Dobrý den, paní profesorko! Jak se máte?
- Dobrý den! Děkuji, dobře. A jak vy se máte, pane Wagnere?
- Děkuji, výborně. Promiňte, jede mi tramvaj. Na shledanou!
- Na shledanou! Mějte se hezky!

- Ahoj, Heleno! Jak se máš?
- Nazdar, Karle. Ujde to. A ty?
- Prima. Promiň, jede mi tramvaj. Tak ahoj!
- Měj se!

B

§ 1 České vokály:

a	- Praha, Varšava, Havana, Alabama, Anna, vana
e	- Helena, Alena, Eva, je, jeden, den , ne, nejsem
i, y	- Amerika, Afrika, cigarety, Richard, Ivana,byt
o	- ovoce, nalevo, napravo, hotel, Ostrava , Japonec
u	- kudy, tudy, koruna, ruka, guma, student, muž
á	- máma, táta, tabák, kabát, armáda, mám, děláte
é	- mléko, léto, dobré, malé, drahé, Švéd, Švédka
í, ý	- dobrý, malý, velký, sýr, jít, jíst , pít, bít, být
ó	- balón, citrón, gól, vagón, balkón
ů, ú	- sůl, stůl, hůl, dům, můj, úterý, úkol, únor
au	- auto, autobus, automat, Austrálie
eu	- neutralita, neutrální, pneumatika, neutron
ou	- mouka, houba, na shledanou!

§ 2 SUBSTANTIVUM: přechylování

ADAM	**je**	**STUDENT.**		**EVA**	**je**	**STUDENTKA.**

on | | | **ona**

on			ona		
Karel			Dana		
Petr			Helena		
Jan			Jana		
Richard			Alena		
Robert			Ivana		
Vladimír	>	je Čech.	Ludmila	>	je Češka.
Jaroslav			Jaroslava		
Václav			Zuzana		
Tomáš			Julie		
Josef			Marie		
Pan Wagner			Paní Wagnerová		

Němec, Japonec, Albánec	Němka, Japonka, Albánka	*German, Japonese, Albanese*
Američan, Kanaďan, Číňan	Američanka, Kanaďanka, Číňanka	*American, Canadian, Chinese*
Angličan, Australan, Rus	Angličanka, Australanka, Ruska	*English, Australian, Russian*
Nor, Fin, Dán, Rumun	Norka, Finka, Dánka, Rumunka	*Norwegian, Danish, Rumunian*
Arab, Ital, Švéd, Ir	Arabka, Italka, Švédka, Irka	*Arabian, Italian, Swede, Irish*
Čech, Slovák, Polák	Češka, Slovenka, Polka	*Czech, Slovak, Pole*
profesor, učitel	profesorka, učitelka	*professor, teacher*
student, žák, manažer	studentka, žačka, manažerka	*student, schoolboy/girl, manager*
doktor, inženýr	doktorka, inženýrka	*doctor, engineer*
novinář, fotograf	novinářka, fotografka	*journalist, photographer*
zpěvák, herec, kuchař	zpěvačka, herečka, kuchařka	*singer, actor/actress, cook*
spisovatel, prezident	spisovatelka, prezidentka	*writer, president*
muž, manžel, dědeček,vnuk	žena, manželka, babička, vnučka	*man, husband, grandfather, grandson*
otec, tatínek, syn	matka, maminka, dcera	*father, daddy, son*
strýček, bratr, bratranec	teta , sestra, sestřenice	*uncle, brother, cousin*
pán, pan Zeman	paní, paní Zemanová	*gentleman, Mr. Z.*

§ 3 SUBSTANTIVUM: NOMINATIV / VOKATIV : pro oslovení.

Aleš	Aleši!	ž, ř, č, š, j	+ I
tatínek	tatínku!	k, ch	+ U
Adam	Adame!	jiné konsonanty	+ E
Eva	Evo!	a	> O
Marie	Marie!	e	= E
paní	paní!	í	= Í

Adame! Karle! Petře! Jene! Richarde! Roberte! Vladimíre! Jaroslave! Václave! Josefe! Tomáši! Aleši! Pane Wagnere! Pane profesore! Pane učiteli! Tatínku! Dědečku!

Evo! Dano! Heleno! Jano! Aleno! Ivano! Olgo! Zuzano! Julie! Marie! Paní Wagnerová! Slečno Wagnerová! Paní profesorko! Paní učitelko! Maminko! Babičko!

§ 4 Sloveso BÝT:

já	jsem	nejsem	jsem?	nejsem?
ty	jsi	nejsi	jsi?	nejsi?
on				
ona	je	není	je?	není?
ono				
my	jsme	nejsme	jsme?	nejsme?
vy	jste	nejste	jste?	nejste?
oni	jsou	nejsou	jsou?	nejsou?

PAMATUJ:

1. Dítě, člen rodiny, blízký přítel   - **ty jsi** (tykání).
   Cizí dospělý člověk   - **vy jste** (vykání).
   Vykání je zdvořilé.
2. U slovesných tvarů zpravidla neužíváme zájmen,
   říkáme **jsem**, nikoliv **já** **js**em, **js**i, nikoliv **ty js**i, atd.
3. Zvláštní tvary pro otázku čeština nemá.
   Otázka je při mluvení vyznačena intonací, při psaní
   otazníkem.
4. Záporná otázka = kladná otázka + zdvořilost.
   Nejste cizinec? = Jste cizinec? + zdvořilost.

Cvičení 1

Petr je cizinec.

Učitel:	Student:		
Adam	Adam je cizinec.	Jana	Jana je Slovinka.
Eva	Eva je cizinka.	Češka	Jana je Češka.
Marie	Marie je cizinka.	Václav	Václav je Čech.
Richard	Richard je cizinec.	Rumun	Václav jeRumun.
Angličan	Richard je Angličan.	Andrea	Andrea je Rumunka.
Anna	Anna je Angličanka.	Norka	Andrea je Norka.
Tomáš	Tomáš je Angličan.	novinářka	Andrea je novinářka.
Němec	Tomáš je Němec.	Helena	Helena je novinářka.
Eva	Eva je Němka.	fotograf	Helena je fotografka.
Robert	Robert je Němec.	já	Já jsem fotograf/ka.
Američan	Robert je Američan.	ty	Ty jsi fotograf/ka.
Petr	Petr je Američan.	on	On je fotograf.
Helena	Helena je Američanka.	novinář	On je novinář.
Francouzka	Helena je Francouzka.	ona	Ona je novinářka.
Jan	Jan je Francouz.	doktorka	Ona je doktorka.
Karel	Karel je Francouz.	on	On je doktor.
Švéd	Karel je Švéd.	student	On je student.
Helena	Helena je Švédka.	ona	Ona je studentka.
Petr	Petr je Švéd.	já	Já jsem student/ka.
Rus	Petr je Rus.	Češka	Já jsem Čech/Češka.
Alena	Alena je Ruska.	Slovenka	Já jsem Slovák/Slovenka.
Slovenka	Alena je Slovenka.	ty	Ty jsi Slovák/Slovenka.
Martin	Martin je Slovák.	Američan	Ty jsi Američan/Američanka.
Slovinec	Martin je Slovinec.	Němec	Ty jsi Němec/Němka.

Cvičení 2

Učitel:	Student:	Učitel:	Student:
Jsem student.	Nejsem student.	Jsem studentka.	Nejsem studentka.
Jsem cizinec.	Nejsem cizinec.	Jsem novinářka.	Nejsem novinářka.
Jsi Američan.	Nejsi Američan.	Jsi fotografka.	Nejsi fotografka.
Je Ital.	Není Ital.	Je Španěl.	Není Španěl.
Jsme cizinci.	Nejsme cizinci.	Jsme cizinky.	Nejsme cizinky.
Jste studenti.	Nejste studenti.	Jste studentky.	Nejste studentky.
Jste student.	Nejste student.	Jste inženýrka.	Nejste inženýrka.
Jsou Francouzi.	Nejsou Francouzi.	Jsou novináři.	Nejsou novináři.

Cvičení 3

Učitel:	Ty jsi Čech?
l. student:	Nejsem Čech, jsem Němec. Jsi taky Němec?
2. student	Nejsem Němec, jsem Ital. Jsi taky Ital?
3. student:	Nejsem Ital, jsem Bulhar. Jsi taky Bulhar?
4. student:	Nejsem Bulhar, jsem........../pokračujeme a vystřídáme národnosti.

(Studenti také rozlišují, zda se ptají muže nebo ženy).

Cvičení 4

Zopakujte cvičení 3, ale vykejte.

Cvičení 5

Učitel rozdá obrázky znázorňující povolání (viz příloha 1).

Učitel:	Ty jsi novinář?
1. student:	Nejsem novinář, jsem fotograf. Ty jsi taky fotografka?
2. studentka:	Nejsem fotografka, jsem žena v domácnosti. Ty jsi taky žena v domácnosti?
3. studentka:	Nejsem žena v domácnosti, jsem ..../pokračujeme a vystřídáme povolání.

(Studenti rozlišují, zda se ptají muže nebo ženy).

Cvičení 6

Cvičení zopakujte, vyměňte obrázky a vykejte.

Cvičení 7

Učitel:	Je Čech?
1. student:	Není Čech, je Arab.
2. student:	Není Arab, je Maďar.
3. student:	Není Maďar, je ....atd.

Cvičení 8

Podle vzoru úvodního textu 1 se vzájemně představte.

a/ vykáte: začíná učitel + 1. student, pak 1. student + 2. student, pak vstanou všichni studenti a představují se vzájemně i učiteli.

b/ tykáte: začíná 1. + 2. student, pak vstanou všichni studenti a navzájem se představují.

Cvičení 9

Studenti vstanou, chodí po třídě a reprodukují ve dvojicích dialogy A2 a A3, nejdříve formální dialogy, potom neformální.

Cvičení 10

Rozdáme kartičky s názvy povolání a národností. Studenti vstanou, navzájem se oslovují a zjišťují národnost a povolání svých spolužáků.

Vzor A:

- Steve, ty jsi Američan?	- Ano. / Ne, jsem Angličan.
- Jsi novinář?	- Ano. / Ne, jsem manažer.

Vzor B:

Pane Greene, vy jste Kanaďan?	-Ano. / Ne, jsem Ir.
Jste novinář?	-Ano. /Ne, jsem inženýr.

Cvičení 11

Rozdáme obrázky známých osob a studenti se ptají jeden druhého, kdo to je.

Vzor A:

To je Karel Čapek?	Ne, to je Jaroslav Seifert.
	Ano, je.

Vzor B:

Kdo je to?	To je Karel Čapek.

Cvičení 12

Studenti se ptají jeden druhého na jména svých spolužáků.

Vzor:

Kdo je to?	To je ....

Cvičení 13

Doplňujte:

1. Pavel není student. Je .... 2. John ....učitel, ...manažer. 3. Ty ... student?
- .... student, jsem .... 4. Já ...... učitel a maminka je taky .... 5. Adam je inženýr a Eva ....
taky .... 6. Václav .... Čech a jeho manželka je taky .... 7. Jan není Polák a jeho žena taky ....

Cvičení 14

Doplňujte:

a/   - .... den! Já.......... Josef Novák.
     - .... mě. .... Richard Wagner.
     - Vy........... Ital, pane ....?
     - Ne, ... A vy, ... Nováku?

b/   - Ahoj! Já .... Tomáš.
     - Nazdar, T........! Já ....Dana.
     - Ty ....Češka, D.....?
     - Ano. A ty, ...?

Použijte v cvičení b/ jména: Pavel, Karel, Richard, Aleš, Petr, Jan, Helena, Monika, Lucie, Julie, Alena.

Na shledanou! Mějte se hezky!

Nová slova:

a	and	my	we
ano	yes	Na shledanou!	Good bye!
Bulhar m.; Bulharka f.	Bulgarian	Nazdar! Ahoj!	Hi!
být/jsem, jsi, je, jsme, jste, jsou	to be	ne	no
		on, ona, ono, oni	he, she, it, they
cizinec m.; cizinka f.	foreigner	prima	fine
Děkuji/děkuju	thank you/coll.	Promiňte!/Promiň!	Excuse me!
dobře	fine, well	Rakušan m.;Rakušanka f.	Austrian
Dobrý den!	Hello!	slečna f.	Miss
Francouz m.; Francouzka f.	French	Slovinec m.;Slovinka f.	Slovenian
já	I	tak	so
Jak se máte?/máš?	How are you?/coll.	taky;také	also,too
Jede mi tramvaj.	My tram is coming.	Těší mě!	How do you do!
jeden	one	to je...	it is ...
jmenuji se ...	my name is...	ty	you /informal
kdo	who	Ujde to!	So - so. /coll.
Kubánec m.; Kubánka f.	Cuban	vy	you /formal
Mám se dobře.	I am very well.	výborně	excellent
Maďar m.; Maďarka f.	Hungarian	žena v domácnosti	housewife
Měj se dobře/hezky/měj se!	Have a good time!		

LEKCE 2

1 Dobrý den! Promiňte!

- Dobrý den! Promiňte, to je váš kufr?   - Ano.
- Dobrý den! Promiňte, to je vaše kniha?   - Ano.
- Dobrý den! Promiňte, to je vaše místo?   - Ano.

- Promiňte, je to váš kufr?   - To není můj kufr. Můj kufr je tenhle.
- Promiňte, je to vaše kniha?   - To není moje kniha. Moje kniha je tahle.
- Promiňte, je to vaše místo?   - To není moje místo. Moje místo je tohle.

- Promiň, to je tvůj slovník?   - Ne, můj slovník je tenhle.
- Promiň, to je tvoje učebnice?   - Ne, moje učebnice je tahle.
- Promiň, to je tvoje pero?   - Ne, moje pero je tohle.

2 Odkud jste?

- Dobrý den! Já jsem Filip Bárta.
- Těší mě. Já jsem Laura Pepperová.
- Vy jste Američanka?
- Ano, jsem z Ameriky. Jsem učitelka angličtiny. A vy jste Čech?
- Ne, jsem z Kanady. Ale můj tatínek je z Československa.
- A odkud je vaše maminka?
- Maminka? Ta je z Irska. My jsme internacionální rodina. Tatínek je Čech, maminka je Irka a já jsem Kanaďan. A moje žena je taky Kanaďanka, ale její rodiče jsou z Austrálie.
- Vy jste ženatý?
- Ano. A vy?
- Já nejsem vdaná. Já jsem ještě svobodná. A co tady děláte?
- Já? Já jsem manažer.
- Promiňte, pane Bárto, jede mi autobus. Spěchám do školy. Mějte se hezky.
- Na shledanou, Lauro!

3 Kdo je to?

a/	b/	c/
- Kdo je to?	- Odkud jsi?	- Děkuji.
- To je můj kamarád.	- Z Irska.	- Není zač.
- Odkud je?	- A jak se jmenuješ?	
- Z Brna.	- Daniel Green.	- Promiňte.
- A jak se jmenuje?	- Co děláš?	- Nic se nestalo.
- Petr Svoboda.	- Jsem novinář.	
- Co dělá?		
- Je student.		

4 Moje rodina

To je fotografie. Tady je moje rodina.To je můj muž Radek. Je doktor. Tohle je můj syn Tomáš. Je technik. Je už ženatý. Tohle je jeho žena Lída. Je prodavačka. Tohle je jejich syn. Jmenuje se Martin. Už je to velký kluk. To jsem já. Jmenuji se Jarka. Jsem učitelka. To je moje dcera Olga. Je inženýrka. Tohle je její muž Aleš. Je taky inženýr. To je jejich dítě. Je to holka, Jana. Je to ještě malá holka. Tohle je můj bratr Vojtěch. Je ještě svobodný, ale už není mladý. Moje sestra Helena tady není. Je fotografka. Ta fotografie je její práce. A tohle je naše babička Růžena. Je stará, ale je zdravá. Dědeček je už mrtvý. Tak to je celá naše rodina.

B

§ 5 ZÁJMENO:

MASKULINUM	FEMININUM	NEUTRUM
ten	ta	to
tenhle	tahle	tohle
můj	moje (má)	moje (mé)
tvůj	tvoje (tvá)	tvoje (tvé)
jeho	jeho	jeho
její	její	její
náš	naše	naše
váš	vaše	vaše
jejich	jejich	jejich

§ 6 SUBSTANTIVUM:

MASKULINUM	FEMININUM	NEUTRUM
...konsonant	....- A	......O
	.....- E	......E/Ě
	......měkký konsonant	......Í
	......- OST	

muž		žena		dítě	*child*
manžel		manželka		slovo	*word*
otec		matka		jméno	*name*
syn		dcera		sako	*jacket*
kluk	*boy*	holka	*girl*	víno	*wine*
tatínek		maminka		maso	*meat*

bratr		sestra		pivo	beer
dědeček		babička		okno	window
vnuk		vnučka		jídlo	meal
strýček		teta		mléko	milk
kamarád		kamarádka	girlfriend	pero	pen
kufr	suitcase	taška	bag	zavazadlo	luggage
pas	passport	kniha	book	číslo	number
klobouk	hat	jízdenka	ticket	místo	place
dům	house	peněženka	purse	auto	car
časopis	magazine	tužka	pencil	kolo	bicycle
byt	apartment	škola	school	kino	cinema
sešit	copybook	káva	coffee	divadlo	theatre
deštník	umbrella	bunda	jacket	tričko	T-shirt
stůl	table	židle	chair	křeslo	armchair
slovník	dictionary	učebnice	textbook	nádraží	train station
fotoaparát	camera	fotografie	photograph	náměstí	square
hotel	hotel	ulice	street	nábřeží	embankment
kabát	coat	košile	shirt	počasí	weather
bratranec		sestřenice		povolání	occupation
klíč	key	tabule	blackboard	hřiště	playground
pokoj	room	starost	trouble	letiště	airport
koberec	carpet	radost	pleasure	moře	sea
čaj	tea	skříň	wardrobe	parkoviště	parking place

§ 7 Česká abeceda

A a Á á	*Aa*	krátké a, dlouhé a		Ň ň		eň
B b	*Bb*	bé		O o Ó ó		krátké/dlouhé o
C c	*Cc*	cé		P p		pé
Č č	*Čč*	čé		Q q		kvé
D d	*Dd*	dé		R r		er
Ď ď	*Ďď*	dě		Ř ř		eř
E e É é	*Ee*	krátké/dlouhé e		S s		es
F f	*Ff*	ef		Š š		eš
G g	*Gg*	gé		T t		té
H h	*Hh*	há		Ť ť		tě
Ch ch	*Chch*	chá		U u Ú ú ů		krátké/dlouhé u, u s kroužkem
I i Í í	*Ii*	krátké/dlouhé měkké i		V v		vé
J j	*Jj*	jé		W w		dvojité vé
K k	*Kk*	ká		X x		iks
L l	*Ll*	el		Y y Ý ý		krátké tvrdé i, dlouhé tvrdé i
M m	*Mm*	em		Z z		zet
N n	*Nn*	en		Ž ž		žet

Pamatujte si:

h, ch, g, k, r, d, t, n -
jsou **tvrdé** konsonanty.
Po tvrdých konsonantech
píšeme **Y**:
hy, chy, gy, ky, ry,
dy, ty, ny
(kromě cizích slov).

ž, š, c, č, ř, j, ď, ť, ň -
jsou **měkké** konsonanty.
Po nich píšeme **I**:
ži, ši, ci, či, ři, ji, di, ti, ni.
ď + e = dě, ť + e = tě,
ň + e = ně.

b, f, l, m, p , s, v, z -
jsou **obojetné** konsonanty.
Po nich píšeme buď **Y**:
by, fy, ly, my,
py, sy, vy, zy;
nebo **I**:
bi, fi, li, mi, pi, si, vi, zi.

§ 8 ADJEKTIVUM:

MASKULINUM	FEMININUM	NEUTRUM
......Ý	......Á	......É
......Í	......Í	......Í

JAKÝ?	JAKÁ?	JAKÉ?	
nový	nová	nové	*new*
mladý	mladá	mladé	*young*
starý	stará	staré	*old*
živý	živá	živé	*alive*
mrtvý	mrtvá	mrtvé	*dead*
zdravý	zdravá	zdravé	*healthy*
nemocný	nemocná	nemocné	*ill*
velký	velká	velké	*big*
malý	malá	malé	*small*
hezký	hezká	hezké	*pretty*
ošklivý	ošklivá	ošklivé	*ugly*
štíhlý	štíhlá	štíhlé	*slim*
tlustý	tlustá	tlusté	*fat*
dobrý	dobrá	dobré	*good*
špatný	špatná	špatné	*bad*
černý	černá	černé	*black*
bílý	bílá	bílé	*white*
modrý	modrá	modré	*blue*
žlutý	žlutá	žluté	*yellow*
červený	červená	červené	*red*
zelený	zelená	zelené	*green*
hnědý	hnědá	hnědé	*brown*
svobodný	svobodná		*single*
rozvedený	rozvedená		*divorced*
ženatý	vdaná		*married*
sympatický	sympatická	sympatické	*nice*
inteligentní	inteligentní	inteligentní	*intelligent*
moderní	moderní	moderní	*modern*
normální	normální	normální	*normal*
hlavní	hlavní	hlavní	*main*
vedlejší	vedlejší	vedlejší	*side*
národní	národní	národní	*national*

§ 9 SUBSTANTIVUM: GENITIV sg.

New York	+ u	Laura je z New Yorku.	maskulinum	
Londýn	+ a	Linda je z Londýna.	maskulinum	
Hradec	+ e	Vašek je z Hradce.	maskulinum	
Amerika	> y	Adam je z Ameriky.	femininum	
Francie	= e	Jan je z Francie.	femininum	
Paříž	+ e	Eva je z Paříže.	femininum	
Finsko	> a	Anna je z Finska.	neutrum	
Konopiště	= ě	Ferdinand je z Konopiště.	neutrum	
Nizozemí	= í	Vilém je z Nizozemí.	neutrum	

Předložky: z, do, u, od, bez, vedle

Pamatuj: 1. Jablonec > z Jablonce, Hradec > z Hradce, Chlumec > z Chlumce.

2. Substantiva, která jsou zakončená na tvrdý konsonant a označuje lidi nebo zvířata, mají koncovku -a: bez bratra, u doktora, od tatínka, od studenta, vedle dědečka.

C

Cvičení 1

To je můj kufr.

Učitel:	Student:	Učitel:	Student:
pas	To je můj pas.	moje	To je moje místo.
taška	To je moje taška.	tvoje	To je tvoje místo.
klíč	To je můj klíč.	její	To je její místo.
auto	To je moje auto.	dcera	To je její dcera.
vaše	To je vaše auto.	moje	To je moje dcera.
kniha	To je vaše kniha.	sestra	To je moje sestra.
pokoj	To je váš pokoj.	bratr	To je můj bratr.
jeho	To je jeho pokoj.	tatínek	To je můj tatínek.
její	To je její pokoj.	náš	To je náš tatínek.
byt	To je její byt.	kamarádka	To je naše kamarádka.
váš	To je váš byt.	jejich	To je jejich kamarádka.
káva	To je vaše káva.	učitel	To je jejich učitel.
pivo	To je vaše pivo.	učitelka	To je jejich učitelka.
místo	To je vaše místo.	třída	To je jejich třída.

Cvičení 2

a/

	- Prosím vás, to je váš kufr?	*- Ne, můj kufr je tenhle.*
Učitel:	l. student:	2. student:
taška	- Prosím vás, to je vaše taška?	- Ne, moje taška je tahle.
auto	- Prosím vás, to je vaše auto?	- Ne, moje auto je tohle.
pokoj	- Prosím vás, to je váš pokoj?	- Ne, můj pokoj je tenhle.
místo	- Prosím vás, to je vaše místo?	- Ne, moje místo je tohle.
kabát	- Prosím vás, to je váš kabát?	- Ne, můj kabát je tenhle.
pero	- Prosím vás, to je vaše pero?	- Ne, moje pero je tohle.
sešit	- Prosím vás, to je váš sešit?	- Ne, můj sešit je tenhle.
sako	- Prosím vás, to je vaše sako?	- Ne, moje sako je tohle.

b/

	- Prosím tě, to je tvůj kufr?	*- Ne, není / Ano, je.*

Podle tohoto vzoru se ptejte na předměty přílohy 3. Střídejte kladné a záporné odpovědi.

Cvičení 3

černý kufr

Učitel:	Student:	Učitel:	Student
velký	velký kufr	divadlo	moderní divadlo
taška	velká taška	starý	staré divadlo
okno	velké okno	adresa	stará adresa
dům	velký dům	pas	starý pas
moderní	moderní dům	číslo	staré číslo
žena	moderní žena	tabule	stará tabule
mladý	mladá žena	černý	černá tabule
muž	mladý muž	hezký	hezká tabule
starý	starý muž	pero	hezké pero
auto	staré auto	kino	hezké kino
škola	stará škola	nádraží	hezké nádraží
normální	normální škola	náměstí	hezké náměstí
slovo	normální slovo	ulice	hezká ulice
český	české slovo	auto	hezké auto
slovník	český slovník	židle	hezká židle
kniha	česká kniha	volný	volná židle

adresa	česká adresa	stůl	volný stůl
nový	nová adresa	nový	nový stůl
kolo	nové kolo	číslo	nové číslo
klíč	nový klíč	auto	nové auto
hotel	nový hotel	učitel	nový učitel
moderní	moderní hotel	učitelka	nová učitelka
škola	moderní škola	slovo	nové slovo
kino	moderní kino	dům	nový dům

Cvičení 4

Prosím vás, ten černý kufr je váš?   ***- Ano, ten je můj.***

Podobně: taška - hnědý, pero - modrý, káva - černý, pivo - plzeňský, tričko - moderní, peněženka - červený, slovník - český, auto - černý, klíč - malý, fotografie - hezký.

Cvičení 5

- Prosím tě, nevíš, kde je můj slovník? -
- Tvůj slovník? Není to tenhle? / Tvůj slovník? To bohužel nevím.

Učitel rozdá studentům maximálně 14 párových obrázků (minimálně každý má jeden obrázek). Studenti vstanou a s použitím zadané fráze hledají druhý "párový" obrázek. Když dostanou kladnou odpověď, vezmou si obrázek a splnili úkol.

Cvičení 6

- Prosím vás, nevíte, kde je můj slovník?
- Váš slovník? To bohužel nevím./ - Váš slovník? Není to tenhle?

Podle daného vzoru tvořte dialogy k výše uvedeným obrázkům.

Cvičení 7

Podle vzoru cvičení 5 a 6 se ptejte na svoje věci. Pracujte ve dvojicích.

Cvičení 8

a) Popište fotografii rodiny podle obrázku k textu 4.

b/ Nakreslete rodokmen rodiny k textu 4. Popište tento rodokmen.

Příklad:

Růžena je maminka Heleny. Vojtěch je syn ....

c/ Vyplňte anketu a zeptejte se také svých spolužáků.

	vzor	vy	1.student	2.student
Jste svobodný/á?	ano			
Máte sestru?	ne			
Je vaše sestra vdaná?	-			
Máte bratra?	ano			
Je váš bratr ženatý?	ne			
Máte děti?	ne			

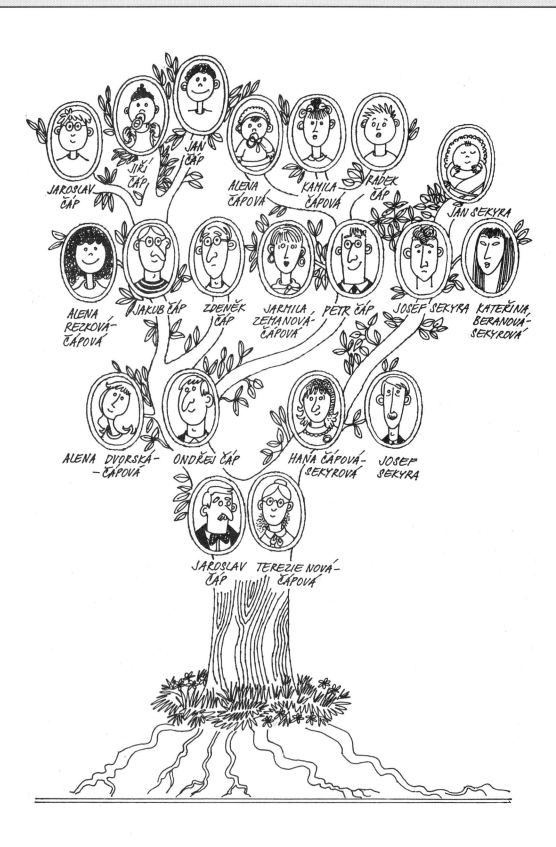

Cvičení 9

Odpovídejte podle rodokmenu:

Jak se jmenuje babička? - Jmenuje se............

Jak se jmenuje její syn? - Jmenuje se............

Jak se jmenuje jeho sestra? - Jmenuje se ....

Jak se jmenuje její synovec? - Jmenuje se ....

Jak se jmenuje její vnuk? - Jmenuje se ......

Jak se jmenuje dědeček? - Jmenuje se ....

Jak se jmenuje jeho dcera? - Jmenuje se ....

Jak se jmenuje její muž? - Jmenuje se ....

Jak se jmenuje jejich syn? - Jmenuje se ....

Jak se jmenuje jeho strýček? - Jmenuje se ......

Jak se jmenuje jeho teta? - Jmenuje se ....

Jak se jmenuje jeho bratranec? - Jmenuje se ....

Cvičení 10

Nakreslete rodokmen své rodiny a popište ji podle textu 4.

Cvičení 11

Vyjádřete opak.

Vzor: **- Je tvůj bratr velký?**   **- Ne, je malý.**

Střídejte zájmena: jeho, její, jejich, váš.
Podobně: otec - mladý, dědeček - mrtvý, syn - ženatý, sestra - svobodná, kufr - nový, taška - velká, byt - velký, pokoj - hezký, káva - špatná, kabát - nový, bunda - bílá, košile - nová, kniha - velká, slovník - dobrý.

Cvičení 12

Vyjádřete opak.

Vzor: **- Je ten kufr bílý?**   **- Ne, je černý.**

Podobně: počasí - ošklivé, košile - velká, pivo - špatné, holka - svobodná, kolo - nové, učitelka - mladá, auto - moderní, město - hezké, bunda - moderní, tabule - malá.

Cvičení 13

a/ Přiřaďte anglické názvy k českým v následujícím cvičení:

Russia, Germany, Japan, Denmark, Norway, The Netherlands, Hungary, Vienna, Finland, Poland, China, Paris.

b/

- Odkud jste? -   Z Pakistánu.

Učitel:	Student:	Učitel:	Student:
Rusko	Z Ruska.	Československo	Z Československa.
Německo	Z Německa	Polsko	Z Polska.
Mexiko	Z Mexika.	Finsko	Z Finska.
Japonsko	Z Japonska.	Konopiště	Z Konopiště.
Maďarsko	Z Maďarska.	Kanada	Z Kanady.
Dánsko	Z Dánska.	Čína	Z Číny.
Norsko	Z Norska.	Afrika	Z Afriky.
Varšava	Z Varšavy.	Anglie	Z Anglie
Bratislava	Z Bratislavy.	Amerika	Z Ameriky.
Brno	Z Brna.	Írán	Z Íránu.
Berlín	Z Berlína.	Irák	Z Iráku..
Londýn	Z Londýna.	Indie	Z Indie.
Belgie	Z Belgie.	Itálie	Z Itálie.
Brazílie	Z Brazílie.	Argentina	Z Argentiny.
Nizozemí	Z Nizozemí.	Ostrava	Z Ostravy.
Hradiště	Z Hradiště.	Praha	Z Prahy.
New York	Z New Yorku.	Francie	Z Francie.
Morava	Z Moravy.	Plzeň	Z Plzně.
Vídeň	Z Vídně.	Paříž	Z Paříže.

Pamatuj:

1. ze Slovenska, ze Španělska, ze Švédska, ze Švýcarska, ze Záhřebu, ze Sofie, ze Šumavy;
2. z Budapešti, z Bukurešti.

Cvičení 14

Říkejte, odkud jsou (viz obrázky).

Vzor: Jsou z Francie. Jsou z Paříže.

Cvičení 15

Reprodukujte ve dvojicích dialog 2.

Cvičení 16

Vyslechněte nahrávku a vyplňte tabulku:

Jméno	Národnost	Povolání	Stav
David			
Pamela			
Thorsten			
Pavel			
Jean			
Monika			

Cvičení 17

Hláskujte své jméno a svou adresu.

Cvičení 18

a/ Zapisujte hlásky, které slyšíte z kazety.

b/ Zapisujte jména, která uslyšíte z kazety.

Cvičení 19

Vyslovujte:

č   Čech, český, čaj, slečna, oči, černý, čistý, háček
š   škola, šilink, šachy, šaty, košile, široký, špatný
ž   žena, kůže, růže, žíla, Ženeva, žirafa, nádraží
ř   řeka, Řecko, třída, říjen, září, Řím, večeře, večeřet
ď   neděle, dělat, děti, děkuju, rodina, divadlo, dík
ť   tělo, ticho, dítě, děti, v autě, v botě, tisíc, chuť
ň   Němec, Němka, německý, nic, není, peníze, žízeň

V češtině je kroužek, háček, tečka a čárka.

Cvičení 20

Napište podle diktátu:

peníze, děti, mladý, český, německý, anglický, živý, modrý, hnědý, žlutý, zelený, moderní, nacionální.

Cvičení 21

a/ Reprodukujte ve dvojicích dialog 3 a, 3 b, 3 c.

b/ Vstaňte a ptejte se svých spolužáků podle vzoru dialogu 3b. Odpovědi zapište.

Cvičení 22

Co víte o Filipu Bártovi, o Lauře Pepperové, o svých kamarádech.

Cvičení 23

Doplňujte:

John je Američan. Je z .... Sophi je Angličanka. Je z .... Pan Wagner je Němec. Je z .... Paní Zemanová je Češka. Je z .... Pedro je Ital. Je z .... Okinoko je Japonka. Je z .... Mohamed je Íránec. Je z ....

Cvičení 24

Doplňujte:

1. Prosím ..., to je tvůj kufr? - Ne, ..., můj kufr .... tenhle. 2. .... tě, ... je .... bunda? - Ano, ... 3. .... vás, to je .... slovník? - Ne, ... 4. Je jeho sestra ještě ...... ? - Ne, už ..... vdaná. 5. Je ... jeho babička? - Ano, ... 6. Je ..... její muž? - Ne, ... není její .... , ... je její bratr.

Cvičení 25

Napište o sobě, jak se jmenujete, odkud jste, co děláte, atd.

Cvičení 26

Odpovězte na otázky.

a/ U koho? (doktor) - U doktora.
(bratr, tatínek, dědeček, profesor, zubař, inženýr, prezident, ministr).

b/ Kam ? (Praha) - Do Prahy.
(Varšava, Brno, Bratislava, Londýn, Berlín, Hamburg, Bonn, Vídeň , Rakousko, Salzburg, Paříž, kino, divadlo, Boston, Kanada, škola).

c/ Bez koho, čeho? (kufr) - Bez kufru.
(pas, klobouk, slovník, fotoaparát, kabát, klíč, auto, okno, mléko, jízdenka, tužka, káva, žena, sestra, babička, bratr, tatínek, doktor, zubař, taxíkář, student, Petr, Richard, Martin, Tomáš, Lukáš, novinář, učitelka, fotograf).

d/ Vedle koho, čeho? (tatínek) - Vedle tatínka.
(kufr, auto, hotel, pokoj, židle, tabule, škola, divadlo, okno, Tomáš, Robert, Martin, Petr, Vojtěch, babička, hřiště, parkoviště, nádraží).

e/ Odkud? (škola) - Ze školy.
(divadlo, kino, auto, slovník, nádraží, skříň, kufr, okno, letiště, hřiště, hotel, pokoj, byt, peněženka).

Děkuju pěkně a dobrou noc!

Nová slova:

adresa f.	adress	národnost f.	nationality
ale	but	náš, naše	our
angličtina f.	English	Není zač!	Don't mention it!
autobus m.	bus	nevíš/nevíte?	Do you know?
bohužel	unfortunately	odkud?	from where?
bez koho, bez čeho?	without who, without what?	peníze pl.	money
celá: celá rodina	the whole family	povolání n.	profession
co?	what?	práce f.	work, job
český adj.	Czech	prodavač m.; -čka f.	shop assistant /m., f.
čeho (co: genitiv)	what	prosím/vás, tě	please
Děkuji/u pěkně!	Thank you very much!	rodiče pl.	parents
dělat /Co tady děláte?	What are you doing here?	rodina f.	family
dítě n.; děti pl.	child	spěchat /spěchám,-áš	hurry, to be in a hurry
do + gen.	to, in, till	stav m.	marital status
do	into , (in, at)	tady /tu	here
Dobrou noc!	Good night!	technik m.;technička f.	technician /m., f.
dům m.	house	ten, ta, to	the
internacionální adj.	international	tenhle, tahle, tohle	this
jak? /Jak se jmenujete?	What is your name?	tvůj, tvoje	your, yours
jaký, jaká, jaké?	what (is it) like?	u	at, near to, by
jeho	his	už	already, yet
její	her	váš, vaše	your, yours
ještě	still, yet	vedle	next to
kde?	where?	z + gen.	from
koho (kdo: genitiv)	who		
můj, moje	my, mine		

LEKCE 3

1 Naše město

- Prosím vás, jak se jmenuje tahle ulice?
- To je Národní třída.
- A kde je Karlův most?

- Hm, tady je mapa. Tady je Národní třída. Tady je řeka Vltava. Tady je Smetanovo nábřeží. Tam je Jiráskův most a tam je Karlův most. Musíte jít vpravo.
- A kde je hotel Intercontinental?
- Tady je Mánesův most a tady je Čechův most. Tady je Pařížská ulice. Vlevo je právnická fakulta a vpravo je ten hotel. Je to nový moderní hotel.
- A taky hodně drahý. A kde je Hlavní pošta?
- Tady je Staroměstské náměstí, tady je Václavské náměstí, tady musíte zahnout vlevo. To je Jindřišská ulice a tady je Hlavní pošta.
- A kde je Wilsonovo nádraží?
- Tady je Růžová ulice, tady vpředu je park a tady je Wilsonovo nádraží. Je tam taky metro.
- Moc děkuju. Na shledanou!
- Na shledanou! Mějte se hezky!

2 Ztratilo se mi auto

- Dobrý den! Prosím vás, moje auto je pryč. Ztratilo se mi auto.
- Dobrý den. Posaďte se. Vaše jméno?
- Kathrin Townsend.
- Prosím? Jak se to píše?
- Ka-a-te-ha-er-i-en Kathrin Te-o-dvojité vé-en-es-e-en -de, Townsend.

- Je to takhle správně?
- Ano.
- Kde bydlíte? Jakou máte adresu?
- Praha 2, Mánesova ulice, č. 25.
- Kde bylo to auto?
- Tam, kde je Palace hotel a Jindřišská ulice...
- Jindřišská ulice? Ale tam je zákaz parkování.
- Ano, já vím, ale .... .
- Auto je odtaž ené; tak to je pokuta 500 Kč za nesprávné parkování a ještě 350 Kč za odtaž ení auta.
- Ach jo!

3 Kolik to stojí?

- Martine, já chci zmrzlinu. Nemají tu někde zmrzlinu?
- Hm. Taky mám chuť na zmrzlinu. Počkej, Hano, tamhle mají zmrzlinu.
- Jakou tady mají zmrzlinu?
- Je tady vanilková, smetanová, kakaová, oříšková, pistáciová a čokoládová.
- Já chci tu čokoládovou. A ty?
- A já chci pistáciovou.
- Dvakrát zmrzlinu, jednou čokoládovou, jednou pistáciovou. Kolik to stojí?
- Šest korun.
- Dohromady?
- Ano.

4 Promiňte, nevíte, čí je......?

- Promiňte, nevíte, čí je ten černý kufr?
- Ten je můj.
- Promiň, nevíš, čí je ta černá taška?
- Ta je moje.
- Promiňte, čí je to černé auto?
- To je moje.

Prosím vás, kdo je......? / Prosím vás, znáte......?

- Prosím vás, kdo je ten starý pán vzadu?
- Prosím vás, znáte toho starého pána vzadu?
- Prosím vás, kdo je ta stará dáma vedle?
- Prosím vás, neznáte tu starou dámu vedle?
- Prosím tě, kdo je ta mladá dívka vpředu?
- Prosím tě, znáš tu mladou dívku vpředu?
- Prosím vás, kdo je ten mladý muž vlevo?
- Prosím vás, znáte toho mladého muže vlevo?
- Prosím vás, kdo je ta mladá žena vpravo?
- Prosím vás, znáte tu mladou ženu vpravo?

- To je pan Dvořák.
- Pana Dvořáka? Toho já dobře znám.
- To je paní Dvořáková, jeho žena.
- Paní Dvořákovou? Tu já dobře znám.
- To je jejich dcera Věra.
- Jejich dceru Věru? Tu já dobře znám.
- To je pan Beneš.
- Pana Beneše? Toho já dobře znám.
- To je paní Benešová, jeho žena.
- Paní Benešovou? Tu já dobře znám.

Prosím vás, nevíte, jak se jmenuje ....?

- Prosím vás, nevíte, jak se jmenuje ten vysoký pán vpředu?
- To je pan Dlouhý. / Jmenuje se Dlouhý.
- Prosím vás, nevíte, jak se jmenuje ten starý most?
- To je Karlův most.
- Prosím tě, nevíš, jak se jmenuje naše učitelka? (náš učitel?)
- Jmenuje se ....

Prosím vás, ...

- Prosím vás, co je to?
- Prosím vás, jak se řekne česky *street*?
- Prosím tě, jak se řekne anglicky *pero*?
- Prosím tě, jak se to píše?

- Co hledáte, prosím?

- Koho hledáte, prosím?

- To je Národní divadlo.
- Ulice.
- *Pen.*
- To se píše takhle:...

- Hledám Staroměstský orloj.
- Hledám Karlův most.
- Hledám filozofickou fakultu.
- Hledám Karlovu univerzitu.
- Hledám Staroměstské náměstí.
- Hledám Karlovo náměstí.
- Hledám doktora Zemana.
- Hledám dobrého českého učitele.
- Hledám paní inženýrku Zemanovou.
- Hledám dobrou českou učitelku.

5 **a/** - Promiňte, prosím vás, kde je Dlouhá ulice?
- Nerozumím česky, jsem cizinec.
- Děkuju.
b/ - Promiňte, prosím vás, nevíte, kde je Mánesův most?
- Mánesův most? To bohužel nevím.
- Děkuju.
c/ - Dobrý den! Prosím vás, nevíte, kde je Kaprova ulice?
- Kaprova ulice? Hm, to je u stanice metra Staroměstská.
  Tamhle je metro, je to jedna stanice, trasa A.
- Mockrát děkuju.
- Není zač.

6 **a/** - Máte telefon?
- Jaké máte číslo?
b/ (Zvoní telefon).
- To je číslo 55 40 27?
- Tak promiňte.
c/ - Prosím klíč od pokoje.
- 207.
- Děkuji a na shledanou!
d/ - Prosím tě, nevíš, jaké číslo má taxislužba?
- Děkuju.
e/ - (20 29 51)
- Dobrý den! Potřebuji taxík.
- Daniel Green. Praha 6, Nad Palatou 9.
- 63 52 71.
- Na letiště.
- (Crrrrrrrrr.) Tady Green.

- Ano, mám.
- 74 14 26.
- Prosím.
- Ne. Tady je číslo 55 40 26.
- Nic se nestalo.
- Jaké máte číslo?
- Prosím.
- Dobrou noc!
- 20 29 51 nebo 20 39 41.
- Není zač.
- Taxislužba.
- Vaše jméno a adresa?
- Váš telefon?
- Kam pojedete?
- Dobře. Položte sluchátko. Zavoláme vás.
- Dobrý den! Za pět minut tam bude taxík.
  Na shledanou!

  B

§ 10 ADJEKTIVUM: -ův, -ova, -ovo, / - in, - ina,- ino

MASKULINUM	FEMININUM	NEUTRUM
- ův	- ova	- ovo
- in	- ina	- ino

Adamův	Adamova	Adamovo
Evin	Evina	Evino
Karlův	Karlova	Karlovo
tatínkův	tatínkova	tatínkovo
maminčin	maminčina	maminčino
babiččin	babiččina	babiččino

§ 11 PŘECHYLOVÁNÍ ŽENSKÝCH PŘÍJMENÍ

konsonant	+	- OVÁ
- Ý	>	- Á
- Í	=	- Í

pán
pan Dvořák, Hrabal, Kovář
pan Čapek, Havel, Daněk
pan Reagan, Bush, Black, Gorbačev
pan Veselý, Malý, Hořejší
pan Bárta, Vančura, Kundera

paní
paní Dvořáková, Hrabalová, Kovářová
paní Čapková, Havlová, Daňková
paní Reaganová, Bushová, Blacková, Gorbačevová
paní Veselá, Malá, Hořejší
paní Bártová, Vančurová, Kunderová

§ 12 SUBSTANTIVUM : NOMINATIV / AKUZATIV sg.

Kde je Adam?	- Ty znáš Adam**A**?	maskulinum, tvrdý kons.-		+ - **A**
Kde je Tomáš?	- Ty znáš Tomáš**E**?	maskulinum, měkký kons.		+ - **E**
Kde je Eva?	- Ty znáš Ev**U**?	femininum,	a >	- **U**
Kde je Julie?	- Ty znáš Juli**I**?	femininum,	e >	- **I**

Pamatuj: 1. každé neživotné maskulinum   **AKUZATIV = NOMINATIV**
2. každé neutrum   **AKUZATIV = NOMINATIV**
3. každé femininum zakončené na konsonant   **AKUZATIV = NOMINATIV**

§ 13   TEN, TA + ADJEKTIVUM : NOMINATIV / AKUZATIV sg.

ten star**ý** pán	- Znám **toho** star**ÉHO** pána.	- ý	> **ÉHO**
starš**í** bratr	- Mám starš**ÍHO** bratra.	- í	> **ÍHO**
ta star**á** žena	- Znám **tu** star**OU** ženu.	- á	> **OU**
starš**í** sestra	- Mám starš**Í** sestru.	- í	= **Í**

Pamatuj: adjektivum + neživotné maskulinum >   NOMINATIV = AKUZATIV: Mám nový byt.
adjektivum + neutrum >   NOMINATIV = AKUZATIV: Mám nové auto.

§ 14 KONJUGACE : mít, znát, vědět, chtít (inf.) - přítomný čas:

já	**mám**	**znám**	**vím**	**chci**
ty	**máš**	**znáš**	**víš**	**chceš**
on				
ona	**má**	**zná**	**ví**	**chce**
ono				
my	**máme**	**známe**	**víme**	**chceme**
vy	**máte**	**znáte**	**víte**	**chcete**
oni	**mají**	**znají**	**vědí**	**chtějí**

§ 15 KONJUGACE : být, mít, znát, vědět, chtít (inf.)- minulý čas

já jsem	+	**byl/a**	**měl/a**	**znal/a**	**věděl/a**	**chtěl/a**
ty jsi	+	**byl/a**	**měl/a**	**znal/a**	**věděl/a**	**chtěl/a**
on	+	**byl**	**měl**	**znal**	**věděl**	**chtěl**
ona	+	**byla**	**měla**	**znala**	**věděla**	**chtěla**
ono	+	**bylo**	**mělo**	**znalo**	**vědělo**	**chtělo**
my jsme	+	**byli**	**měli**	**znali**	**věděli**	**chtěli**
vy jste	+	**byli**	**měli**	**znali**	**věděli**	**chtěli**
oni	+	**byli**	**měli**	**znali**	**věděli**	**chtěli**

Pamatuj: 1. Osobní zájmena zpravidla vynecháváme.

2. Sloveso jsem, jsi, atd. je vždy na druhém místě: BYL JSEM, MĚL JSEM, ZNAL JSEM atd.

3. Zápor tvoříme částicí NE: MĚL JSEM - NEMĚL JSEM, VĚDĚL JSEM - NEVĚDĚL JSEM, ZNÁM - NEZNÁM, CHCI - NECHCI.

4. Stejně jako sloveso znát se časuje mnoho sloves na -at, např. dělat, spěchat, vstávat, snídat, obědvat, zavolat, čekat. (Sr. cv. 24, str. 55)

§ 16 ČÍSLOVKY 1 -1000

1	jeden	jedna	jedno	11 jedenáct	10 deset	100 sto
2	dva	dvě		12 dvanáct	20 dvacet	200 dvě stě
3	tři			13 třináct	30 třicet	300 tři sta
4	čtyři			14 čtrnáct	40 čtyřicet	400 čtyři sta
5	pět			15 patnáct	50 padesát	500 pět set
6	šest			16 šestnáct	60 šedesát	600 šest set
7	sedm			17 sedmnáct	70 sedmdesát	700 sedm set
8	osm			18 osmnáct	8O osmdesát	800 osm set
9	devět			19 devatenáct	90 devadesát	900 devět set
10	deset					1 000 tisíc

C

Cvičení 1

	Čí je ten černý kufr?	Ten je můj.
Učitel:	**1. student**	**2. student**
svetr	Čí je ten černý svetr?	Ten je můj.
bunda	Čí je ta černá bunda?	Ta je moje.
moderní	Čí je ta moderní bunda?	Ta je moje.
bílý	Čí je ta bílá bunda?	Ta je moje.
tričko	Čí je to bílé tričko?	To je moje.
moderní	Čí je to moderní tričko?	To je moje.
kabát	Čí je ten moderní kabát?	Ten je můj.
kožený	Čí je ten kožený kabát?	Ten je můj.
nový	Čí je ten nový kabát?	Ten je můj.
modrý	Čí je ten modrý kabát?	Ten je můj.
kniha	Čí je ta modrá kniha?	Ta je moje.
pero	Čí je to modré pero?	To je moje.
černý	Čí je to černé pero?	To je moje.
kufr	Čí je ten černý kufr?	Ten je můj.
káva	Čí je ta černá káva?	Ta je moje.
taška	Čí je ta černá taška?	Ta je moje.
nový	Čí je ta nová taška?	Ta je moje.
kolo	Čí je to nové kolo?	To je moje.
učebnice	Čí je ta nová učebnice?	Ta je moje.
slovník	Čí je ten nový slovník?	Ten je můj.

Cvičení 2

Čí byl ten černý kufr? - **Ten byl můj.**

Podle tohoto vzoru zopakujte cvičení 1.

Cvičení 3

To je pan Dvořák a paní Dvořáková.

Učitel:	**Student:**		
Novák	To je pan Novák a paní Nováková.	Čermák	To je pan Čermák a paní Čermáková.
Barnet	To je pan Barnet a paní Barnetová.	Soukup	To je pan Soukup a paní Soukupová.
Čapek	To je pan Čapek a paní Čapková.	Holeček	To je pan Holeček a paní Holečková.

Parolek	To je pan Parolek a paní Parolková.	Beránek	To je pan Beránek a paní Beránková.
Klaus	To je pan Klaus a paní Klausová.	Černý	To je pan Černý a paní Černá.
Veselý	To je pan Veselý a paní Veselá.	Malý	To je pan Malý a paní Malá.
Beneš	To je pan Beneš a paní Benešová.	Rašín	To je pan Rašín a paní Rašínová.
Lendl	To je pan Lendl a paní Lendlová.	Zátopek	To je pan Zátopek a paní Zátopková.
Čáslavský	To je pan Čáslavský a paní Čáslavská.	Dlouhý	To je pan Dlouhý a paní Dlouhá.

Cvičení 4

To je Karlův most.

Učitel:	Student:	Učitel:	Student:
pomník	To je Karlův pomník.	auto	To je prezidentovo auto.
ulice	To je Karlova ulice.	portrét	To je prezidentův portrét.
náměstí	To je Karlovo náměstí.	Karlův	To je Karlův portrét.
podpis	To je Karlův podpis.	most	To je Karlův most.
univerzita	To je Karlova univerzita.	Čechův	To je Čechův most.
most	To je Karlův most.	ulice	To je Čechova ulice.
Husův	To je Husův most.	Masarykův	To je Masarykova ulice.
ulice	To je Husova ulice.	náměstí	To je Masarykovo náměstí.
náměstí	To je Husovo náměstí.	portrét	To je Masarykův portrét.
pomník	To je Husův pomník.	fotografie	To je Masarykova fotografie.
Mánesův	To je Mánesův pomník.	babiččin	To je babiččina fotografie.
obraz	To je Mánesův obraz.	klobouk	To je babiččin klobouk.
ulice	To je Mánesova ulice.	maminčin	To je maminčin klobouk
most	To je Mánesův most.	taška	To je maminčina taška.
náměstí	To je Mánesovo náměstí.	Helenin	To je Helenina taška.
podpis	To je Mánesův podpis.	pero	To je Helenino pero.
prezidentův	To je prezidentův podpis.	Tomášův	To je Tomášovo pero.

Cvičení 5

Smetana - opera   **- To je Smetanova opera.**

Tvořte podobně:

Tyl - divadlo, Dvořák - koncert, prezident - fotografie, tatínek - auto, maminka - dopis, Petr - kabát, Pavel - sako, Helena - taška, bratr - žena, sestra - muž, Eva - kamarádka, profesor - učebnice, kamarád - byt, učitel - mapa.

Cvičení 6

a/- Máš kamaráda?   **- Nemám kamaráda.**

Tvořte podobně:

kamarádka, sestra, bratr, byt, přítel, dědeček, svetr, babička, motorka, radost, starost, jízdenka, adresa, rádio, telefon, lístek, holka, dcera, slovník, muž, žena, syn, pas, klíč, peněženka, učebnice, práce.

b/ - Chceš klíč?   **- Nechci klíč.**

Tvořte podobně:

kufr, sako, byt, deštník, slovník, fotoaparát, auto, tričko, kolo, rádio, bunda, kniha, jízdenka, káva, zmrzlina, minerálka, taška, tužka, fotografie, učebnice, židle, košile, svetr, pivo, víno, vodka, čaj, mapa, místo, sešit, klobouk, učitelka, učebnice, práce, mapa.

c/ - Znáš Helenu?   **- Ano, znám. / Ne, neznám.**

Tvořte podobně:

Alena, Petr, Monika, Karel, Pavel, Julie, Lucie, Richard, Robert, Marie, Tomáš, Aleš.

Cvičení 7

Vyplňte sami, ptejte se svých kamarádů a odpovídejte.
Označte odpověď: ano, ne.

Vzor:

	VY	Jan	Petr	Eva	Tomáš
Máte dobrého kamaráda?	ano				
Máte dobrou kamarádku?	ne				
Máte mladší sestru?					
Máte staršího bratra?					
Máte velký byt?					
Máte telefon?					
Máte český slovník?					
Máte českou učebnici?					
Máte zajímavou práci?					
Máte teplou zimní bundu?					
Máte dobrý plat?					
Máte české auto?					
Máte nějakou starost?					
Máte chuť na kávu?					

Cvičení 8

Srovnejte odpovědi:
Vzor: Jan a Petr nemají dobrého kamaráda, ale já, Eva a Tomáš máme.

Cvičení 9

Utvořte 20 vět:

Měl/a jsi	dobrého kamaráda?	- Ano,	měl/a.
Měl/a jste	(velká radost, barevný televizor, černá káva,	- Ne,	neměl/a.
Měli jste	dobrá mapa, nové auto, plzeňské pivo,	- Bohužel	neměli.
Měli	anglický učitel, citrónová limonáda, studená	- Naštěstí	měli.
	minerálka, bílé víno, český kamarád, dobré		
	kolo, česká učitelka, velká starost, zajímavá		
	práce, anglický slovník, hezký byt, teplá bunda)		

Cvičení 10

- Mám chuť na zmrzlinu.   **- Na jakou?**
- Na vanilkovou.

Tvořte podobně:

víno - červené, pivo - plzeňské, limonáda - citronová, káva - vídeňská.

Cvičení 11

Utvořte 20 vět:

Chceš	tu novou tašku?	- Ne,	nechci.
Chce	(ta čokoládová zmrzlina, ten český slovník,	-Ano,	chci, chceme,
Chcete	to americké kolo, ta černá káva, ta bílá		nechceme,
Chtějí	košile, to plzeňské pivo, ta moderní učebnice		chtějí, nechtějí,
Chtěl/a jsi	ten zimní kabát, oříšková čokoláda, kožená		chtěl/a, nechtěl/a,
Chtěli jste	peněženka, velká mapa, ruská vodka,		chtěli, nechtěli.
Chtěli	zajímavá práce, dobrý plat, dobrá židle,		
Nechceš	česká kniha, dobrá sekretářka).		

Cvičení 12

a/ **Prosím tě, neznáš tu novou učitelku?**   - **Ne, neznám.**
b/ **Prosím vás, znáte tu novou učitelku?**   - **Bohužel ne.**
c/ **Promiňte, znají tu novou učitelku?**   - **Ano, znají.**

d/ Promiň, znal/a jsi tu novou učitelku?   - Ne, neznal/a.
e/ Promiňte, znal/a jste tu novou učitelku? - Ano, znal/a.

Tvořte podobně:

ta stará dáma, ten mladý muž, ta malá holka, ten velký kluk, ten starý pán, ten český učitel, ten americký spisovatel, ten mladý zpěvák, ta česká herečka, ta mladá sekretářka,ten český student; paní Wágnerová, pan Novák, pan doktor Zeman,Tomáš, Helena Filipová, Lída Beránková, Ivanka Malá, Tomáš Veselý, český spisovatel Bohumil Hrabal.

Cvičení 13

a/ - Víš, kde je Karlův most?   *- Nevím, ale oni to určitě vědí.*
b/ - Nevíte, kde je Karlův most?   *- Nevíme, ale Petr to určitě ví.*
c/ - Věděl/a jsi, kde je Karlův most? *- Nevěděl/a, ale teď už to vím.*
d/ - Věděl/a jste, kde je Karlův most? *- Bohužel nevěděl/a.*

Tvořte podobně:

hotel Intercontinental, Národní divadlo, Hlavní nádraží, Václavské náměstí, chrám svatého Víta, Staroměstská radnice, Národní třída, Betlémská kaple, filozofická fakulta, Karlova ulice, Staroměstské náměstí, Karlova univerzita, Hlavní pošta.

Cvičení 14

Rozdáme párové obrázky Prahy(viz příloha) tak, aby každý student měl minimálně jeden obrázek. Studenti vstanou a hledají párové obrázky pomocí frází:

Nevíte, kde je Karlův most?   *- Vy hledáte Karlův most? To nevím, kde je.*
                                    - Vy hledáte Karlův most? Ten je tamhle.

(Úkol je splněn, když každý má dvojici obrázků nebo nic).

Cvičení 15

Chci to číslo.

adresa	Chci tu adresu.
on	Chce tu adresu.
ty	Chceš tu adresu.
otázka	Chceš tu adresu?
minulý čas	Chtěl jsi tu adresu?
oni	Chtěli tu adresu?
zápor	Nechtěli tu adresu?
česká učebnice	Nechtěli tu českou učebnici?
anglický slovník	Nechtěli ten anglický slovník?
vy	Nechtěli jste ten anglický slovník?
oříšková zmrzlina	Nechtěli jste tu oříškovou zmrzlinu?
mít	Neměli jste tu oříškovou zmrzlinu?
přítomný čas	Nemáte tu oříškovou zmrzlinu?
ty	Nemáš tu oříškovou zmrzlinu?
ona	Nemá tu oříškovou zmrzlinu?
oznamovací věta	Nemá tu oříškovou zmrzlinu.
my	Nemáme tu oříškovou zmrzlinu.
jídelní lístek	Nemáme ten jídelní lístek.
telefonní číslo	Nemáme to telefonní číslo.
Petr	Petr nemá to telefonní číslo.
minulý čas	Petr neměl to telefonní číslo.
Monika	Monika neměla to telefonní číslo.
znát	Monika neznala to telefonní číslo.
přítomný čas	Monika nezná to telefonní číslo.
kladná věta	Monika zná to telefonní číslo.
otázka	Zná Monika to telefonní číslo?
ty	Znáš to telefonní číslo?

Cvičení 16

Ptejte se na věci ve třídě podle textu 4, tykejte, vykejte.
Ptejte se na studenty ve třídě podle textu , tykejte, vykejte.
Ptejte se na význam českých a anglických slov podle textu 4, tykejte, vykejte.

Cvičení 17

Máte dobrou paměť? Zkuste to!

a/ 1. student (David): Znám Prahu. 2. student(Martin): David zná Prahu a já znám Berlín. 3. student: David zná Prahu, Martin zná Berlín a já znám ....(pokračujte).

b/ 1. student (David): Hledám klíč. 2. student (Martin): David hledá klíč a já hledám peněženku. 3. student: David hledá klíč, Martin hledá peněženku a já hledám .... (pokračujte).

Cvičení 18

a/ Přečtěte číslovky:

1, 5, 4, 14, 40, 6, 16, 60, 7, 17, 70, 8, 3, 34, 25, 79, 64, 92, 67, 42, 15, 19, 72, 29, 300, 100, 500, 200, 700, 400, 900, 1 000, 600, 800, 105, 74, 704, 744, 205, 25, 225, 498, 407, 45.

b/ Říkejte liché číslovky 1 - 21.
c/ Říkejte sudé číslovky 22 - 48.
d/ Počítejte po desítkách do sta.
e/ Počítejte po stovkách do tisíce.

Cvičení 19

Rozlož te si Pexeso čísel ve dvou až čtyř členných skupinách a zahrajte si.
Student odkryje kartu a říká: to je číslo ... . Pak odkryje další kartu a zase říká: to je číslo .... Když odkryje dvě různá čísla, otočí je pak zpátky a pokračuje jiný student. Když odkryje dvě stejná čísla, nechá si je a může pokračovat. Vyhrává ten, kdo má nejvíc párových čísel.

Cvičení 20

a/ Reagujte na otázky:
1. Číslo vašeho pasu, prosím! 2. Jaké číslo má váš dům? 3. Jakou státní poznávací značku má vaše auto? Jaké máte telefonní číslo do práce? Jaké máte telefonní číslo do bytu? 6. Jaké máte číslo bot?

b/ Udělejte si tabulku a zjistěte tyto údaje u 5 spolužáků.

Cvičení 21

Zapisujte číslovky, které slyšíte z kazety.

Cvičení 22

a/ Opakujte: **Kolik to stojí? - Jednu korunu.**   **- Jeden dolar.**
                          - Dvě koruny.   - Dva dolary
                          - Tři koruny.   - Tři dolary.
                          - Čtyři koruny.   - Čtyři dolary.
                          - Pět korun.   - Pět dolarů.

b/ Doplňujte: marka, libra, frank, šilink; přidávejte po jedné do deseti, pak po třech do třiceti, po sedmi do sta.

Cvičení 23

Odpovídejte podle daného vzoru:

a/ Prosím vás, kolik je hodin?   - Je jedna hodina.
                                        - Jsou dvě hodiny.
                                        - Jsou tři hodiny.
                                        - Jsou čtyři hodiny.
                                        - Je pět hodin (atd....).
                                        - Je 9.10, (je devět deset), 9.36, 10.15, 11.35, 12.00,
                                          1.04, 2.09, 3.30, 4.05,
                                          4.25, 5.15, 6.27, 6.45, 7.30, 8.47, 2.55, 3.45, 16.38.
b/ V kolik hodin jede autobus?   - V jednu hodinu.
                                        - Ve dvě hodiny.
                                        - Ve tři hodiny.
                                        - Ve čtyři hodiny.
                                        - V pět hodin (atd....).

c/ V kolik hodin jede vlak? - V 8.25. (V osm dvacet pět), 8.40, 9.05, 9.29, 10.07, 11.43, 12.50, 13.40, 14.27, 15.35, 16.05, 17.24, 18.50, 19.03.

Cvičení 24

Vyslovujte:

d	- kudy, tudy, Dům módy, dýka, body, křídy, do třídy
t	- ty šaty, boty, týden, tykat, typ, ty ty ty!
n	- noviny, krásný, bony, koruny, dny, hodiny, makaróny

Také v cizích slovech vyslovujeme tvrdě:

- dirigent, diplomat, politika, gramatika,Nigérie, univerzita

h	- hymna, drahý, druhý, pohyb
ch	- chyba, chytit, chytrý, chybět, mouchy, jejich
k	- český, pražský, Kyjev, kytara, housky, rohlíky
g	- gymnázium, hygiena, drogy, gymnastika
r	- dobrý, ryba, rýma, Rýn, rychlý, hory

Cvičení 25

Vyplňte:

Jméno:.................Příjmení:.............................Stav:......................
Adresa:...
Telefonní číslo do bytu :.............do práce:............Číslo pasu:............ Zaměstnání:.............Národnost:.............

Cvičení 26

Zeptejte se na tytéž údaje tří svých spolužáků. Zjištěné údaje zapište.

Cvičení 27

a/ Podle vzoru textu **A 1 Město** *se ptejte na různá místa ve městě a odpovídejte. Pracujte ve dvojicích.*
Např. Národní muzeum, Národní divadlo, hotel Jalta, obchodní dům Kotva, Dětský dům, Jindřišská věž, Prašná brána atd. Použijte mapu v příloze.

b/ Ptejte se na různá místa ve vašem městě, v podniku, ve škole.

Cvičení 28

Doplňujte dialogy:

1/ - ...., prosím vás, ... je Karlův ....?
  - Nerozumím ...., jsem ....
2/ - ...., nevíte, kde ..... Národní ....?
  - To .... nevím.
3/ - Prosím ...., ... se ....tohle náměstí?
  - To .... Václavské ....
  - ....děkuju.
  - ....zač.

Cvičení 29

Přeložte:
zákaz parkování, zákaz zastavení, zákaz kouření, nouzový východ, vstup zakázán, zakázaný východ.

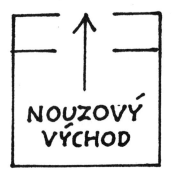

Cvičení 30

VZOR: - *Prosím vás, ztratil se mi kufr.*
- *Jaký byl váš kufr?*
- *Byl černý.*

Tvořte podobně:

a/ bunda - fialový, taška - černý, kufr - hnědý, fotoaparát - japonský, auto - italský, slovník - anglický, peněženka - kožený, pero - modrý, učebnice - český, mapa - německý.

b/ Ptejte se podobně na vhodné předměty z přílohy 2.

Cvičení 31

Reprodukujte a obměňujte dialog. Pracujte ve dvojicích:
- Co hledáte? Něco se vám ztratilo?
- Ztratil se mi kufr. Nemůžu najít kufr.
- A jaký byl ten kufr?
- Byl velký, hnědý.
- Co tam bylo?
- Byl tam ....

Místo slova kufr použijte např.: peněženka, taška, auto, tlumok, kabelka.

Cvičení 32

Reprodukujte rozhovory 6 a/, b/, c/, d/, e/; pracujte ve dvojicích.

Cvičení 33

Doplňte správné tvary:
Chtějí (čokoládová zmrzlina). Helena má (starší vdaná sestra). Pavel má (mladší ženatý bratr). Petr nezná (český spisovatel Karel Čapek). Chceme (černá káva). Neměla jsem (černá taška), ale (hnědá taška). Neznala jsem (to číslo), ale znala jsem (ta ulice).

Cvičení 34

Doplňujte dialog:
- Dobrý den!
- .... den! .... se, prosím. Jak se ....?
- Nada Birkett.
- .... to píše?
- En,...................... .
- Je to tak ....?
- Ano, ale tady jsou dvě .... .
- Kde .... ? .... máte adresu?
- Husovo ...., ...l2.
- ..... telefon?
- Ano, domů mám číslo ...., a do práce ....

Každý začátek je těžký. Na shledanou!

Nová slova

bota f.; pl.:boty, bot	shoe;	parkování n.	parking
jaké máte číslo bot?	What size are your shoes?	pistácie f.; pistáciový adj.	pistachio
budu, budeš, bude ...	I will be,you will be, he wiill be	plat m.	wage, salary
bydlet /bydlím, bydlíš	live	počkat /počkám, počkáš	wait
citrón m.	lemon	podpis m.	signature
čí?	whose?	pohodlný adj.	comfortable
čokoláda f.; čokoládový adj.	chocolate	pokuta f.	fine
dohromady	together	položit /položím, položíš	put down
dolar m.	dollar	položte sluchátko	replace the receiver!
drahý adj.	expensive, dear	pomník m.	monument
dvakrát	twice	posadit se/posadím se,-íš se	sit down

fakulta f.	faculty	pošta f.	post office
filozofie f.;filozofický adj.	philosophy; philosophical	potřebovat/potřebuji, -eš	need
frank m.	franc	právnický adj.;právnická f.	faculty of law
hledat/hledám, hledáš	look for	pražský adj.	of Prague
hodina f.	hour	pryč	away
hodně	much, many, a lot of	příjmení n.	surname, last name
chtít/chci, chceš	want	přítel m; přítelkyně f.	boyfriend, girlfriend
chuť f.:mám chuť na zmrzlinu	appetite; I crave for stg.	řeka f.	river
Jak se jmenuje...?	What's the name of...?	smetana f.; smetanový adj.	cream
Jak se řekne česky ...?	What's the Czech for ...?	stanice f.	station
Jak se to píše?	How do you spell it?	starší adj.	older
Je to takhle správně?	Is it all right?	státní poznávací značka	registration number
jednou	once	studený adj.	cold
jít/jdu, jdeš	go	šilink m.	shilling
jo, jó (hov.)	yeah, yep	tam, tamhle	there, over there
kabelka f.	handbag	taxi n., taxík m.	taxi
kakao n.; kakaový	cocoa	teď	now
Koho hledáte?	Who are you looking for?	telefon m.; telefonní	telephone
Kolik to stojí?	How much is it?	televizor m.	TV set
Kolik je hodin?	What's the time?	teplý adj.	warm
kožený adj.	leather	tlumok m., batoh m.	knapsack
krásný adj.	beautiful, nice	tramvaj f.	tram
libra f.	pound	trasa f.	line
mapa f.	map	u	at, by, near to
marka f.	mark	určitě	surely
metro n.	underground, subway	V kolik hodin?	At what time? When?
minerálka f.	mineral water	vanilkový adj.	vanilla
mít /mám, máš	have	vedle	next to
mladší adj.	younger	vědět/vím, víš	know
moc	much, many, a lot of;	vlak m.	train
	too much	vlevo	left, to the left
mockrát:mockrát děkuji	Many thanks!	vpravo	right, to the right
	Thank you very much!	vpředu	in front
most m.	bridge	vzadu	at the back
motorka f.	motor-bike	vysoký adj.	tall, high
muset /musím, musíš	must	za; za deset minut	behind;in ten minutes
na	on, at, to	zahnout/zahnu, zahneš	turn
naštěstí	fortunately	zajímavý adj.	interesting
nějaký	some, any	zákaz m.; z. parkování	prohibition; no parking
někde	somewhere, anywhere	zaměstnání n.	occupation
Nerozumím česky	I don't understand Czech	zavolat/zavolám, zavoláš	call, telephone
nesprávný adj.	uncorrect	zima f.; zimní adj.	winter
od	from	zmrzlina f.; zmrzlinový adj.	ice cream
odtažení n.; je odtažené	it has been towed away	znát /znám, znáš	know
oříšek m.; oříškový adj.	nut	zpráva f.	message
paměť f.	memory	ztratit: ztratilo se mi auto	my car has been stolen
park m.	park	zvonit: zvoní telefon	ring; the phone is ringing

LEKCE 4

1 Návštěva restaurace

- Tak tady je šatna, Dominiku. Máš drobné?
- Neboj se, Zuzano, mám. Ty tašky si taky dáme do šatny?
- No, asi taky.
- Tak, dáte mi, prosím, čtyři koruny za ty dva kabáty a za ty dvě velké tašky.
- Prosím.
- Tady máte lístky.

....
- Promiňte, prosím vás, ta dvě místa jsou volná?
- Prosím.

....
- Tady máš jídelní lístek. Co tu mají, Dominiku?
- Chceš polévku? Mají tady hovězí, hrachovou, zeleninovou a bramborovou. Já chci tu zeleninovou.
- Polévku já nechci. A jaké mají hlavní jídlo?
- Moment, Zuzano! Mají hovězí maso, rajskou omáčku, houskové knedlíky, dále hovězí svíčkovou pečeni, knedlíky, dále vídeňský guláš, knedlíky .....
- Stále jen knedlíky, knedlíky a knedlíky! Mají tu taky rýži nebo brambory?
- Tady je dušené hovězí, rýže. A taky mají vepřový řízek, brambory nebo bramborový salát.
- Tak to chci. To mám ráda. A co chceš ty, Dominiku?
- Já chci pečenou husu, bramborové knedlíky a zelí. A jedno plzeňské pivo.
- To máš pravé české jídlo. Ale pivo já nechci. Chci kávu a minerálku. A taky zmrzlinu. Velký zmrzlinový pohár.Ten já mám ráda. A už mám velký hlad.
- Pane vrchní, chceme obědvat!
- Máte vybráno?
- Ano. Jednu zeleninovou polévku, jeden vepřový řízek a vařené brambory. Nebo chceš bramborový salát?
- Salát ne, brambory. A taky švestkový kompot.
- Hm, tak brambory a švestkový kompot, a pečenou husu, knedlíky a zelí. A jedno plzeňské pivo.
- To je všechno?
- Zatím ano. Promiňte, ještě dvě černé kávy, minerálku a zmrzlinový pohár.
- Dobře.

....
- Dobrou chuť!
- Děkuju. Nápodobně.

....
- Pane vrchní, platit!

2 Česká kuchyně

– Máte ráda česká jídla, Lindo?

– Moc ne.

– A proč? Nejsou dobrá?

– Hm, to jsou samé knedlíky a maso, nebo brambory a maso, nebo rýže a maso, nebo špagety a maso,....

– Vy nemáte ráda maso? Vy jste vegetariánka? Nebo máte dietu?

– Ne, dietu nemám a vegetariánka taky nejsem. Ale nechci mít maso každý den. A mám moc ráda zeleninu. Ale tady zelenina v restauraci není.

– To máte pravdu. Ale u nás doma jíme zeleninu často. Já mám ráda hlavně jarní ředkvičky, čerstvé kedlubny, letní saláty, květáky a okurky. Máme chatu a zahradu. Tam jsou ovocné stromy, takže máme na zimu jablka, hrušky, a samozřejmě různé kompoty. A není to moc daleko od Prahy. Musíte k nám přijít na návštěvu.

– Děkuju za pozvání, paní Černá. Ráda přijdu.

3

Masožravá květina

Máme doma místo psa
kytku masožravou
(a kdo tomu nevěří,
ať si vrtí hlavou).

Sní tři párky k obědu,
je to kytka cvalík -
a že štěká jako pes,
říkáme jí Alík.

(Jiří Žáček)

4 Monika má žízeň

– Tomáši, já mám hroznou žízeň. Musím se jít napít. A tu vodu z kohoutku pít nechci. Není dobrá.

– Tak pojď, Moniko, naproti do bufetu na pivo. A taky se tam hned najíme. Už mám hlad.

– Tak dobře. Ale musíš chvíli počkat. Musím napřed zavolat domů.

– No dobře. Tak dělej rychle.

- - -

– Tak co si dáme?

– Co tu mají?

– Dáme si chlebíčky?

– Chlebíčky? Když je tak horko? Jsou opravdu čerstvé? To si dám raději párek a housku.

– Tak dobře.

– Prosím vás, dvakrát párek a čtyři housky.

– Promiň, já chci jenom jednu housku.

– Takže dvakrát párek a tři housky.

– Housky nemáme. Chcete rohlíky?

– Tak tři rohlíky a dvě plzeňská piva.

– Ale já pivo nechci, já chci studenou koka-kolu.

5

Staré pražské hospody, vinárny, cukrárny a kavárny jsou velmi zajímavé. Včera jsme šly na Staroměstské náměstí. Byla zima a měly jsme hlad. Tak jsme šly do cukrárny U caletníka. Moje kamarádka Eva má ráda sladké zákusky. Dala si dva kousky dortu a černou kávu. Já jsem měla zmrzlinový pohár. Bylo to dobré a nebylo to drahé.

6   Jídelní lístek

Polévky	*Cena*	*Soups*
hovězí vývar	4.20	bouillon
bramborová	3.40	potatoes
hrachová	3.60	peas
zeleninová	2.80	vegetables

Hlavní jídla		*Main dishes*
pečená husa, knedlíky, zelí	28.90	roast goose, dumplings, sauerkraut
pečená kachna, knedlíky, zelí	28.20	roasted duck
pečené kuře s nádivkou, brambory	26.50	r. chicken with stuffing, potatoes
sekaný řízek, brambory	14.80	minced steak, p.
moravští vrabci, bramb. knedlíky, zelí	21.30	Moravian pork speciality, d. s.
hovězí s rajskou omáčkou, housk.kn.	22.40	beef with tomato sauce
hovězí s koprovou omáčkou, housk.kn.	23.50	beef with dill sauce
vídeňský guláš, houskové knedlíky	17.40	Viennese goulash, d.
hovězí na žampionech, housk.knedlíky	24.60	beef with mushrooms, d.
španělský ptáček, rýže	25.80	fried stuffed beef rolls, rice
svíčková pečeně na smetaně, housk. kn.	29.40	sirloin in cream sauce, d.
vepřová pečeně, knedlík, zelí	21.80	roast pork, dumplings, c.
uzená plec, knedlík, zelí	22.20	smoked pork, d., c.
karbanátek, bramborová kaše	15.70	hamburger, creamed potatoes
sekaná pečeně, bramb. knedlíky, zelí	14.80	roast hush, potato dumplings
dušené hovězí s rýží	23.30	stewed beef with rice
čevabčiči s oblohou	22.80	chevapchichi, vegetables

Bezmasá jídla		*Vegetarian meals*
špenát s vejcem, hranolky	18.90	spinach, egg, pommes frites
knedlíky s vejci	11.40	dumplings with eggs
dušená zelenina s vejcem	12.80	stewed vegetables, egg
smažený sýr, brambory, tatarská omáčka	19.90	fried cheese, p., tartar sauce
omeleta s hráškem, brambory	14.20	omelet with peas, p.
omeleta se žampiony, bramb. kaše	24.30	omelet with champignons, creamed p.
nové brambory s tvarohem	11.80	new potatoes with cottage cheese
špagety se sýrem	13.90	spaghetti with cheese
dušená kedlubna s bramborem.	15.30	stewed kohlrabi with p.
omeleta s jahodami a se šlehačkou	14.70	omelet with strawberries and cream

Jídla na objednávku		*Dishes to order*
kapr na másle, brambory	28.40	carp fried in butter, p.
pstruh na másle, brambory	35.60	trout fried in butter, p.
smažený vepřový řízek, bramb. salát	29.50	Wiener schnitzel, potato salad
grilované kuře, hranolky	31.4O	grilled chicken, pommes frites
smažené rybí filé, brambory	28.60	fried fish fillet, p.
hovězí biftek s oblohou	42.10	beefsteak, vegetable

Kompoty a saláty		*Stewed fruit and salads*
meruňkový kompot	7.00	apricot compote
švestkový kompot	3.20	plum compote
ananasový kompot	7.20	pine-apple compote
jahodový kompot	6.80	strawberry compote
broskvový kompot	7.50	peach compote
hlávkový salát	3.60	lettuce salad
okurkový salát	5.80	cucumber salad
mrkvový salát	3.60	carrot salad
zelný salát	2.80	cabbage salad

Dezert: zákusek (dle výběru)		*according to your choice*
jahody se šlehačkou	9.80	strawberries with whipped cream
zmrzlinový pohár	17.80	ice cream sundae

Nápoje   *Drinks*

káva	4.80	coffee
vídeňská káva	7.60	coffee with whipped cream
limonáda	3.20	lemonade
koka-kola	8.80	coca-cola
grog	11.30	rum-punch
čaj s citrónem	4.50	tea with lemon
džus	7.60	juice
pivo	6.60	beer
minerálka	2.60	mineral water

B

§ 17 SUBSTANTIVUM : NOMINATIV pl. (kromě životných maskulin)

MASKULINUM (neživot. subst.)		FEMININUM			NEUTRUM	
tvrdý k. + Y,	měkký k. + **E**	a > **Y**	e = **E**	měkký k.+**E/I**	o > **A**	í = **í**
svetr	čaj	žena	růže	píseň	město	nádraží
tři svetry	**tři čaje**	**tři ženy**	**tři růže**	**tři písně**	**tři města**	**tři nádraží**
				tři starosti	e = **E**	**tři hřiště**

§ 18 ZÁJMENA TEN, TA, TO: NOMINATIV pl. (kromě životných maskulin)

MASKULINUM	FEMININUM	NEUTRUM
TY	**TY**	**TA**

Příklad:
ty svetry, ty čaje, ty ženy, ty růže, ta města, ta nádraží.

§ 19 ADJEKTIVUM : NOMINATIV pl. (kromě životných maskulin)

MASKULINUM		FEMININUM		NEUTRUM	
-ý	- **É**	- á	>**É**	- é	>- **Á**
dobrý > dobré		dobrá	>dobré	dobré	> dobrá
-í	- **Í**	- í	= - **Í**	- í	= - **Í**
moderní		moderní		moderní	

Příklad:
dobré svetry, dobré čaje, dobré školy, dobré ulice, dobrá kola, nová nádraží;
moderní domy, moderní školy, moderní města.

§ 20 ZÁJMENO můj, tvůj,.....: NOMINATIV PL. (kromě životných maskulin)

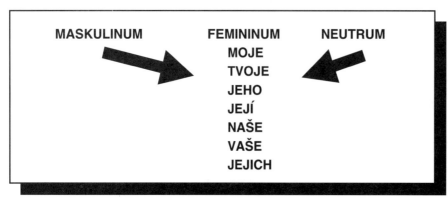

MASKULINUM	FEMININUM	NEUTRUM
	MOJE	
	TVOJE	
	JEHO	
	JEJÍ	
	NAŠE	
	VAŠE	
	JEJICH	

§ 21 SUBSTANTIVUM, ADJEKTIVUM, ZÁJMENO: AKUZATIV pl.

AKUZATIV pl. = NOMINATIV pl. (kromě životných maskulin)

§ 22 SLOVESO: JÍT, JET, MOCI, JÍST, MUSET, DÁT (inf.) - přítomný čas:

já	jdu	jedu	můžu	jím	musím	dám
ty	jdeš	jedeš	můžeš	jíš	musíš	dáš
on						
ona	jde	jede	může	jí	musí	dá
ono						
my	jdeme	jedeme	můžeme	jíme	musíme	dáme
vy	jdete	jedete	můžete	jíte	musíte	dáte
oni	jdou	jedou	můžou	jedí	musí	dají

§ 23 SLOVESO: JÍT, JET, MOCI, JÍST, MUSET, DÁT (inf.)- minulý čas:

já jsem	šel / šla	jel/a	mohl/a	jedl/a	musel/a	dal/a
ty jsi	šel / šla	jel/a	mohl/a	jedl/a	musel/a	dal/a
on	šel	jel	mohl	jedl	musel	dal
ona	šla	jela	mohla	jedla	musela	dala
ono	šlo	jelo	mohlo	jedlo	muselo	dalo
my jsme	šli	jeli	mohli	jedli	museli	dali
vy jste	šli	jeli	mohli	jedli	museli	dali
oni	šli	jeli	mohli	jedli	museli	dali

Osobní zájmena zpravidla vynecháváme.
Pomocné sloveso **JSEM, JSI, JSME, JSTE stojí vždy na druhém místě ve větě**:
Já jsem jedl - Jedl jsem - Včera jsem jedl - Rád jsem jedl,.....

Všimněte si, že se píše:Chlapci šl**i**. - Dívky šl**y**.
Víte, jaké tady platí pravidlo? (Ale vyslovuje se to stejně).

Pamatuj: 1) mít rád:
          muž   - mám rád
          žena   - mám ráda
          muži a ženy - máme rádi
          ženy   - máme rády

    2) mít rád /raději:
        Dominik má rád pečenou husu.   Petr má raději smaženého kapra.
        Zuzana má ráda brambory.   Monika má raději knedlíky.
        Adam a Eva mají rádi čaj.   Jan a Eva mají raději pivo.

Srovnej:

JET	JÍT
na kole	pěšky
na motorce	na procházku
autem	do parku
metrem	do kina
taxíkem	do divadla
autobusem	do koupelny

Jaký je rozdíl mezi **JÍT** a **JET**?

Cvičení 1

jeden párek	*dva párky*
jedna houska	*dvě housky*
jedno pero	*dvě pera*

Tvořte podobně:

knedlík, oběd, salát, rohlík, kompot, stůl, dům, kufr, autobus, hotel, chlebíček, čaj, džus, zákusek, klíč, pokoj; zmrzlina, polévka, káva, limonáda, koka-kola, restaurace, holka, kamarádka, židle, tabule, třída, učitelka, láhev, porce, sklenice, skříň, košile; pivo, pero, křeslo, okno, divadlo, kino, jídlo, auto, tričko, jméno, letiště, nádraží, místo.

Kdy říkáme **DVA?** Kdy říkáme **DVĚ?**

Cvičení 2

a/ jeden horký párek	*dva horké párky*
jedna vídeňská káva	*dvě vídeňské kávy*
jedno plzeňské pivo	*dvě plzeňská piva*

Tvořte podobně:

smažený řízek, dobrý oběd, zeleninová polévka, velké pivo, bezmasé jídlo, zmrzlinový pohár, vanilková zmrzlina, jídelní lístek, dobrá restaurace, moderní hotel, česká hospoda, volné místo, telefonní číslo, modré pero, nové kolo, šunkový chlebíček, anglický slovník, česká učebnice, německé slovo, velké okno.

b/ můj nový slovník	*moje nové slovníky*
moje česká kniha	*moje české knihy*
moje bílé tričko	*moje bílá trička*

Tvořte podobně:

můj velký kufr, tvůj hezký pokoj, jeho nový klíč, náš moderní počítač, její velká taška, naše česká sekretářka, moje čistá košile, tvůj teplý svetr, jejich americké auto, naše česká motorka, její anglická kamarádka.

Cvičení 3

Je tady limonáda?   *- Ty chceš limonádu?*

Tvořte podobně:

minerálka, oříšková zmrzlina, sodovka, pistáciová zmrzlina, plzeňské pivo, koka-kola, hovězí polévka, omeleta se zavařeninou, vepřový řízek, okurkový salát, vepřová pečeně, párek s rohlíkem, zmrzlinový pohár, grilované kuře, skopové maso na česneku, omeleta s hráškem, pečená husa, smažený kapr, pečený pstruh, dušená rýže, bramborová kaše.

Cvičení 4

- Já mám chuť na <u>banány</u>. *- Bohužel* <u>banány</u> *nejsou.*

Tvořte podobně:

pomeranče, jablka, okurky, kedlubny, oříšky, párky, koláče, ředkvičky, grepy, citróny, rajčata, chlebíčky.

Cvičení 5

Mám rád smažené řízky.

Učitel:	Student:
hovězí polévka	Mám rád hovězí polévku.
on	Má rád hovězí polévku.
my	Máme rádi hovězí polévku.
zeleninová	Máme rádi zeleninovou polévku.
hovězí pečeně	Máme rádi hovězí pečeni.
pečené kuře	Máme rádi pečené kuře.
vy	Máte rádi pečené kuře.
<u>otázka</u>	Máte rádi pečené kuře?

pečená husa	Máte rádi pečenou husu?
okurkový salát	Máte rádi okurkový salát?
vepřová pečeně	Máte rádi vepřovou pečeni?
oni	Mají rádi vepřovou pečeni?
oznamovací věta	Mají rádi vepřovou pečeni.
záporně	Nemají rádi vepřovou pečeni.
chtít	Nechtějí vepřovou pečeni.
vy	Nechcete vepřovou pečeni.
otázka	Nechcete vepřovou pečeni?
kakaová zmrzlina	Nechcete kakaovou zmrzlinu?
ty	Nechceš kakaovou zmrzlinu?
kladně	Chceš kakaovou zmrzlinu?
zmrzlinový pohár	Chceš zmrzlinový pohár?
minerálka	Chceš minerálku?
malé pivo	Chceš malé pivo?
on	Chce malé pivo?
oznamovací věta	Chce malé pivo.
mít	Má malé pivo.
plzeňské pivo	Má plzeňské pivo.
velký hlad	Má velký hlad.
já	Mám velký hlad.
velká žízeň	Mám velkou žízeň.
studená limonáda	Mám studenou limonádu.
chtít raději	Chci raději studenou limonádu.
párek a houska	Chci raději párek a housku.

Cvičení 6

a/ Můžu si dát někde kávu? - Samozřejmě, můžeš. Pojď naproti do kavárny.
b/ Můžeme si dát někde kávu? - Jistě, můžete. Pojďte naproti do kavárny.

Tvořte podobně:

pivo - hospoda, víno - vinárna, chlebíčky - bufet, čaj - kavárna, zmrzlina - cukrárna, kuře - restaurace.

Cvičení 7

Petr má strašný hlad. - Tak může jít na oběd do restaurace.

Tvořte podobně:

Linda - snídaně - bufet, Karel a Brigitta - oběd - hospoda, David - svačina - cukrárna, Klára a Monika - večeře - restaurace.

Cvičení 8

Dám knihu do tašky.

Učitel:	Student:	Učitel:	Student:
slovník	Dám slovník do tašky.	ona	Nedala adresu do kufru.
ty	Dáš slovník do tašky.	dopis	Nedala dopis do kufru.
otázka	Dáš slovník do tašky?	peníze	Nedala peníze do kufru.
učebnice	Dáš učebnici do tašky?	peněženka	Nedala peníze do peněženky.
minulý čas	Dal jsi učebnici do tašky?	ty	Nedal/a jsi peníze do peněženky.
adresa	Dal jsi adresu do tašky?	otázka	Nedal/a jsi peníze do peněženky?
zápor	Nedal jsi adresu do tašky?	kladně	Dal/a jsi peníze do peněženky?
vykání	Nedal jste adresu do tašky?	Monika	Dala Monika peníze do peněženky?
oznamovací věta	Nedal jste adresu do tašky.	kabelka	Dala Monika peníze do kabelky?
oni	Nedali adresu do tašky.	klíč	Dala Monika klíč do kabelky?
kufr	Nedali adresu do kufru.	my	Dali jsme klíč do kabelky?

Cvičení 9

a/ Co si dáte?   **- Dám si vepřovou pečeni.**
b/ Co si dá Richard?   **- Richard si dá vepřovou pečeni.**

Tvořte podobně:

salát / hlávkový, hovězí maso / dušené, knedlíky / houskové, rýže / dušená, pečeně / hovězí, polévka / hrachová, kuře / grilované, zmrzlina / kakaová, káva / černá, kompot / meruňkový, omeleta / vaječná, guláš / vídeňský, husa /pečená, filé / rybí, limonáda /citrónová.

Cvičení 10

a/ Nedáte si pivo?   **- Ne, dáme si raději limonádu.**
b/ Dá si Michal pivo?   **- Ne, ten si dá raději limonádu.**
c/ Dá si Alena pivo?   **- Ne, ta si dá raději limonádu.**

Tvořte podobně:

káva - čaj, víno- pivo, vodka - becherovka, minerálka - sodovka, džus - limonáda, koka-kola - tonik.

Cvičení 11

a/ Máte jídelní lístek. Vyberte si oblíbený nápoj, oblíbenou polévku, oblíbené hlavní jídlo, oblíbenou přílohu a oblíbený moučník.
b/ Máte šestileté dítě. Vyberte, co je pro dítě zdravé, co může jíst a co nesmí jíst.
c/ Nechcete být tlustý /tlustá. Jaké jídlo si vyberete?
d/ Máte cukrovku. Jaké jídlo si vyberete?
e/ Máte hodně peněz. Jaké jídlo si vyberete?
f/ Jaké jídlo si vyberete, když máte málo peněz?
g/ Máte narozeniny. Co si dáte?
h/ Jaké je tradiční jídlo ve vaší zemi, ve vaší rodině?

Pracujte ve dvojicích.

Cvičení 12

Petře, máš rád vanilkovou zmrzlinu? - Ne, mám raději pistáciovou.

Tvořte podobně:

Richard - černá/ bílá káva, Vašek - popovické/plzeňské pivo, Lucie - citronová/pomerančová limonáda, Tomáš - hovězí/zeleninová polévka, Linda - omeleta se zavařeninou/ s hráškem, Monika - pečený/grilovaný pstruh, Pavel - smažený/vařený květák, Věra - kapr na másle/smažený.

Cvičení 13

Paní Dvořáková, máte ráda švestkové knedlíky? - Moc ne, mám raději meruňkové.

Tvořte podobně:

p. Novotný - houskové /bramborové knedlíky, pí. Šmídová - tvarohové/makové koláče, p. Široký - slané/sladké rohlíky, pí. Malá - šunkové/sýrové chlebíčky, pí. Hořejší - červená/žlutá jablka, Pavel - bílé/červené ředkvičky, Hana - modré/bílé kedlubny.

Cvičení 14

Kolik stojí ....? - To stojí .... - Hm, to je drahé. / Hm, to není drahé.

Ptejte se na jídla a na věci, které kupujete.

Cvičení 15

Doplňujte správný tvar:

Dám si (pečená husa)............... . Nedáte si (bramborová polévka)..........................? Mají tam (plzeňské pivo)...........................? Veronika chce (vanilková zmrzlina).................. . Máte (grilované kuře).................... ? Jan a Tomáš chtějí (vídeňský guláš a rýže).................. . Michal chce raději (smažený kapr)......................... . Máš chuť na (pečená kachna nebo pečený pstruh).. ?

Cvičení 16

Doplňujte správný tvar slovesa chtít podle smyslu:

1. Petře, ... šunkové chlebíčky? - Ne, ..., jsou moc drahé. 2. Co .... Helena? - .... zavolat domů. 3. Tomáš a Eva mají žízeň, ... se napít. 4. .... jít na oběd, pane Wagnere? - Děkuji, ... , nemám hlad. - Ale my ....jít do restaurace. Kdo .... jít taky?

Cvičení 17

a/ Co rád jíš?   **Jím rád pečeného pstruha.**
b/ Co ráda jí Monika?   **Monika jí ráda pečeného pstruha.**
c/ Co rádi jedí Tom a Eva?   **Tom a Eva rádi jedí pečeného pstruha.**

Tvořte podobně:

hovězí polévka, omeleta s hráškem, dušená zelenina, vepřová pečeně, švestkový kompot, dušená rýže, smažené hranolky, pečená husa, okurkový salát, grilované kuře, pečený kapr.

Cvičení 18

1. student: **Jím rád ....** 2. student: **X jí rád .... a já jím rád ....** 3. student: **X jí rád .... , Y jí rád .... , a já jím rád................ .**

a tak pokračujte tak dlouho, dokud si pamatujete názvy jídel. Samozřejmě všichni můžou pomáhat.

Cvičení 19

- Ahoj, Tome! Kam teď jdeš?   **- Jdu právě na fakultu. Nechceš jít se mnou?**
- Nemůžu, protože musím jít domů.   **- To je škoda.**

Pracujte ve dvojicích.

Tvořte podobné dialogy:

hospoda - přednášky; návštěva - škola; divadlo - práce; kino - hotel; oběd - kancelář; procházka - kurs češtiny.

Cvičení 20

a/ Chceš jíst?   **- Ano, chci.**

Tvořte podobně:

pít, obědvat, jít do školy, jít do kina, dnes přijít, platit, zavolat domů, večeřet, učit se česky, brzo vstávat, jít na koncert, jít na pivo, jít na procházku.

b/ Chceš jíst?   **- Děkuji, nechci, protože mě bolí zub.**

Rozvíjejte odpověď a vybírejte např.: protože spěchám, protože mám moc práce, protože mám horečku, nemám peníze, nemám lístek, nemusím ráno do práce, nemám učebnici, prší, ...(Vymyslíte si něco sami?)

Cvičení 21

a/ Můžeš jít do kina?   **- Ano, můžu.**

Tvořte podobně:

dnes přijít, jít na koncert, jít na procházku, udělat večeři, jet do Nizozemí, zaplatit za šatnu, mluvit česky, chodit na kurs češtiny, vařit česká jídla.

b/ Můžeš jít do kina?   **- Bohužel nemůžu, protože ....**

(Vymyslete si vhodnou odpověď).

Cvičení 22

Říkejte, co musíte a nemusíte, můžete a nemůžete dělat.

Cvičení 23

Zahrajte si na restauraci:

Rozdělíme studenty: 1 číšník, 2-3 kuchaři, ostatní jsou hosté. Číšník přijímá objednávky, servíruje jídla a účtuje; kuchaři připravují objednaná jídla, hosté si vybírají a objednávají, chtějí platit atd. (Využijte jídelního lístku a obrázky s názvy jídel v příloze 5).

Cvičení 24

Kam jdeme?

Doplňujte:

1. Pavel .... do (hospoda) na pivo. 2. Ivano a Petře, ... do (kavárna)? - Ne, ... do (cukrárna). 3. Kam ....Olga? - Do (divadlo). 4. Heleno, ...do (bufet)? - Ne, ... do (restaurace). 5. Kdo .... do(práce)? 6. Tom a Pavel .... do (kancelář).

Cvičení 25

*Doplňujte správné tvary slovesa **mít a muset** podle smyslu.*

Milý Tomáši, posílám Ti pozdrav z Prahy. Jak se ....? Já se ....moc dobře, ...pěkný program, ale také .... hodně práce. Každý den .... ve škole vyučování, proto .... každý den brzo vstávat. Odpoledne se ....učit nová slova a novou gramatiku. .... zajímavou českou učebnici. Ale večer .... všichni volno. Můžeme chodit na procházky. .... dobrou partu a chodíme taky na koncerty. A často taky chodíme do hospody nebo do vinárny. ....se naučit dobře česky, protože chceme vědět, co si lidé povídají. Teď........ končit, protož e můj kamarád tady .... holku a jdeme všichni na koncert. .... se hezky a ....mi taky brzy napsat.

Tvůj kamarád Tom.

Cvičení 26

Doplňujte vhodná adjektiva:

1/ Máte ráda ....pivo? 2/ Chceš .... kávu? 3/ Tady nemají .... chlebíčky. 4/ Máme rádi .... polévky. 5/ Dají si .... kuře. 6/ Petr má rád .... řízek. 7/ Chcete .... pohár? 8/ Mám raději .... knedlíky. 9/ Jarka chce .... zmrzlinu. 10/ Nemají rádi .... jídla. 11/ Chceme raději .... maso.

Cvičení 27

Napište, co jste měli včera k snídani, k obědu a k večeři!

Cvičení 28

Vyslovujte:

di - rádi, divadlo, rodina, hodina, chodit, jezdit
ti - ztratit, platit, ticho, naproti, potichu, tisíc
ni - oni, zelenina, zeleninový, pečeni, ani, Anička
ji - jiný, jich, jejich, jižní, Julii, Marii, pracuji, děkuji
dí - dítě, jedí, sedí, vidí, chodí, díky, budík
tí - tatínek, chtít, zatím, platím, utíkám
ní - nízký, sníh, jídelní, hlavní, moderní, slovník, parkování
jí - jím, jízda, jíst, jídelna, její, jídelní, jí

Cvičení 29

Vyprávějte, v jaké restauraci jste byli, co jste měli a jaké to bylo.

Cvičení 30

*Zjistěte, jaké ceny mají v restauraci nebo jídelně, kam chodíte vy. Srovnejte je s cenami na jídelním lístku ve vaší učebnici. Používejte výrazů:.... **není tak drahý/á/é jako...; není tak levný/á/é jako**.... .*

Cvičení 31

Zjistěte, co znamená: Bez práce nejsou koláče! Čí chleba jíš, toho píseň zpívej! Nechoď kolem toho jako kolem horké kaše! Jak k jídlu, tak k dílu.

Nová slova:

asi	maybe, perhaps	obědvat /obědvám, obědváš	lunch; to have lunch
brzo, brzy	soon	omáčka f.	sauce
bufet m.	buffet, refreshment room	opravdu	really
cukrárna f.	sweetshop	ovoce n.; ovocný adj.	fruit
často	often	párek m.	sausage
čerstvý adj	fresh	pěšky; jít pěšky	on foot; walk
dále	then	píseň f.	song
daleko	far away	pít /piji, piješ	drink
dát si / dám si, dáš si	have /I will have	platit/ platím, platíš	pay
den m.	day	počkat /počkám,-áš /počkej!	wait; wait!
Dělej rychle!	Hurry up!	pojď/te!	come!
dieta f.	diet	porce f.	portion
Dobrou chuť? Nápodobně!	(Bon apetit! - The same to you!)	pozvání n.	invitation
doma; domů	at home; home	pravda: to máte pravdu	truth;you are right
dort m.	cake	pravý adj.:pravé české jídlo	real Czech meal
drobné pl..	change	proč	why
hlad m.: mám hlad	I am hungry	procházka f.:jít na procházku	go for a walk
hlavně	mainly	přijít /přijdu, přijdeš	come
hned	in a moment, just now	rád přijdu	I will be glad to come
horečka f.	fever	raději: dám si raději ...	rather, better:I will rather have
horko; je mi horko	heat; I am hot	restaurace f.	restaurant
hospoda f.	pub	rohlík m.	roll
houska f.	roll	různý adj.	various
hrozný adj.	terrible	růže f.	rose
hruška f.; hruškový adj.	pear	rychle	quickly
chata f.	weekend house	ředkvička f.	radish
chlebíček m.	open sandwich	říkat / říkám, říkáš	say, tell
chvíle f.	moment	samozřejmě	of course
jablko n.	apple	samý: samé knedlíky	only dumplings
jaro n.; jarní adj.	spring	sladký adj.	sweet
jako	as, like	slaný adj.	salty
jenom	only	snídaně f.	breakfast
jet /jedu,jedeš	go	sníst /sním, sníš	eat
jídlo n.	dish, meal	stále	all the time, always
jíst/jím, jíš	eat	strašný adj..	terrible
jistě	surely	strom m.	tree
k (+ dativ)	to	svačina f.	afternoon tea; second breakfast
kancelář f.	office	svetr m.	sweater
kavárna f.	coffee bar	šatna f.	cloakroom
každý	everybody, each	šunka f., šunkový adj.	ham
když	when, if	takže	so
kohoutek m.	tab	učit se/učím se, učíš se	learn
koláč m.	cake	udělat/udělám, uděláš	make
koupelna f.	bathroom	v	in
kousek m. (dortu)	a piece of cake	vařit /vařím, vaříš	cook
kuchyně f.	kitchen	včera	yesterday
květák m.; květákový adj.	cauliflower	vařený adj.	boiled
láhev f.	bottle	večeře f.	dinner
léto n.; letní adj.	summer	večeřet /večeřím,-íš	have dinner
mák m.; makový adj.	poppy seeds	vegetarián m.; vegetariánka f.	vegetarian
maso n.	meat	vinárna f.	wine bar
Máte vybráno?	Have you made a choice?	voda f.	water
mít rád /mám rád, máš rád	like	volný adj.	free
mluvit/mluvím, mluvíš	speak	vrchní m.	waiter;head waiter
moci/můžu, můžeš	can	všechno	everything
moment m.	moment	vybrat /Máte vybráno?	choose;
najíst se /najím, najíš	eat		Have you made the choice?
napít se /napiji, napiješ	have a drink, drink	zahrada f.	garden
naproti (+ dativ)	opposite	zatím	in the mean time
napřed	first of all	zavařenina f.	marmelade
návštěva f.	visit	zavolat / zavolám, zavoláš	ring up;(a waiter) call
nebo	or	zelenina f./zeleninový adj.	vegetables
neboj/te se!	Do not be afraid; well	žízeň f.	thirst
oběd m.	lunch		

LEKCE 5

A

1   Kde jsme?

My jsme Američané. Jsme poprvé v Evropě. Budeme tu dvanáct dní. Každý den jsme v jiném státě a v jiném městě. Na programu máme Anglii, Belgii, Francii, Španělsko, Švýcarsko, Itálii, Řecko, Kypr, Maďarsko, Rakousko, Československo a Německo. Spát budeme v Londýně, v Bruselu, v Paříži, v Madridu, v Bernu, v Římě, v Aténách, v Nikósii, v Budapešti, ve Vídni, v Praze a v Bonnu. To je moc zajímavá cesta. Máme bohatý program. Na programu máme známá evropská města. Bydlet budeme v hotelu.

V letadle budeme mít přednášku a film o každém státě a o každém hlavním městě. Už jsme byli v Anglii, ve Francii, ve Švýcarsku, ... Včera jsme byli .... Moment, kde jsme byli včera? Hm, dnes jsme.....Kde teď jsme? Prosím vás, co je dnes? - Dnes je pondělí. - Aha, tak to jsme v Praze. A zítra budeme v Bonnu.

- Šťastnou cestu!
- Mějte se tu hezky!

2   Na návštěvě

Pan Novák a paní Nováková mají dnes návštěvu: pana Smithe a paní Smithovou z Anglie.

p. N.: - Dobrý večer! Vítám vás u nás doma. Pojďte dál! Smím vás představit? To je moje žena, a to je paní Smithová a pan Smith.

p. S.: - Těší mě. Promiňte, že jdeme pozdě, ale tramvaj dlouho nejela a od stanice je to k vám ještě pěkný kousek pěšky.

pí. N.: - Ano, je to k nám daleko, ale nic se nestalo. Jsem ráda, že jste tady.

p. S: - Dovolte, to je dárek pro vás (dává pí. Novákové růže).

pí. N.:   - Děkuji vám. Ty jsou krásné. To je od vás velmi milé. Odložte si a pojďte dál do obývacího pokoje.

p. N.:   - Posaďte se. Co si dáte? Koňak, becherovku, vodku...?

p. S.:   - Já si dám koňak a žena asi becherovku, viď?

pí. S.:   - Ano, becherovku mám moc ráda.

pí. N.:   - Jak se vám Praha líbí? Už jste tady někdy v Praze byla?

pí. S.:   - Ne, jsem v Praze poprvé. Ale můj muž byl vloni v Brně na veletrhu a potom byl ještě dva dny v Praze. Praha se mi moc líbí, je to opravdu krásné město.

p. N.:   - Kde už jste byli? Co jste už viděli?

pí. S.:   - Včera dopoledne jsme byli na Václavském náměstí, pak na Staroměstském náměstí, viděli jsme radnici, staroměstský orloj a Týnský chrám. Potom jsme šli přes Karlův most na Malou Stranu. Byli jsme taky na Malostranském náměstí v chrámu svatého Mikuláše. Je to opravdu velmi krásný barokní kostel.

p.S.:   - Potom jsme měli hlad a žízeň, tak jsme šli do Valdštejnské hospody, a tam jsme si dali výborný oběd. Po obědě jsme šli na Hradčany, do chrámu svatého Víta, do Zlaté uličky, do Lorety a potom jsme jeli do hotelu.

pí. N.:   - A večer, to už jste byli unavení, viďte?

pí. S.:   - Moc ne. Dali jsme si teplou sprchu a pak jsme byli na koncertě ve Smetanově síni. Já miluji klasickou hudbu, a proto jsem přijela do Prahy.

p. N.:   - Na jakém koncertě jste byli?

p. S.:   - Byl to zahajovací koncert Pražského jara, Smetanova "Má vlast." Bylo to nádherné. Znám trochu českou hudbu, hlavně Dvořáka a Janáčka.

pí. N.:   - Jsem ráda, že se vám koncert líbil. My na koncerty moc nechodíme. Ve všední den musíme brzy ráno vstávat a v sobotu jezdíme na chatu. ... A kde jste byli v pondělí?

pí. S.:   - V pondělí? To jsme byli na zajímavé výstavě Josefa Mánesa v Anežském klášteře. (Někdo zvoní).

pí. N.:   - Á, to bude určitě naše Jana. To už zase ztratila klíče? Byla v Jazykové škole, učí se anglicky. Mluvit moc ještě neumí, ale už trochu rozumí.

p. N.:   - Tak teď si připijeme na naše setkání.

p. S.:   - A na vaše zdraví!
          ....

p. S.:   - Děkujeme za příjemný večer.

p. N.:   - Děkujeme za milou návštěvu.

3 Co je dneska večer v televizi?

Televize

Pátek 7. června

ČT 1	ČT 2	ČT 3
19.00 Večerníček	19.00 Pražský večerník	19.00 Zprávy (něm.)
19.15 Předpověď počasí	19.20 Lékař a vy	19.45 Přehled večerních pořadů
19.30 Zprávy	19.50 Reklama	20.00 Pohledy na současné Německo
20.00 Láska v dešti (fr. film)	20.00 Itálie - Dánsko;	20.45 Příležitost pro lásku (angl.)
21.40 Mezinárodní hudební	mistrovství světa v kopané	22.15 Angelika a král
festival Pražské jaro	21.50 Velká krádež v galérii	(fr. film)
(kulturní pořad)	(krim. příběh tel. SRN)	

Pavel: - Ahoj, miláčku! Už jsem tady.
Věra: - Ahoj, Pavlíku! To jsem ráda, že už jsi doma.
Pavel: - Co je dneska večer v televizi?
Věra: - Dneska? Je tam francouzský film o lásce. A taky je tam ještě moc pěkný film o ....
Pavel: - Hm, na to se nechci dívat. Není tam dneska ten fotbal?
Věra: - Ale Pavle, já jsem se chtěla dívat na ten francouzský film o lásce.
Pavel: - Tak dobře. Můžeš se dívat na televizi u maminky. Už jsi tam dávno nebyla. A já se budu dívat
            na fotbal. Je v ledničce pivo?

4   Máš teď čas?

–   Ahoj! Máš, prosím tě, teď čas?
–   Nazdar! Bohužel, spěchám do školy. Chceš něco?
–   Prosím tě, zavolej mi odpoledne asi v 5.
–   Počkej, dnes je úterý, to nemůžu. Odpoledne půjdu na nákup, a pak půjdu ještě do jazykové školy. Přijdu
    domů pozdě. Zavolám ti ve středu ráno, ano?
–   Tak dobře, ale určitě ve středu zavolej! Tak ahoj!
–   Měj se!

5

Eskymácká abeceda

*Eskymácké děti
mají školu z ledu,
učí se tam
eskymáckou abecedu.*

*Eskymácká abeceda,
to je krásná věda:
sáňkování,
koulování
a lov na medvěda.*

(Jiří Žáček)

6   Kdy?

včera	*yesterday*	dnes	*today*	zítra	*tomorrow*
vloni	*last year*	letos	*this year*	příští rok	*next year*
ráno	*in the morning*			večer	*in the evening*
dopoledne	*in the morning*	v poledne	*at noon*	odpoledne	*afternoon*
ve dne	*during the day*			v noci	*at night*
minulý týden	*last week*	tenhle týden	*this week*	příští týden	*next week*

Dny v týdnu:	pondělí	*Monday*	**Kdy? V + AKUZATIV**
			V pondělí.
	úterý	*Tuesday*	V úterý.
	středa	*Wednesday*	Ve středu.
	čtvrtek	*Thursday*	Ve čtvrtek.
	pátek	*Friday*	V pátek.
	sobota	*Saturday*	V sobotu.
	neděle	*Sunday*	V neděli.

Kdy? V + LOKÁL

Měsíce v roce:	leden	*January*	V lednu.
	únor	*February*	V únoru.
	březen	*March*	V březnu.
	duben	*April*	V dubnu.
	květen	*May*	V květnu.
	červen	*June*	V červnu.
	červenec	*July*	V červenci.
	srpen	*August*	V srpnu.
	září	*September*	V září.
	říjen	*October*	V říjnu.
	listopad	*November*	V listopadu.
	prosinec	*December*	V prosinci.

Roční období: jaro, léto, podzim, zima   Na jaře, v létě, na podzim, v zimě.
Seasons of the year: spring, summer, autumn, winter.

---

2 PONDĚLÍ
Anežka

3 ÚTERÝ
Kamil

4 STŘEDA
Stela ☻

5 ČTVRTEK
Kazimír

6 PÁTEK
Miroslav

7 SOBOTA
Tomáš

8 NEDĚLE
Gabriela

BŘEZEN   **10. TÝDEN**

„Panská láska, ženská chuť a březnové počasí nejsou stálé", tak to praví stará selská zkušenost. Věřme jí, ale to neznamená, že si vlezeme za kamna. Naopak. První březnové dny nás lákají jak magnet kujné železo. Ať je zima, mráz, plískanice, nebo i první bouře s blesky, zahrádkáře v březnu doma žádný neudrží a spěchá na zahradu. Práce je více než dosti. Krok co krok nás nutí k zásahu. Tam opravit plot, nabrousit rýč, vyhrabat listy z trávníku, očima vytahovat rašící krokusy, tulipány, sněženky, talovíny, prostě, když začíná březen, zahrádkář se stává polobohem. Bez něho by nic nerostlo ani nekvetlo, jen ty potvorné plevely už ukazují a dokazují, že jsou ze všech rostlin nejranější. Ale nehněvejme se na plevelné rostlinky. Jsou stvořené k božímu světu jako my lidé, a tak se k nim chovejme slušně. Předně časně jarní plevelné rostliny neničíme, ale necháváme je bujně růst až do doby přípravy půdy na setí nebo sázení. Pak je prostě zaryjeme jako zelené hnojení. A nejen to, ještě nám tyto plevelné krásné rozrazily, penízky, pastuší tobolky, hluchavky a jiné dodají zvýšení odolnosti půdy proti půdní únavě.

B

§ 24 SUBSTANTIVUM: LOKÁL sg. - maskulinum

Maskulinum:	všechna na měkký konsonant **+ I** : v pokoji , o cizinci
	neživotná na tvrdý konsonant **+ E (Ě)/U**: ve svetru, v kabátě
	životná na tvrdý konsonant **+ OVI**: o studentovi

Kde je? Je v pokoji na koberci. Je na hradě Karlštejně. Je v New Yorku v hotelu.
O kom mluví? O tom cizinci, o bratrovi o tygrovi, o Tomášovi.

Pamatuj: Koncovku **-I** mají všechna maskulina, zakončená na měkký konsonant nebo na -tel: v pokoji,o učiteli.
Koncovku **-U** mají maskulina:
a/ označující názvy států : v Iránu, v Iráku, ve Vietnamu...vždy.
b/ neživotná maskulina, zakončená na k, h, ch, r: v rohlíku, na jihu, v prachu, na severu.... zpravidla.
c/ přejatá neživotná maskulina, zakončená na tvrdý nebo obojetný konsonant: v hotelu, na rentgenu, v dialogu, v autobusu, ve filmu, v citrónu... zpravidla.(Někdy jsou možné obě koncovky: ve vagónu - ve vagóně).
Koncovku **-E** mají ostatní neživotná maskulina, pokud se skloňují podle tvrdých vzorů: v kostele, v lese.
(**Pozor:** Některá maskulina zakončená na obojetný konsonant se skloňuji podle měkkého vzoru).
Po souhláskách b, p, m, v, f, d, t, n **-ě**: na západě, v Berlíně, v Londýně, na Smíchově.
Koncovku **-OVI** mají životná maskulina zakončená na tvrdý nebo obojetný konsonant (kromě -tel) a všechna vlastní jména osob: o studentovi, o profesorovi, o bratrovi, o tatínkovi - o učiteli , o cizinci, o Alešovi, o panu Křížovi.
ů > o: dům - v domě, stůl - na stole.

§ 25 SUBSTANTIVUM : LOKÁL sg. - femininum

Femininum:	-a > **-E/Ě**	třída	- ve třídě,	škola - ve škole;
	-e > **-I**	restaurace	- v restauraci	
	měkký konsonant + -I	skříň	- ve skříni	

Feminina zakončená na -ka, -ga, -ha, -cha, -ra mění k > c, g > z, h > z, ch > š, r > ř: taška - v tašce, kabelka - v kabelce, Praha - v Praze, plocha - na ploše, díra - v díře,....

§ 26 SUBSTANTIVUM: LOKÁL sg. - neutrum

Neutrum:	o > **-E/Ě**; **-U**	město	- ve městě, křeslo - v křesle, metro - v metru
	e/ě >	**- I**	moře	- v moři, hřiště - na hřišti
	í =	**- Í**	nádraží	- na nádraží

Neutra na - e/ě mají v lokálu **-i.**
Neutra na - o mají v lokálu **- e/ě; ve víně, v pivě.** Protože čeština nemá ráda skupiny **ge, ke, he, che, re**, musí se **g, k, h, ch, r** v těchto skupinách palatalizovat: mléko - v mléce, patro - v patře. Někdy se užije koncovka **-u**: v jablku, na středisku. Názvy států a přejatá slova mají koncovku **-u**: v Tokiu, v Polsku, v Rusku, na Slovensku, ve Skotsku, v muzeu, v metru.

Pamatuj: dítě - o dítěti, kuře - o kuřeti.

§ 27 ADJEKTIVUM: LOKÁL sg.

Maskulinum + Neutrum	Femininum
- ém	- é
- ím	- í

Kde?	V novém domě, v novém městě,	v nové třídě.
	V moderním domě, v moderním městě,	v moderní třídě.

§ 28 ZÁJMENO TEN, TA, TO: LOKÁL sg.

Maskulinum + Neutrum tom	Femininum té

Kde?   V tom domě,   v té třídě,
          v tom městě.

§ 29 ZÁJMENO můj, tvůj, jeho, její, náš, váš, jejich: LOKÁL sg.

Maskulinum + Neutrum	Femininum
mém	mé/mojí
tvém	tvé /tvojí
jeho	jeho
jejím	její
našem	naší
vašem	vaší
jejich	jejich

Kde?   V mém domě, v mém městě,   v mé třídě.

Zájmena **jeho** a **jejich** své tvary nemění: jeho pokoj - v jeho pokoji, jejich pokoj - v jejich pokoji.

Lokál má vždy předložku: **V, NA, O, PO ... .**

     Pes je **na** tašce: Pes je **v** tašce: Pes je **po** obědě:

Předložka je vždy přízvučná, bere na sebe přízvuk následujícího slova:
na domě, na vysokém domě, na hodně vysokém domě.

§ 30 KONJUGACE: prosit, umět (inf.); přítomný čas + minulý čas

já	prosím	umím	prosil/a jsem	uměl/a jsem
ty	prosíš	umíš	prosil/a jsi	uměl/a jsi
on			prosil	uměl
ona	prosí	umí	prosila	uměla
ono			prosilo	umělo
my	prosíme	umíme	prosili jsme	uměli jsme
vy	prosíte	umíte	prosili jste	uměli jste
oni	prosí	umějí	prosili	uměli

Zápor: neprosím, neumím; neprosil jsem, neuměl jsem.
Otázka: prosíš? umíš? prosil jsi? uměl jsi?

§ 31 ZÁJMENO: já, ty, my, vy - AKUZATIV

nominativ	já	ty	my	vy
akuzativ	mě	tě	nás	vás

Cvičení 1

Kde?
V kabátě.   *Ve svetru.*   *V pokoji.*

Učitel:	Student:	Učitel:	Student:
dům	v domě	vagón	ve vagónu/ě
obchod	v obchodě	telefon	v telefonu/ě
kostel	v kostele	fax	ve faxu
Krumlov	v Krumlově	počítač	v počítači
Londýn	v Londýně	čaj	v čaji
Benešov	v Benešově	koňak	v koňaku
Berlín	v Berlíně	dialog	v dialogu
Řím	v Římě	problém	v problému
svetr	ve svetru	salát	v salátě/u
kufr	v kufru	kompot	v kompotu/ě
hotel	v hotelu	řízek	v řízku
klobouk	v klobouku	kalendář	v kalendáři
autobus	v autobusu/e	leden	v lednu
vlak	ve vlaku	únor	v únoru
slovník	ve slovníku	březen	v březnu
taxík	v taxíku	duben	v dubnu
čajník	v čajníku	květen	v květnu
les	v lese	červen	v červnu
pas	v pase/u	červenec	v červenci
Vietnam	ve Vietnamu	srpen	v srpnu
Írán	v Íránu	říjen	v říjnu
Irák	v Iráku	listopad	v listopadu
Kuvajt	v Kuvajtu	prosinec	v prosinci
New York	v New Yorku	motor	v motoru
pokoj	v pokoji	byt	v bytě
Madrid	v Madridu	bufet	v bufetu/ě

Cvičení 2

Kde?   *Na talíři.*

Učitel:	Student:	Učitel:	Student:
začátek	na začátku	most	na mostě
konec	na konci	dopis	na dopise
program	na programu	strom	na stromě
stroj	na stroji	Island	na Islandu
počítač	na počítači	Vyšehrad	na Vyšehradě
papír	na papíru	Smíchov	na Smíchově
telegram	na telegramu	oběd	na obědě
strop	na stropě	Krym	na Krymu
věšák	na věšáku	Kypr	na Kypru
východ	na východě	obraz	na obraze
západ	na západě	koncert	na koncertu
sever	na severu	Petřín	na Petříně
jih	na jihu	chodník	na chodníku
hrad	na hradě	stůl	na stole

Cvičení 3

Kde?	V tašce.	V restauraci.	Ve skříni.
Učitel:	**Student:**	**Učitel:**	**Student:**
kabelka	v kabelce	Budapešť	v Budapešti
peněženka	v peněžence	Bukurešť	v Bukurešti
Praha	v Praze	vinárna	ve vinárně
Amerika	v Americe	Brazílie	v Brazílii
Afrika	v Africe	Francie	ve Francii
škola	ve škole	Belgie	v Belgii
třída	ve třídě	Austrálie	v Austrálii
polévka	v polévce	Itálie	v Itálii
limonáda	v limonádě	lekce	v lekci
Varšava	ve Varšavě	učebnice	v učebnici
Bratislava	v Bratislavě	Moskva	v Moskvě
Ostrava	v Ostravě	banka	v bance
Paříž	v Paříži	ruka	v ruce
Vídeň	ve Vídni	bunda	v bundě
obálka	v obálce	Evropa	v Evropě
šatna	v šatně	kapsa	v kapse
hospoda	v hospodě	gramatika	v gramatice
restaurace	v restauraci	kancelář	v kanceláři
práce	v práci	televize	v televizi
kuchyně	v kuchyni	postel	v posteli
tramvaj	v tramvaji	káva	v kávě
vana	ve vaně	sukně	v sukni
koupelna	v koupelně	samoobsluha	v samoobsluze
kavárna	v kavárně	Anglie	v Anglii

Cvičení 4

Kde?	Na mapě.	Na tabuli.	Na skříni.
Učitel:	**Student:**	**Učitel:**	**Student:**
zahrada	na zahradě	obálka	na obálce
chata	na chatě	ruka	na ruce
věž	na věži	země	na zemi
univerzita	na univerzitě	židle	na židli
fakulta	na fakultě	ulice	na ulici
fotografie	na fotografii	penze	na penzi
pošta	na poště	rekreace	na rekreaci
cesta	na cestě	Malta	na Maltě
postel	na posteli	klinika	na klinice

Cvičení 5

Kde?	V křesle.	V metru. Na sídlišti. V moři.	
Učitel:	**Student:**	**Učitel:**	**Student:**
město	ve městě	Rakousko	v Rakousku
centrum	v centru	Polsko	v Polsku
muzeum	v muzeu	Irsko	v Irsku
auto	v autě	Španělsko	ve Španělsku
jídlo	v jídle	Německo	v Německu
divadlo	v divadle	Slovensko	na Slovensku
kino	v kině	nádraží	na nádraží
moře	v moři	náměstí	na náměstí
letadlo	v letadle	letiště	na letišti
mléko	v mléce	parkoviště	na parkovišti

Cvičení 6

Byl/a jsem ve škole. - Já jsem byl/a taky ve škole.

Tvořte podobné věty:

kavárna, hotel, pokoj, vinárna, bufet, hrad, oběd, Anglie, Polsko, večeře, Amerika, Kanada, kino, koncert, divadlo, letiště, výstava.

Cvičení 7

- Kde se sejdeme?   - Sejdeme se ve škole.

Ptejte se jeden druhého a hledejte vhodné odpovědi.

Cvičení 8

náš velký moderní byt	**- v našem velkém moderním bytě**
naše velké moderní město	**- v našem velkém moderním městě**
naše velká moderní škola	**- v naší velké moderní škole**

Tvořte podobně:

dobrý hotel, starý chrám, barokní kostel, teplý svetr, moderní kabát, český slovník, hezký pokoj, velký obchodní dům, anglická učebnice, klasická hudba, Zlatá ulička, vedlejší ulice, stará věž, známé město, pražská kavárna, Národní muzeum, naše třída, naše město, náš hotel, naše škola, váš byt, váš pokoj, vaše země, její postel, jeho hnědé sako, její pas, její koupelna, tvoje černá peněženka, moje kožená kabelka, naše krásná zlatá Praha, vaše česká kniha, jejich velká rodina.

Cvičení 9

krásný koncert   - na krásném koncertě

Tvořte podobně:

pražské letiště, nové sídliště, dětské hřiště, zahajovací koncert, brněnský veletrh, jídelní stůl, hlavní pošta, Národní třída, Hlavní nádraží, Václavské náměstí, Staroměstské náměstí, Malá Strana, Staroměstská radnice, hlavní ulice, jeho postel, její stůl, její židle, moje skříň, můj psací stůl, zajímavá výstava.

Cvičení 10

ten můj kufr	**- v tom mém kufru**
ta moje taška	**- v té mé tašce**
to moje auto	**- v tom mém autě**

Tvořte podobně:

ten můj byt, ten můj pokoj, ta moje kancelář, ta moje kabelka, ta moje peněženka, ta moje učebnice, ten můj slovník, ta moje kniha, ta moje třída, ta moje práce, ten můj domácí úkol, ten můj nový program, ten můj starý pas, to moje nové auto, to moje staré tričko, ta moje stará košile, ta moje fialová bunda, ta moje moderní chata, ta moje stará škola, ten můj velký dům.

Používejte také zájmena **tvůj, jeho, její, náš, váš, jejich.**

Cvičení 11

Vyberte k substantivům v cvičení **6** *vhodná adjektiva:* moderní, jazykový, pražský, severní, východní, dobrý, obývací, západní, večerní, hezký, národní, drahý, laciný, starý.

Cvičení 12

Učitel:	Student	Učitel:	Student:
třída	Byl jsem ve třídě.	hotel	Byli v hotelu.
kavárna	Byl jsem v kavárně.	zápor	Nebyli v hotelu.
on	Byl v kavárně.	práce	Nebyli v práci.
ty	Byl jsi v kavárně.	rekreace	Nebyli na rekreaci.
otázka	Byl jsi v kavárně?	bufet	Nebyli v bufetu/ě.
vykání	Byl jste v kavárně?	metro	Nebyli v metru.
Varšava	Byl jste veVaršavě?	kladně	Byli v metru.
Brno	Byl jste v Brně?	my	Byli jsme v metru.
ona	Byla v Brně?	svačina	Byli jsme na svačině.
Praha	Byla v Praze?	snídaně	Byli jsme na snídani.
Amerika	Byla v Americe?	koncert	Byli jsme na koncertě.
park	Byla v parku?	nádraží	Byli jsme na nádraží.
divadlo	Byla v divadle?	letiště	Byli jsme na letišti.
ty	Byl jsi v divadle?	oni	Byli na letišti.
kino	Byl jsi v kině?	otázka	Byli na letišti?
Paříž	Byl jsi v Paříži?	hřiště	Byli na hřišti?
Tokio	Byl jsi v Tokiu	třída	Byli ve třídě?
oběd	Byl jsi na obědě?	postel	Byli v posteli?
oni	Byli na obědě?	hospoda	Byli v hospodě?
oznamovací věta	Byli na obědě.	ty	Byl jsi v hospodě?

Cvičení 13

Nebyl jsem v Plzni, ale v Benešově.

Tvořte podobně:
Kolín, Brno, Bratislava, Ostrava, Opava, Varšava, Moskva, Sofie, Vladivostok, San Francisco, Peking, Tokio, Toronto, Kalifornie, Texas, Paříž, Praha.

Cvičení 14

Nechci žít v Americe, ale v Kanadě.

Pokračujte dále: Nechci žít v Kanadě, ale v ....

Doplňujte: Austrálie, Indie, Singapur, Japonsko, Norsko, Švédsko, Dánsko, Finsko, Řecko, Itálie, Belgie, Francie, Švýcarsko, Rakousko, Anglie.

Cvičení 15

Zopakujte cvičení 14 podle tohoto vzoru:

Nechtěl jsem žít v Americe, ale v Kanadě.

Cvičení 16

Kde?   **V novém domě.**

Učitel:	Student:	Učitel:	Student:
moderní	V moderním domě.	autobus	Ve starém autobusu.
hotel	V moderním hotelu.	velký	Ve velkém autobusu.
dobrý	V dobrém hotelu.	taška	Ve velké tašce.
restaurace	V dobré restauraci.	černý	V černé tašce.
moderní	V moderní restauraci.	kufr	V černém kufru.
laciný	V laciné restauraci.	taxík	V černém taxíku.
taška	V laciné tašce.	nový	V novém taxíku.
pěkný	V pěkné tašce.	slovník	V novém slovníku.
bunda	V pěkné bundě.	park	V novém parku.
letní	V letní bundě.	pražský	V pražském parku.
počasí	V letním počasí.	vídeňský	Ve vídeňském parku.
teplý	V teplém počasí.	káva	Ve vídeňské kávě.
kabát	V teplém kabátě.	černý	V černé kávě.
nový	V novém kabátě.	pivo	V černém pivě.
sukně	V nové sukni.	svetr	V černém svetru.
svetr	V novém svetru.	dlouhý	V dlouhém svetru.
letadlo	V novém letadle.	tričko	V dlouhém tričku.
kino	V novém kině.	moderní	V moderním tričku.
učebnice	V nové učebnici.	ulice	V moderní ulici.
starý	Ve staré učebnici.	dům	V moderním domě.
kavárna	Ve staré kavárně.	škola	V moderní škole.
hrad	Ve starém hradě.	pražský	V pražské škole.
město	Ve starém městě.	jazykový	V jazykové škole.

Cvičení 17

Říkejte, v čem je a v čem není cukr:

Hovězí polévka, černá káva, limonáda, hovězí pečeně, čaj, plzeňské pivo, koláč, salám, párek, zmrzlina, čokoláda, kompot, smažený řízek, zeleninová polévka, pečené maso, pečený pstruh, rizoto, okurkový salát, víno, kakao, mléko, zmrzlinový pohár.

Říkejte, v čem je a v čem není sůl. (Viz výše.)

Cvičení 18

a/ *Přečtěte:*

Petr měl hlad, tak šel do bufetu.
Protože měl Petr hlad, šel do bufetu.
Měl jsem hlad, tak jsem šel do bufetu.

Petr měl hlad, a proto šel do bufetu.
Petr šel do bufetu, protože měl hlad.
Měl jsem hlad, a proto jsem šel do bufetu.

Protož e jsem měl hlad, šel jsem do bufetu.   Šel jsem do bufetu, protož e jsem měl hlad.

b/ *Převeďte věty do záporu.*

c/ *Tvořte podobně:* lístky - divadlo, žízeň - pivo, čas - kino, peníze - restaurace, práce - kancelář.

Cvičení 19

Doplňujte věty:

a/ Protože mám dnes narozeniny, ...   Mám dnes narozeniny, tak / a proto .....
Protože nemám byt, ...   Nemám byt, tak /a proto.............
Protože neznám jeho adresu, ...   Neznám jeho adresu, tak /a proto.....
Protože nemám drobné, ...   Nemám drobné, tak / a proto........ .
Protože se mi ztratilo auto, ...   Ztratilo se mi auto, tak /a proto ....
Protože mám moc práce, ...   Mám moc práce, tak / a proto...... .
Protože nemám práci, ...   Nemám práci, tak / a proto ....

b/ Dnes večer jdu do restaurace, protože ....
Nemůžu zaplatit za šatnu, protože ....
Musím jít na policii, protože ....
Nemůžu jít na pivo, protože ....
Nemám peníze, protože ....
Nechci jít do bufetu, protože ....
Musím bydlet v hotelu, protože ....
Nemůžu mu poslat dopis, protože ....

Cvičení 20

a/ **Chtěli jsme zavolat, ale neměli jsme číslo.**
b/ **Chtěl/a jsem zavolat, ale neměl/a jsem číslo.**
c/ **Petr chtěl zavolat, ale neměl číslo.**
d/ **Adam a Eva chtěli zavolat, ale neměli číslo.**

Tvořte podobně:
zakouřit si - cigareta, jít na koncert - lístky, jít do restaurace - peníze, jít na návštěvu - adresa, jít na výstavu - čas, napsat dopis - pero a dopisní papír, poslat dopis - známka.

Cvičení 21

a/ **Kde jste byl/a včera?**   **- Byl/a jsem na výstavě.**
b/ **Kde jste byli včera?**   **- Byli jsme na výstavě.**
c/ **Kde byli Petr a Pavel včera?**   **- Byli na výstavě.**

Pracujte ve dvojicích a tvořte podobně:
pondělí - zahajovací koncert, úterý - brněnský veletrh, středa - zajímavá přednáška, čtvrtek - služební cesta, pátek - velký nákup, sobota - Hlavní pošta, neděle - pražské letiště, včera - hrad Karlštejn, dnes - práce, odpoledne - dlouhá procházka, večer - zajímavá návštěva, minulý týden - služební cesta, vloni - Jižní Amerika, letos - severní Itálie, dnes dopoledne - Staroměstské náměstí .

Cvičení 22

a/ Kam jsi šel/šla včera v 8 hodin ráno? **- Šel /šla jsem na fakultu.**
b/ Kam jste šel včera v 8 hodin ráno?   **- Šel jsem na fakultu.**
c/ Kam šla Helena včera v 8 hodin ráno? **- Šla na fakultu.**

Pracujte ve dvojicích a tvořte podobně:
ráno - nákup, v poledne - oběd, dopoledne - výstava, 4 hodiny - procházka, večer - koncert, večer v 7 hodin - večeře, odpoledne - návštěva, dnes v 8.30 - jazyková škola, v 11 hodin v noci - postel.

Cvičení 23

a/ Kdy přijdete, pane Wagnere?   **- Přijdu v pondělí v 8 hodin ráno.**
b/ Kdy přijdeš, Richarde?   **- Přijdu v pondělí v 8 hodin ráno.**

Tvořte podobně a oslovujte se:
pondělí - 10 - dopoledne, úterý - 1 - odpoledne, středa - 2 - odpoledne, čtvrtek - 3 - odpoledne, pátek - 5 - odpoledne, sobota - 6 - večer, neděle - 2 - odpoledne, zítra - 8 - večer.

Cvičení 24

Obměňujte slovní spojení podle daného vzoru.

VZOR a/

bydlet v Praze		**Bydlím v Praze. Taky bydlíš v Praze?**	**- Ne, nebydlím.**
live in a hotel	bydlet v hotelu	Bydlím v hotelu. Taky bydlíš v hotelu?	- Ne, nebydlím.
lodge	bydlet v podnájmu	Bydlím v podnájmu. Taky bydlíš v podnájmu?	- Ne, nebydlím.
can drive a car	umět řídit auto	Umím řídit auto. Taky umíš řídit auto?	- Ne, neumím.
can cook	umět vařit	Umím vařit. Taky umíš vařit?	- Ne, neumím.
go by underground	jezdit metrem	Jezdím metrem. Taky jezdíš metrem?	- Ne, nejezdím.
walk	chodit pěšky	Chodím pěšky. Taky chodíš pěšky?	- Ne, nechodím.
go by car	jezdit autem	Jezdím autem. Taky jezdíš autem?	- Ne, nejezdím.
go by taxi	jezdit taxíkem	Jezdím taxíkem. Taky jezdíš taxíkem?	- Ne, nejezdím.
speak English	mluvit anglicky	Mluvím anglicky. Taky mluvíš anglicky?	- Ne, nemluvím.
wear a sweater	nosit svetr	Nosím svetr. Taky nosíš svetr?	- Ne, nenosím.
can make a soup	umět vařit polévku	Umím vařit polévku. Taky umíš vařit polévku?	- Ne, neumím.
understand Czech	rozumět česky	Rozumím česky. Taky rozumíš česky?	- Ne, nerozumím.
must get up early	muset brzy vstávat	Musím brzy vstávat. Taky musíš brzy vstávat?	- Ne, nemusím.
speak German	mluvit německy	Mluvím německy. Taky mluvíš německy?	- Ne, nemluvím.
have dinner at home	večeřet doma	Večeřím doma. Taky večeříš doma?	- Ne, nevečeřím.
hurry to work	spěchat do práce	Spěchám do práce. Taky spěcháš do práce?	- Ne, nespěchám.
look for an apartment	hledat byt	Hledám byt. Taky hledáš byt?	- Ne, nehledám.
wait for a bus	čekat na autobus.	Čekám na autobus. Taky čekáš na autobus?	- Ne, nečekám.
have to learn Czech	muset se učit česky	Musím se učit česky. Taky se musíš učit česky?	- Ne, nemusím.

VZOR b/

bydlet v Praze   **Bydlím v Praze. Taky bydlíte v Praze?**   **- Ne, nebydlím, ale můj přítel bydlí.**

Podle tohoto vzoru tvořte dialogy a používejte slovní spojení z cvičení 24.

VZOR c/

bydlet v Praze   **Bydlíte v Praze?**   **- Nebydlím, ale všichni ostatní bydlí.**

Pamatuj: umět - oni umějí, rozumět - oni rozumějí.

Pracujte jako u vzoru B.

VZOR d/

bydlet v Praze   **Kdo bydlí v Praze?**   **- Všichni bydlíme v Praze.**

VZOR e/

bydlet v Praze   **Kdo z vás bydlí v Praze?**   **- Nikdo nebydlí v Praze, jenom já.**

VZOR f/

bydlet v Praze   **Všichni bydlí v Praze, jenom já ne.**

Cvičení 25

a/ Kam půjdeš po obědě?   **- Po obědě půjdu do Zlaté uličky.**
b/ Kam půjdete po obědě?   **- Po obědě půjdeme do Zlaté uličky.**

Tvořte podobně:

snídaně - práce, svačina - škola, oběd - procházka, práce - kino, škola - divadlo, koncert - hotel, večeře - pokoj, divadlo - vinárna, přednáška - kancelář.

Cvičení 26

Kam pojedeš/pojedete v neděli?

Hledejte vhodné odpovědi.

Cvičení 27

Už jste někdy byl/a v Praze?   **- Ne, ještě jsem nikdy v Praze nebyl/a.**

Tvořte podobně:

Bratislava, Brno, Plzeň, Paříž, Vídeň, Moskva, Kyjev, Polsko, Bukurešť, Budapešť, Tirana, Záhřeb, Varšava, Berlín, Londýn.

Cvičení 28

Doplňujte správné tvary sloves JÍT - JET:

.... na kole, ... po schodech, ... taxíkem, ... pěšky, ... na procházku, ... na výlet, ... do koupelny, ... do Ostravy, ... na výstavu, ... na záchod, ... do vinárny, ... do ciziny, ... do postele, ..., na pivo, ... do pokoje, ... vlakem, ...do cukrárny, ... do muzea, ... do hospody.

Cvičení 29

Doplňujte správné tvary sloves JÍT - JET:
a/ v přítomném čase: Petr .... na kole do školy. Monika ..... pěšky. Po silnici ....autobus. Kamarádky .....dnes do kina. Já .....taky, protože dávají hezký film. Teď .....do bufetu na svačinu. Eva .....do koupelny a dává si sprchu. Zítra ....na výlet na zámek Konopiště. Je to asi 50 km, tak .... vlakem. Karel ne....., ten ......raději do hospody na pivo. Zuzana ....ráno do Bratislavy, protože tam má sestru.

b/ v minulém čase: Po silnici ......auto. .... hodně rychle. Po ulici .....stará babička. Vedle babičky .... malé dítě. Zuzanka ...... večer do divadla. My jsme .... po Karlově mostě. Po nábřeží .... tramvaj. ....jsme po starých zámeckých schodech na Hradčany. V zoo jsme také ......lanovkou.

Cvičení 30

Vyslovujte: bě: obě, po obědě, obědvat, běhat, Hloubětín, běžný, na palubě
pě: pěkný, pět, pěšky, zpěv, na stropě, hloupě, spěchat
vě: dvě věže, devět, v Ostravě, v Bratislavě, na Strahově, na Smíchově, na návštěvě
fě: na harfě
mě: město, náměstí, měl, na stromě, v tom domě, měsíc, měsíčně

Cvičení 31

Už jste si dávno nehráli? Už jste unavení? Stále jen sedíte? Tak si zazpíváme: Ten, kdo se v lednu narodil, povstaň, povstaň, povstaň! (A kdo se narodil v lednu, vstane a řekne: Narodil jsem se v lednu. A zase znovu zpíváme: Ten, kdo se v únoru narodil,.... (Tak pokračujeme až do konce roku!)

Cvičení 32

a/ Vítám vás u nás v Praze!
b/ Vítám tě u nás v Praze!

Tvořte podobně:
Česká republika, chata, Brno, Ostrava, Bratislava, náš nový byt, naše škola, naše město.

Cvičení 33

a/ Prosím tě, slyšíš mě?	**- Ano, slyším tě.**
b/ Prosím vás, slyšíte nás?	**- Ano, slyšíme vás.**

Tvořte podobně:
vidět, poslouchat, představit, mít rád, chtít navštívit, pozvat.

Cvičení 34

a/ Tvořte otázky z daných slov.

Smím	vás	pozvat do kina?		- Děkuji, to je od	vás	velmi milé.
	tě	pozvat na večeři?			tebe	velmi laskavé.
		doprovodit?				milé.
		seznámit?				
		pozvat na kávu?				
Můžu		představit?				

b/ Zkuste se sami podobně zeptat.

Cvičení 35

a/Vyprávějte obsah textu 1.
b/ Vyprávějte, v kterém městě jste byli, co jste tam viděli.

Cvičení 36

Odpovídejte na otázky k textu 2:

Kdo navštívil pana Nováka? Přišli hosté včas? Bydlí pan Novák daleko od centra? Má stanici tramvaje blízko? Přinesl pan Smith tulipány? Dal si pan Smith becherovku? Co si dala jeho žena? Byla paní Smithová už někdy v Praze? Byl její muž už někdy v Praze? Byl její muž na bratislavském veletrhu? Byli Smithovi včera na Václavském náměstí? V kterém chrámu byli? Kde obědvali Smithovi? Měli špatný oběd? Kam šli po obědě? Byli ve Zlaté uličce? Kde večeřeli? Kam šli po večeři? Na jakém koncertě byli? Zná paní Smithová trochu českou hudbu. Kde byli Smithovi v pondělí? Proč nechodí Novákovi na koncerty? Kdo je Jana? Umí anglicky?

Cvičení 37

a/ Reprodukujte text 2 ve skupinách.
b/ Reprodukujte text a změňte program.
c/ Sestavte plán procházky po Praze pro svého kamaráda z Berlína.
d/ Vyprávějte o své návštěvě u českých přátel: kdo vás pozval, kdy to bylo, kde bydlí, jak jste tam jeli a pod.

Cvičení 38

a/ Přineste televizní program.
b/ Ptejte se na televizní programy, např.: Co je dnes večer v televizi? Co dávají dnes večer v televizi? Co je v televizi v 7 hodin na ČT 1? Pracujte ve dvojicích.
c/ Který televizní program se vám líbil? Např. Líbil se mi .... Moc se mi líbil ....

Cvičení 39

a/ Najděte obrázek kalendáře a sestavte svůj časový program na týden. Pracujte ve dvojicích a ptejte se svého partnera na program.

b/ Vyprávějte, jaký máte program na tento týden.

Čas jsou peníze.

Nová slova:

banka f.	bank	jazyk m.; jazykový adj.	language
barokní adj.	baroc	jezdit /jezdím, jezdíš	go
becherovka f.	Becher's liquer	jih m.; jižní adj.	south; southern
bohatý adj.	rich	jiný	another, some other, different
brzy	soon	kalendář m.	calendar
centrum n.	centre	kapsa f.	pocket
cesta f.	road, trip	kdy?	when?
cukr m.	sugar	klasický adj.	classic
čajník m.	teapot	klášter m.	monastery
čas m.	time	klinika f.	clinic
dárek m.	present	koňak m.	cognac
dávat,/dávám, dáváš (dárek)	give	kopaná f.	football
dávno	long ago	kostel m.	church
deník ČST	Czech TV news	kousek:je to pěkný k. pěšky	it's pretty far away
dětský adj.	child's, children's	krádež f.	theft
déšť m.	rain	král m.	king
dialog m.	dialogue	kriminální adj.	criminal
díra f.	hole	kultura f.; kulturní adj.	culture; cultural
dívat se /dívám se, díváš se	watch, look at	kurs m.	(money) rate;(English) course, class
dlouhý adj.; dlouho	long; for a long time	laciný adj.	cheap
doprovodit/doprovodím, -íš.	join, see home	lanovka f.	funicular
festival m.	festival	láska f.	love
film m.	film;movie	laskavý adj.	kind
galerie f.	gallery	lednička f.	fridge
hrad m.	castle	les m.	forest
hudba f.; hudební adj.	music; musical	letadlo n.	airplane
chodník m.	sidewalk, pavement	líbit se : to se mi líbí	like; I like it
chodit/chodím, chodíš	go, walk	mezinárodní adj.	international
chrám m.	cathedral	miláček m.	sweetheart

milovat /miluji, miluješ	like, love	rozumět/rozumím,- íš, oni -ějí	understand
milý adj.	dear	ruka f.	arm, hand
mistrovství n.	championship	rychlý adj.; rychle	fast
mléko n.	milk	salám m.	salami
motor m.	engine	sedět / sedím, sedíš	sit
nabídnout/nabídnu, -eš	offer	setkání n.	meeting
nádherný adj.	beautiful, fascinating	sever m.; severní adj.	north; northern
nákup m.; nákupní adj.	shopping	schod m.	step
nám	to us	silnice f.	highway
narodit se/ narodil jsem se	to be born / I was born	sídliště n.	suburb
něco	something	síň f.	hall
někdo	somebody	slyšet/slyším, slyšíš	hear
někdy	sometimes	smět/smím, smíš	may
nikdy	never	současný adj.	contemporary
o (+ lokál; + akuzativ)	about	spát (spím, spíš)	sleep
obálka f.	envelope	sprcha f.	shower
obchod m.;obchodní dům	shop; department store	stát m.	state
obraz m.	picture	středisko n.	centre
obývací adj.; obývací pokoj	living room	sukně f.	skirt
odložit si/odložím, odložíš	take off (your coat)	sůl f.	salt
odložte si!	take off!	svatý adj.	saint
orloj m.	tower clock	svět m.	world
ostatní	the others	šťastný; šťastnou cestu!	happy, lucky;Have a nice trip!
pak	then	teď	now
patro n.	floor	televize f.; televizní adj.	TV
penze f.	pension	ti:	to you; the (pl.)
peníze pl.	money	trochu	a little
pes m.	dog	tulipán m.	tulip
pěkný adj.	fine, nice	učit se /učím se, učíš se	learn
písnička f.	song	umět /umím, umíš	can
plocha f.	territory	unavený adj.	tired
po	after	určitě	certainly
počítač m.	computer	vám	to you
pohled m.	view	vana f.	bath
pokračovat/ pokračuji,- uješ	go on	včas	in time
pomoci/pomůžu, pomůžeš	help	večerníček m.	evening TV programme for children
poprvé	for the first time	večerník m.	evening news
poradit/poradím, poradíš	advise	veletrh m.	fair
pořad m.	programme	velmi	very
poslouchat/poslouchám,-áš	listen to	věž f.	tower
postel f.	bed	vidět /vidím, vidíš	see
potom	then	viď! viďte!	(tag question)
pozdě	late	vítat/ vítám, vítáš	welcome
pozvat/pozvu, pozveš	invite	vlak m.	train
prach m.	dust	vlast f.	country
pro (+ akusativ)	for	vstávat /vstávám, vstáváš	get up
problém m.	problem	všední adj.;všední den	working day
program m.	programme	všichni	all
prosím	1. please 2. Here you are. 3.beg you pardon?	výborný adj.	excellent
proto	that is why	výlet m.	trip, hike, excursion
protože	because	výstava f.	exhibition
první	first	začátek m.	beginning
předpověď f.	forecast	zahajovací adj.	opening
představit/představím,-íš	introduce	záchod m.	lavatory, bathroom
přes	across	zámek m.; zámecký adj.	castle
příběh m.	story	západ m.; západní adj.	west
příjemný adj.	pleasant	zase	again
přijet /přijedu, přijedeš	come	zazpívat si /zazpívám ,-áš	sing
příležitost f.	chance	zdraví n.; na zdraví	health;Cheers!
přinést/přinesu, přineseš	bring	země f.	earth, floor
připít si /připiji, připiješ	drink for health	zlato n.; zlatý adj.	gold; golden
rád, ráda: jsem rád/a	I'm glad	známý adj.	famous
radnice f.	town hall	znovu	again
reklama f.	advertisement	zoo n.	zoo
rekreace f.	recreation	zpívat /zpívám, zpíváš	sing
rizoto n.	risotto	zprávy pl.	news
rok m.; roční adj.	year	že	that
		žít /žiji, žiješ	live

LEKCE 6

1 Nevíte o bytě?

- Dobrý den! Já jsem Daniel Green. Jste paní Bártová?
- Dobrý den! Co si přejete?
- Máte prý volný byt? Viděl jsem váš inzerát.
- Ano, ano. Pojďte dál, pane Greene. Odložte si a posaďte se!
- Ne, děkuji. Spěchám. To je tenhle byt?
- Ano. Prosím, tady je předsíň, tohle je ten pokoj, tady jsou dveře do koupelny a na záchod, a tamhle je kuchyně.
- Můžu se podívat?
- Prosím.
- Ale ta koupelna je hodně malá. Je tu teplá voda?
- Ano, to je koupelna s elektrickým bojlerem.
- A můžu vidět tu kuchyni?
- Tady je kuchyňský kout s vařičem a s ledničkou.
- S vařičem? Tady není sporák?
- Ne, je tu jen vařič. Ale to vám stačí.
- A tady v pokoji není žádný nábytek.
- Jak to? Je tady stůl, dvě židle, skříň a postel.
- Jedna postel? A taková úzká a krátká? A kolik za ten byt chcete?
- Dva tisíce.
- Dva tisíce korun měsíčně? Je to i s telefonem?
- Ne, bez telefonu a bez elektřiny. To musíte platit zvlášť.
- Hm, to je moc. A taky je tu jenom jedna postel, a já chci bydlet s manželkou. Tak promiňte. Na shledanou!
- Sbohem!

NÁŠ BYT

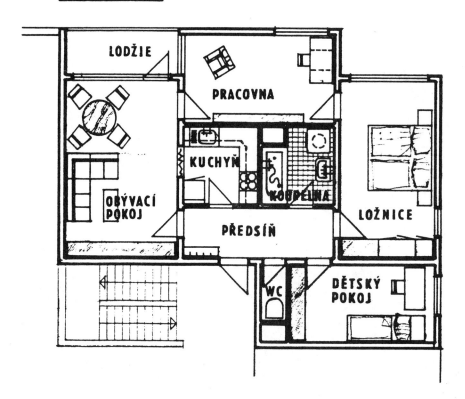

2 Dopis

Milá Soňo,

omlouvám se, že na Tvůj dopis odpovídám tak pozdě, ale měli jsme hodně práce, protože jsme konečně dostali nový byt. Je to hezký čtyřpokojový byt na sídlišti, daleko od centra, ale s krásnou vyhlídkou na Prahu. Ty víš, že mým velkým přáním bylo bydlet ve vlastní vilce se zahradou, ale to stojí moc peněz. A ty my nemáme. Bydlíme tedy na sídlišti, ale před naším domem je park a uprostřed je hezké hřiště pro děti. Hned za parkem je stanice autobusu, a autobusem jsme za pět minut u metra.

Máme tedy pěkný byt s malou kuchyní a s příslušenstvím, teplou vodou a ústředním topením. A hlavně - máme telefon! I koupelna je docela velká, je tam místo i na pračku. Hned jsme tam dali krásné zrcadlo. Do kuchyně jsme koupili jenom novou ledničku, protože plynový sporák a kuchyňská linka už tam byly. V ložnici máme starý nábytek ještě po mamince. Do dětského pokoje jsme koupili pro našeho Pavlíka jenom velký gauč. Je to malý pokoj, ale má tam místo na ta svoje autíčka. Teď chce být šoférem! Do obývacího pokoje jsme něco koupili na půjčku, a tak máme prakticky celý byt zařízený. A můj muž má konečně svůj pokoj, kde může pracovat. Má tam svůj psací stůl, jednu židli, křeslo po své babičce a knihovnu. Ale knihy, noviny a časopisy jsou tam všude - na podlaze, na stole, na křesle, ale taky pod stolem, pod židlí, pod křeslem... Nerada do jeho pokoje chodím.

Včera byl u nás můj bratr se svou novou dívkou. Abych řekla pravdu, moc se nám nelíbila, ale o tom Ti napíšu příště.

Měj se moc hezky a pozdravuj svého muže. Už teď se těším na Vaši návštěvu.

Pozdrav od celé naší rodiny.

Líbá Tě Tvoje

Marta

P.S. Naše nová adresa: Stodůlecká 5, Praha 5, Lužiny, 150 00, tel. 53 75 79.

3 V hotelu

– Dobrý večer. Máte volné pokoje?
– Dobrý večer. Prosím. Přejete si jednolůžkový nebo dvojlůžkový?

– Jednolůžkový, prosím.
– Na jak dlouho? Na kolik dní?
– Na dva dny.
– S koupelnou nebo jen se sprchou?
– S koupelnou, prosím. Kolik stojí ten pokoj?
– Pět set korun na den včetně snídaně.
– Můžu platit šekem?
– Samozřejmě. Tady vyplníte ten formulář. Váš pas, prosím.
– Moment.
– ..... V pořádku. Děkuji. Máte pokoj č. 305, tady je klíč a můžete použít výtah. Je tady za rohem. Dobrou noc!
– Na shledanou!

4 Telefonní rozhovory

a/

– (Crrrrrrrr). Prosím, Bartáková.
– Dobrý den! Tady Vojta Pekárek. Můžu mluvit s Petrem?
– Moment.
– Petr.
– Ahoj, Petře! Tady Vojta. Tak mám ty lístky do kina. Pro tebe i pro holky.
– Ahoj, Vojto! To je prima. A kdy a kde se sejdeme?
– Ve čtvrt na šest před kinem Blaník.
– Fajn, tak ahoj!
– Čau!

b/

– (Crrrrrrr).Firma Artex, prosím.
– Dobrý den, můžu mluvit s panem ředitelem Polákem?
– Dobrý den! Bohužel, pan ředitel tu dnes není. Můžu něco vyřídit?
– Prosím vás, řekněte, že volal inženýr Voráček.
– Samozřejmě, vyřídím.
– Děkuji. Na shledanou!
– Prosím. Na shledanou!

c/

– (Crrrrrrr). Prosím.
– To jsi ty Aleno?
– Hm, ano. Kdo volá?
– No, Martin. Nechceš jít dneska na disco?
– Promiňte, vy asi chcete mluvit s mou dcerou. Moment. ..... Alenko, máš tu telefon!
– Tak promiňte, prosím vás!

d/

– Halo! To je hotel Diplomat?
– To je omyl. Voláte špatné číslo.
– Promiňte.

e/

– (Crrrrrrrrr). Svoboda.
– Dobrý den. Tady Markéta Dvořáková. Je doma Ivana?
– Bohužel, je ještě ve škole.
– A kdy přijde, prosím vás?
– Asi v půl páté nebo ve tři čtvrtě na pět...........

f/

– Už jsi zavolal do taxislužby? Už je za pět minut dvě a já musím být ve čtyři na letišti.
– Nemůžu se tam dovolat. Je tam pořád obsazeno.

B

§ 32 SUBSTANTIVUM: Instrumentál sg.

maskulinum	femininum	neutrum
- EM	- OU	- EM
	- Í	- ÍM

S kým/čím?   - s panem Wagnerem, s Tomášem; s kufrem;
                       - s paní Wagnerovou, s manželkou; s knihou, s růží, s písní;
                       - s autem, s nádražím.

§ 33 ADJEKTIVUM: Instrumentál sg.

maskulinum + neutrum	femininum
dobrý/é - ÝM	dobrá - OU
moderní - ÍM	moderní - Í

S kým/čím?   - s dobrým studentem, s novým moderním domem, s novým moderním autem, s novou
                       moderní školou.

§ 34 ZÁJMENO ten, ta, to, můj, tvůj, její, náš, váš: Instrumentál sg.

	maskulinum + neutrum	femininum
ten/ta/to	TÍM	TOU
můj/moje	MÝM	MOU/MOJÍ
tvůj/tvoje	TVÝM	TVOU/TVOJÍ
její	JEJÍM	JEJÍ
náš/naše	NAŠÍM	NAŠÍ
váš/vaše	VAŠÍM	VAŠÍ

Pamatuj: a/ zájmena JEHO, JEJICH své tvary nemění.
                 b/ maskulinum a neutrum mají stejné tvary.

S kým/čím?   - s tím tvým bratrem, s tím tvým perem, s tou tvou/tvojí sestrou.

§ 35 ADJEKTIVUM: Genitiv sg.

maskulinum + neutrum	femininum
- ÉHO	- É
- ÍHO	- Í

Bez koho/čeho?   - bez dobrého moderního inženýra/bytu/auta, bez dobré moderní kanceláře.

§ 36 ZÁJMENO ten, můj, tvůj, její, náš, váš : Genitiv sg.

maskulinum +neutrum	femininum
TOHO	TÉ
MÉHO	MÉ/MOJÍ
TVÉHO	TVÉ/TVOJÍ
JEJÍHO	JEJÍ
NAŠEHO	NAŠÍ
VAŠEHO	VAŠÍ

Zájmena JEHO, JEJICH své tvary nemění.
     Bez koho/čeho?- bez toho tvého bratra, bez toho tvého auta, bez té tvé/tvojí sestry.

§ 37 ZÁJMENO : můj, tvůj, náš, váš, její: Akuzativ sg.

maskulinum		Femininum	neutrum
životné	neživotné		
mého	můj	moji/mou	moje
tvého	tvůj	tvoji/tvou	tvoje
svého	svůj	svoji/svou	svoje
našeho	náš	naši	naše
vašeho	váš	vaši	vaše
jejího	její	její	její

Srovnej: Vidí mého/tvého/svého/našeho/vašeho/jejího bratra.

               Vidí můj /tvůj / svůj / náš / váš / její dům.

PAMATUJ: To je můj byt.   Mám svůj byt.

               To je tvůj byt.   Máš svůj byt.

               To je jeho byt.   Má svůj byt./ *To je byt Karla. - Mám jeho byt.

               To je náš byt.   Máme svůj byt.

               To je váš byt.   Máte svůj byt.

               To je jejich byt.   Mají svůj byt./ * To je byt Adama a Evy.- Máme jejich byt.

Předveďte názorně: Já mám tvůj slovník. - Ty máš jeho slovník. - On má můj slovník.

                 A teď máme každý svůj slovník.

Rozumíte významu zájmena svůj/svoje? Předveďte to názorně a použijte učebnici a pero.
(Pracujte v tříčlenných skupinách).

§ 38 ČÍSLOVKY 1 - 100: řadové číslovky

1. první	jedenáctý	10. desátý	dvacátý první
2. druhý	dvanáctý	20. dvacátý	dvacátý druhý
3. třetí	třináctý	30. třicátý	dvacátý třetí
4. čtvrtý	čtrnáctý	40. čtyřicátý	dvacátý čtvrtý
5. pátý	patnáctý	50. padesátý	dvacátý pátý
6. šestý	šestnáctý	60. šedesátý	dvacátý šestý
7. sedmý	sedmnáctý	70. sedmdesátý	dvacátý sedmý
8. osmý	osmnáctý	80. osmdesátý	dvacátý osmý
9. devátý	devatenáctý	90. devadesátý	dvacátý devátý
10. desátý		100. stý	

§ 39 ZÁJMENO já, ty, my vy: dativ

já > MI	ty > TI	my > NÁM	vy > VÁM

Zavoláš mi?   - Ano, zavolám ti.
Zavoláš nám?   - Ano, zavolám vám.

§ 40 KONJUGACE - SLOVESO: nést, psát, číst (inf.)

Přítomný čas:				Minulý čas:		
já	nesu	píšu	čtu	nesl/a jsem	psal/a jsem	četl/a jsem
ty	neseš	píšeš	čteš	nesl/a jsi	psal/a jsi	četl/a jsi
on				nesl	psal	četl
ona	nese	píše	čte	nesla	psala	četla
ono				neslo	psalo	četlo
my	neseme	píšeme	čteme	nesli jsme	psali jsme	četli jsme
vy	nesete	píšete	čtete	nesli jste	psali jste	četli jste
oni	nesou	píšou	čtou	nesli	psali	četli

§ 41 Reflexivní slovesa:
ptám se, mám se, dívám se, zajímám se o co, vracím se, bavím se, starám se, sejdu se, zvykám si na co, dám si co.

Pamatuj: SE - SI je vždy na druhém místě ve větě: ptám se - já se ptám; Ptá se - Petr se ptá.
V minulém čase je až za slovesem BÝT: ptal jsem se - já jsem se ptal.
Skupina **jsi se** se zjednodušuje na **ses**; **jsi si** na **sis**:
ptal jsi se > ptal **ses;** dal jsi si > dal **sis.**

§ 42 Výslovnost: b v d ď z ž g h

Pamatujte si: Na konci slova vyslovujeme p f t ť s š k ch
i když tam napíšeme -- -- b v d ď z ž g h
Vyslov: Nechoď za roh, je tam lev!

Cvičení 1

kamarád   *s kamarádem*

Učitel:	Student:	Učitel:	Student:
přítel	s přítelem	Tomáš	s Tomášem
učitel	s učitelem	Pavel	s Pavlem
učitelka	s učitelkou	kamarádka	s kamarádkou
bojler	s bojlerem	jízdenka	s jízdenkou
nábytek	s nábytkem	maminka	s maminkou
cukr	s cukrem	vařič	s vařičem
sporák	se sporákem	telefon	s telefonem
elektřina	s elektřinou	sukně	se sukní
tabule	s tabulí	sestra	se sestrou
šlehačka	se šlehačkou	okno	s oknem
tričko	s tričkem	zrcadlo	se zrcadlem
láhev	s láhví	večeře	s večeří
mléko	s mlékem	máslo	s máslem
med	s medem	rohlík	s rohlíkem
houska	s houskou	manžel	s manželem
manželka	s manželkou	snídaně	se snídaní
nádraží	s nádražím	koupelna	s koupelnou

sprcha	se sprchou	židle	se židlí
ložnice	s ložnicí	topení	s topením

Cvičení 2

ten tvůj přítel   **- s tím tvým přítelem**
ta tvoje přítelkyně   **- s tou tvou přítelkyní**

Tvořte podobně:
ten náš kamarád, ten tvůj byt, to tvoje auto, ta tvoje taška, ta tvoje učebnice, ten tvůj slovník, ten tvůj pokoj, to tvoje pero, ten tvůj čajník, ten tvůj syn, ta tvoje dcera, ta jeho kamarádka, ten její muž, ten její pas, ta její postel, ta její bunda, to její tričko, ten její úkol, ta její kamarádka, ta její maminka, ta naše učitelka, ten náš ředitel, ten váš profesor, ten náš prezident, ten jejich novinář, ten její přítel, ta jeho přítelkyně.

Cvičení 3

tvůj nový psací stroj   **- s tvým novým psacím strojem**
tvoje nová moderní taška   **- s tvou novou moderní taškou**

Tvořte podobně:
tvůj nový fotoaparát, tvůj nový byt, jeho starý klíč, její nový učitel, naše česká učitelka, jeho sympatická kamarádka, její mladší sestra, její starší bratr, její nové auto, její americký pas, tvůj řidičský průkaz, váš občanský průkaz, její anglický slovník, její nový český přítel, náš nový profesor, jejich nový prezident, naše nová ředitelka, naše Národní divadlo, jeho nové místo, jeho nová práce, jeho bílá košile, můj domácí úkol, moje nákupní taška, naše staré kolo, náš starý přítel, váš mladší syn.

Cvičení 4

ten park   **- před tím parkem**   **- za tím parkem**

Tvořte podobně:
ten stůl, ten dům, ta židle, ten gauč, to křeslo, to topení, to hřiště, to parkoviště, ta lednička, ta kuchyně, ta stanice, ta postel, to náměstí, to divadlo, ta řeka, to nádraží, ten most, to kino, ta tabule.

Cvičení 5

a/   **Kde je moje pero?**   **- Pod tím velkým stolem.**

Tvořte podobně:
tužka - ta žlutá židle, slovník - to široké okno, učebnice - ta černá taška, klíč - ten cizí časopis, peněženka - to modré tričko, kalendář - ten červený svetr, sešit - ten německý slovník, křída - ta malá tabule, kufr - ta hnědá postel.

b/   **Kde je ten obraz?**   **- Nad tím oknem.**

Tvořte podobně:
fotografie - ta velká knihovna, lampa - ten psací stůl, zrcadlo - to bílé umyvadlo, kalendář - ten barevný televizor, mapa - ta černá tabule, portrét - ta malá skříň.

Cvičení 6

a/   **Kde se sejdeme?**   **- Před kinem.**

Tvořte podobně:
hlavní vchod, Národní divadlo, restaurace, váš hotel, náš dům, vaše škola, stanice metra, Hlavní nádraží, Obecní dům, Prašná brána, Hlavní pošta, šatna. (Ptejte se jeden druhého; hledejte jiné vhodné odpovědi).

b/   **S kým se večer sejdete?**   **- Sejdu se s Davidem.**

Ptejte se jeden druhého a hledejte sami vhodné odpovědi.

c/   **Kde jsou ty klíče?**   **- Pod kabátem.**

d/   Kde čeká? *(Odpovězte podle obrázků.)*
Na koho čeká?

Cvičení 7

a/   1. student: Nechce být studentem, chce být učitelem.
2. student: Nechce být učitelem, chce být ....

Pokračujte a doplňujte:
ředitel, doktor, inženýr, univerzitní profesor, ministr, prezident, šofér, taxíkář, kuchař, pilot, generál, spisovatel, herec, zpěvák, novinář, fotograf.

b/   1. student: Nechce být studentkou, chce být učitelkou.
2. student: Nechce být učitelkou, chce být ....

Pokračujte a doplňujte:
ředitelka, doktorka, inženýrka, spisovatelka, zpěvačka, herečka, kuchařka, novinářka, žena v domácnosti.

Cvičení 8

Učitel:	**Student A:**	**Student B:...............**
Čím chceš být?	**Chci být ......**	**A chce být........., a já chci být ....**

Stále pokračujeme tak, že studenti jmenují různá povolání. (Učitel může také rozdat obrázky z přílohy 1 a na otázku Čím jsi chtěl/a být? každý předvádí své povolání tak, aby ho ostatní mohli uhádnout.

Cvičení 9

a/ S kým mluvíš?   **- S Pavlem.**

b/ S kým jsi přišel/přišla?   **- S Pavlem.**

Odpovídejte podobně:
Monika, dcera, Věra, Karel, Tomáš, Michal, Aleš, Olga, Jarka, Marie, Lucie, Julie, babička, pan prezident; tvoje žena, tvoje přítelkyně, tvůj muž, tvůj bratr, tvůj otec, tvůj učitel, tvoje učitelka, tvoje babička, tvůj šéf, tvoje maminka, tvoje sestra, naše sekretářka, její bratr. Pracujte ve dvojicích. (Nezapomeňte: to je moje dcera - mluvím se svou dcerou.

Cvičení 10

Prosím vás, můžu mluvit s panem inženýrem Dvořákem? - Ano, jistě. Moment.

Tvořte podobně:
pan Novák, pan ředitel, doktor Havránek, paní Čápová, slečna Alexová, doktorka Řezáčová, paní profesorka Bláhová, paní ředitelka, paní doktorka Váchová

Cvičení 11

Dáš si guláš s rýží nebo s bramborem?   **- S rýží.**

Tvořte podobně:
husa - houskový knedlík nebo brambor, uzené maso - bramborová kaše nebo hrášek, chlebíčky - sýr nebo šunka, vepřová pečeně - zelí nebo špenát, biftek - obloha nebo vejce, řízek - salát nebo brambor, nové brambory - špenát nebo tvaroh.

Cvičení 12

Odpovídejte:
S čím chcete párek? /hořčice, křen, houska, rohlík.
S čím chcete chlebíček? /šunka, sýr, salám, vejce.
S čím chcete čaj? /cukr, citrón, med, rum.
S čím chcete coca-colu? / citrón, led.
S čím chcete zmrzlinový pohár? / šlehačka, karamel, vaječný koňak.

Cvičení 13

Jaký byt hledáte? -   **- Hledám byt s koupelnou.**

Tvořte podobně:
pěkný balkón, velká terasa, ústřední topení, velká hala, velká kuchyně, elektřina, plyn, výtah, nábytek, telefon.

Cvičení 14

Jaký pokoj chcete?   **- Chci pokoj s velkým balkónem.**

Tvořte podobně:
vyhlídka na moře, vyhlídka na Hradčany, okno do dvora, okno do ulice, okno do parku, telefon, televizor, sprchový kout, koupelna.

Cvičení 15

Doplňujte správná slova. (Neznámá slova vyhledejte ve slovníku).

1. Krájíme .... 2. Píšeme .... 3. Svítíme .... 4. Žehlíme .... 5. Sladíme .... 6. Zamykáme .... 7. Utíráme se ....
Slova k doplnění: ručník, pero, žehlička, cukr, nůž, lampa, klíč.

Cvičení 16

Půjdete pěšky nebo pojedete výtahem?   **- Pojedu výtahem.**

Doplňujte:
auto, autobus, tramvaj, vlak, taxík.

Cvičení 17

a/ první rok — v prvním roce
b/ první řada — v první řadě
c/ první místo — na prvním místě

Pokračujte podobně:
druhý, třetí, čtvrtý,..........až desátý.

Cvičení 18

- To je dvanáctipatrový dům. Vy bydlíte v přízemí?
- Nebydlím v přízemí, ale v prvním patře.

Pokračujte:
Vy bydlíte v prvním patře? - Nebydlím v prvním patře, ale v ....

Cvičení 19

- Kolikátého je dnes?
- Dnes je prvního ledna.

Odpovídejte:
3. 5.; 4. 2.; 6. 8.; 7. 10.; 12. 3.; 2. 6.; 5. 7.; 8. 12.; 3. 9.; 21. 11.; 28. 10.; 23. 12.; 15. 9.

Cvičení 20

- Kdy máš narozeniny?
- Devatenáctého února.

Vstaňte a ptejte se svých spolužáků, kdy mají narozeniny. Zapište si to. Máte 4 minuty času. Kdo zapsal nejvíc správných odpovědí?

Cvičení 21

Musím koupit lístky do kina. Rozhovor u pokladny:

a/   - Na dnes večer od osmi.
**   - Máme jen první řadu.**
**   - Druhou nemáte?**

b/   - Dva lístky na půl šestou.
**   - Jakou řadu?**
**   - První.**

Pokračujte podobně až do dvacáté řady.

Cvičení 22

- Kolik je hodin?   - Je půl jedné.
- Děkuji.   - Není zač.

Pokračujte podobně až do půl dvanácté.

Cvičení 23

a/ –   Popište byt paní Bártové (podle textu 1).

b/ –   Podle obrázku reprodukujte rozhovor paní Bártové a pana Greena.

c/ –   Jaký byt chtěl pan Green?

d/ –   Inscenujte dialog pana Greena s paní Bártovou. (Pracujte ve dvojicích).

e/ –   Přineste inzeráty z novin na volné byty. Na který byste odpověděli a jak?

Cvičení 24

Inscenujte dialog Soni a jejího manžela (její sestry):
Představ si, dneska jsem dostala dopis od Marty. - A co ti píše? (Podle textu 2).

Cvičení 25

a/ – *Reprodukujte dialog 3 V hotelu ve dvojicích.*

b/ – *Obměňujte dialog. (Pracujte ve dvojicích).*

Cvičení 26

a/ – *Reprodukujte dialogy 4 ve dvojicích.*

b/ – *Obměňujte dialog 4 e, (pracujte ve dvojicích):*

Karel	- kino	- 20,30 (v půl deváté)	- 21,00 (v devět)
Martina	- fakulta	- 16,45	- 17,00
p. Jouza	- práce	- 17,15	- 17,30
pí. Bohdalová	- divadlo	- 22,30	- 23,00
Markéta	- škola	- 12,30	- 13,00
pí. Kubišová	- koncert	- 22,45	- 23,00
Zdeněk	- kancelář	- 16,15	- 17,00

Cvičení 27a/

dobrý kamarád	**bez dobrého kamaráda**	**dobrá kamarádka**	**bez dobré kamarádky**
dobrý přítel	bez dobrého přítele	dobrá přítelkyně	bez dobré přítelkyně
dobrý učitel	bez dobrého učitele	dobrá učitelka	bez dobré učitelky
moderní auto	bez moderního auta	dlouhá postel	bez dlouhé postele
nové nádraží	bez nového nádraží	čistá košile	bez čisté košile

Dále pokračujte:
jídelní lístek, dobrý oběd, plzeňské pivo, černá káva, silný čaj, anglický slovník, řidičský průkaz, platný pas, platná jízdenka, dobrá mapa, investiční banka, základní kapitál, zahraniční pomoc, ústřední topení, teplá voda, cukr, ovoce a zelenina.

Cvičení 27b/

ten tvůj český slovník	**bez toho tvého českého slovníku**
ta tvoje česká kniha	**bez té tvé české knihy**
ta naše listopadová revoluce	**bez té naší listopadové revoluce**

Tvořte podobně:
ten váš kulturní program, ten její zeleninový salát, ta vaše dobrá zpráva, ta naše velká mapa, to tvoje nové auto, to její sportovní kolo, to její staré křeslo, ten jeho moderní gauč, ta jejich krátká postel, ten můj nový čajník, ten tvůj japonský fotoaparát, ten tvůj černý kufr, ta vaše nová sekretářka, ten váš nový ředitel, tvoje pomoc, její rada.

Cvičení 27c/

chrám - svatý Vít	**chrám svatého Víta**

Tvořte podobně:
chrám - svatý Mikuláš; projev - český prezident; byt - můj dobrý přítel; okno - můj pokoj; manžel - moje kamarádka; fotografie - moje maminka; sestra - moje babička; manžel - moje sestra; sekretářka - náš ředitel; kurs - jazyková škola; budova - české ministerstvo; politika - naše česká vláda; román - ten americký spisovatel; program - Stavovské divadlo; pořad - slovenský rozhlas; ředitel - česká televize; schůze - český parlament; koncert - Pražské jaro; opera - Bedřich Smetana; skladba - Antonín Dvořák; hudba - Leoš Janáček; tradice - slovenský národ; socha - svatý Václav.

Cvičení 28

Tvořte mikrodialogy podle daného vzoru:

VZOR a/

	nést kufr	**Nesu kufr.**	**Nesl kufr.**
carry a bag	nést tašku	Nesu tašku.	Nesl tašku.
bring newspaper	nést noviny	Nesu noviny.	Nesl noviny.
go to work	jít do práce	Jdu do práce.	Šel do práce.
ride a bike	jet na kole	Jedu na kole.	Jel na kole.

ride a motorbike	jet na motorce	Jedu na motorce.	Jel na motorce.
go to movies	jít do kina	Jdu do kina.	Šel do kina.
read a newspaper	číst noviny	Čtu noviny.	Četl noviny.
read a book	číst knihu	Čtu knihu.	Četl knihu.
read a magazine	číst časopis	Čtu časopis.	Četl časopis.
know Prag well	znát dobře Prahu	Znám dobře Prahu	Znal dobře Prahu.
like to eat fish	jíst rád ryby	Jím rád ryby.	Jedl rád ryby.
like to eat fruit	jíst rád ovoce	Jím rád ovoce.	Jedl rád ovoce.
post a letter	nést dopis na poštu	Nesu dopis na poštu.	Nesl dopis na poštu.
go by car	jet autem	Jedu autem.	Jel autem.
have a car	mít auto	Mám auto.	Měl auto.
go for a walk	jít na procházku	Jdu na procházku.	Šel na procházku.
write a letter	psát dopis	Píšu dopis.	Psal dopis.
write an article	psát článek	Píšu článek.	Psal článek.
walk	jít pěšky	Jdu pěšky.	Šel pěšky.
go by underground	jet metrem	Jedu metrem.	Jel metrem.
want coffee	chtít kávu	Chci kávu.	Chtěl kávu.
have to get up early	muset brzy vstávat	Musím brzy vstávat.	Musel brzy vstávat.
know that number	vědět to číslo	Vím to číslo.	Věděl to číslo.
eat vegetables	jíst zeleninu	Jím zeleninu.	Jedl zeleninu.

VZOR b/

	nést kufr	**Neseš kufr?**	**Ne, nenesu.**

Ve všech dalších mikrodialozích užívejte výrazy, uvedené u vzoru a.

VZOR c/

	nést kufr	**Nesete kufr?**	**Ano, neseme.**

VZOR d/

	nést kufr	**Kdo nese kufr?**	**Všichni nesou kufr.**

VZOR e/

	nést kufr	**Kdo nese kufr?**	**Nikdo nenese kufr.**

VZOR f/

	nést kufr	**Kdo nesl kufr?**	**Všichni nesli kufr.**

VZOR g/

	nést kufr	**Nesl/a jsi kufr?**	**Ano, nesl/a.**

VZOR h/

	nést kufr	**Nesl/a jste kufr?**	**Ne, nenesl/a.**

Cvičení 29

a/ Co čtete?   Co píšete?   Co nesete?
b/ Co jste včera četl/a, jedl/a ?

Tvořte otázky a odpovídejte (pracujte ve skupinách).Využívejte slovní zásobu cvičení 28.

Cvičení 30

VZOR a/

	ptát se učitele	**Ptám se učitele.**	**Já se taky ptám učitele.**
	Učitel:	**1. student:**	**2. student:**
watch TV	dívat se na televizi	Dívám se na televizi.	Já se taky dívám na televizi.
be interested in ...	zajímat se o hudbu	Zajímám se o hudbu.	Já se taky zajímám o hudbu.

look after children	starat se o děti	Starám se o děti.	Já se taky starám o děti.
learn Czech	učit se česky	Učím se česky.	Já se taky učím česky.
be fine	mít se dobře	Mám se dobře.	Já se mám taky dobře.
enjoy oneself	dobře se bavit	Dobře se bavím.	Já se taky dobře bavím.
learn German	učit se německy	Učím se německy.	Já se taky učím německy.
come back late	vracet se pozdě	Vracím se pozdě.	Já se taky vracím pozdě.
order beer	dát si pivo	Dám si pivo.	Já si taky dám pivo.
order juice	dát si džus	Dám si džus.	Já si taky dám džus.
meet a friend	sejít se s kamarádem	Sejdu se s kamarádem.	Já se taky sejdu s kamarádem.
get used to Prague	zvykat si v Praze	Zvykám si v Praze.	Já si taky zvykám v Praze.
get used slowly	pomalu si zvykat	Pomalu si zvykám.	Já si taky pomalu zvykám.
look forward to ...	těšit se na neděli	Těším se na neděli.	Já se taky těším na neděli.
look forward to	těšit se na nový byt	Těším se na nový byt.	Já se taky těším na nový byt.

VZOR b/:

ptát se učitele   **Ptám se učitele.**   **Petr se ptá učitele.**

Obměňujte výrazy uvedené u vzoru A.

VZOR c/

ptát se učitele   **Ptáš se učitele?**   **Ano, ptám.**

VZOR d/

ptát se učitele   **Ptáte se učitele?**   **Ne, neptám.**

VZOR e/

ptát se učitele   **Kdo se ptá učitele?**   **Já./Petr. Ann atd.**

VZOR f/

ptát se učitele   **Ptal ses učitele?**   **Ano, ptal.**

VZOR g/

ptát se učitele   **Kdo se ptal učitele?**   **Všichni se ptali.**

Cvičení 31

a/ **Znáte mou ženu?**

Ptejte se podobně:
moje adresa, můj bratr, naše učitelka, jejich profesorka, jeho syn, můj přítel, její kamarád, její tatínek, její maminka, její sestra.

b/ **Petr nezná mého přítele.**

Tvořte podobně:
moje nová adresa, moje telefonní číslo, náš profesor, nový ředitel, tvůj otec, naše škola, Praha, česká gramatika.

Cvičení 32

Zopakujeme si rozdíl mezi slovesy znát a vědět.

a/ Čtěte otázky a odpovědi ve dvojicích:

Víš, kdo to je?	- Ne, nevím.
Víš, kde je Hlavní pošta?	- Ano, vím.
Víš, co je tohle?	- Ne, nevím.
Víte, jak se jmenuje tenhle most?	- Ano, vím, to je Karlův most.
Víte, že už mám telefon?	- Ano? Jaké máte číslo?
Víš, že jsem se přestěhoval?	- Ano? Kde teď bydlíš?

b/ *Přineste obrázky známých osob z novin, mapu, obrázky z přílohy a procvičujte tyto otázky.*

Cvičení 33

Doplňujte správné tvary sloves znát a vědět:

(já) .... dobře Prahu. ...., kde je Vyšehrad, Národní divadlo, Prašná brána atd.

(ty)   ....dobře Alici? ...., že je z Austrálie?
(ty)   .... mého kamaráda Petra? ...., kde bydlí?
(on)   .... náš byt? ...., kde je koupelna?
(my)   .... dobře vašeho syna. ...., že teď studuje na univerzitě.
(vy)   .... tuhle budovu? ......, co to je?
(oni)   .... českého spisovatele Karla Čapka, ...také některé jeho divadelní hry, ale ne......,
           jak se jmenuje ta jeho kniha o Anglii.

Cvičení 34

a/ Jsem rád, že se vám koncert líbil.   - Byl jsem nadšený tím koncertem.

Tvořte podobně:
Anežský klášter, Svatovítský chrám, Staroměstský orloj, Staroměstské náměstí, Karlův most, chrám svatého Mikuláše, Loreta, Zlatá ulička, Vyšehrad, Karlštejn, Konopiště, Národní divadlo, ten Formanův film, Brno, Tatranská Lomnice.

b/ Jsem rád, že se ti ten koncert líbil.   - Byl jsem spokojený s tím koncertem.

Tvořte podobně:
procházka, přednáška, návštěva, výstava, exkurze, byt, pokoj, kurs češtiny.

c/ Jsem ráda, že se vám ta práce líbí.   Ano, jsem spokojený s tou prací.

Tvořte podobně:
ubytovna, hotel, byt, pokoj, výlet, kurs, zaměstnání, nábytek, kancelář, program.

Cvičení 35

Vyslovujte: zub, klub, chléb, Arab, Záhřeb,
                  ostrov, Kyjev, láhev, mrkev, buď zdráv!
                  kamarád, hrad, hlad, had, led, rád
                  pojď! přijď! přijeď! pojeď! nechoď tam! teď, loď
                  vůz, mráz, bez peněz do hospody nelez!
                  nůž, muž, už, garáž, každý muž má mít nůž!
                  filolog, geolog, psycholog, gong
                  sníh, roh, Bůh

Platí to i pro předložku V.

Vyslovujte: v okně, v Americe, v Evropě, v Asii, v čaji, v kávě, v polévce, v tašce, v peněžence, v Praze, v Ostravě.

Cvičení 36

Doplňujte:
1. ....den! Vítám .... Pojďte ...... !
2. Dobrý .....! .... vás, můžu .... s panem ředitelem Polákem? - .... , dnes tu není. Mohu něco ....?
3. Ahoj, ... jít dneska do .... ? - Dobře, a kde se ....? - V půl osmé ...... kinem Blaník.
4. Líbil se .... ten film, Moniko? - Byla jsem tím filmem ....
5. Dobrý den! Máte ještě ... pokoje? - Přejete si .... nebo dvoulůžkový?
6. Chcete pokoj s koupelnou nebo jen se ...... ?
7. Prosím vás, v kterém patře bydlíte? - Bydlím v .... patře.
8. Pamatuješ si ,........ lekci děláme? - Teď děláme .... lekci.

Cvičení 37

Doplňujte SE - SI:
1. Dobrý den! Co ... přejete? 2. Pojďte dál, odložte .... a posaďte .... .3. To je ta česká učebnice? Můžu .... podívat? - Samozřejmě, podívej .... . 4. Co ... dáš k večeři, Tomáši? - Dám ... zeleninový salát a chléb s máslem. 5. Co ... dáš k pití, Moniko? - Dám ... džus. 6. Zajímáte ... o hudbu? - Ano, hlavně ...... zajímám o díla Antonína Dvořáka, Leoše Janáčka a Bohuslava Martinů. 7. Už jste ..... zvykl v Praze? - Ještě ne, ale pomalu .... zvykám. 8. Díváte .... rád na televizi? - Dívám ..... jen na předpověď počasí, na Večerníček a na zprávy. 9. Líbil .... vám ten koncert? - Abych řekl pravdu, moc ... mi nelíbil. 10. Strašně .... těším na víkend, protože přijede moje maminka. 11. Bavil ... včera dobře? - Děkuji, bavil jsem ... výborně.

Cvičení 38

jméno	město	činže	telefon	velikost bytu
Monika				
Ivana				
Aleš				
p. Smetana				

Vyslechněte nahrávku a vyplňte tabulku:

Cvičení 39

a/ Odpovídejte:

Koupíš mi to?   - Ano, koupím ti to.
Zavoláš mi zítra?   - Ano, zavolám ti.
Dáš mi to?   - Ano, dám ti to.
Přineseš mi to večer?   - Ano, přinesu ti to.
Napíšeš mi?   - Ano, napíšu ti.
Pošleš mi to?   - Ano, pošlu ti to.
Řekneš mi to?   - Ano, řeknu ti to.

b/ Střídejte: nám-vám

Cvičení 40

Prohlédněte si pozorně obrázek bytu a najděte, které předměty jsou na špatném místě.

Cvičení 41

Do bytu v lekci č. 6 umístěte vhodné předměty z přílohy 6 a 2. Pracujte v malých skupinách. Používejte tyto fráze: Co myslíš, kam mám dát....? - Nedávej to tam, dej to raději do ....

Cvičení 42

Vyprávějte o svém bytě, ptejte se svých kamarádů, jak a kde bydlí.

Cvičení 43

Napište své české přítelkyni o svém bytě.

Všude dobře, doma nejlépe.

Nová slova:

abych řekla pravdu	to tell the truth	podívat se/podívám, podíváš	look at
autíčko n.	toy-car	podlaha f.	floor
bavit se /bavím, bavíš	enjoy oneself	pomalu	slowly
bojler m.	electric heater	pomoc f.	help
cizí adj.	foreign	pořád	always
čím	(instr. co)	pořádek m.: v pořádku	in order
činže f.	rent	poslanec m.	deputy
článek m.	article	potřebovat /potřebuji,-eš	need
čtyřpokojový adj.	four-room	použít/použiji, použiješ	use
docela	quite	pozdrav m.	greeting
dostat /dostanu, dostaneš	get	pozdravovat :pozdravuj!	give my best regards to...
dovolat se/dovolám,-áš	get through	pracovat /pracuji, pracuješ	work
dveře pl.	door	pračka f.	washing machine
dvoulůžkový adj.	double-bedded	prakticky	practically
dvůr m.	yard	proti (+ dativ)	opposite to; against
elektřina f.;elektrickýadj.	electric power	průkaz m.:občanský p.;	identity card
exkurze f.	excursion	řidičský p.	driving licence
fajn (hov.)	O.K.	prý	it is said
gauč m.	bed settee	přání n. přát si/přeji, přeješ	wish
generál m.	general	před (+ akuzativ; + instr.)	in front of; before
hala f.	hall	předsíň f.	hall
hořčice f.	mustard	přestěhovat se /přestěhuji,-eš	move
i	also; and	příslušenství n.	bathroom and lavatory
investiční adj.	investment	příště	next time
inzerát m.	advertisement	přízemí n.	ground-floor
jednolůžkový adj.	single bedded	psací adj.:psací stůl	desk
karamel m.	caramel	psát /píšu, píšeš	write
knihovna f.	book case	ptát se/ptám, ptáš	ask
konečně	at last	půjčka f.	loan
kout m.	corner	roh m.	corner
krátký adj.	short	rovně	straight away
křen m.	horseradish	rozhovor m.	dialog
křída f.	chalk	rum m.	rum
kým	(instrum. kdo)	ryba f.	fish
lev m.	lion	řada f.	row
líbat/líbám, líbáš	kiss	ředitel m.	director
linka f.: kuchyňská l.	kitchen unit	říct /řeknu, řekneš	tell, say
ložnice f.	bedroom	s (+ instrumentál)	with
med m.	honey	Sbohem!	Goodbye!
měsíčně	monthly	sejít se s kým /sejdu, sejdeš	meet
nábytek m.	furniture	sekretářka f.	secretary
nadšený čím adj.	fascinated, enthusiastic about st.	silný adj.	strong
napsat/napíšu, napíšeš	write	skladba f.	composition
národ m.	nation	směrem k (+ dativ)	in the direction of
nejlépe	best	spokojený adj.	satisfied
nést /nesu, neseš	carry	sporák m.	stove
některý	one (of them)	stačit: to vám stačí	that is enough for you
noviny pl.	newspaper	starat se o co /starám, staráš	look after
obsazeno (v telefonu)	number engaged	studovat/studuji, studuješ	study
odpovídat /odpovídám,-áš	answer	svůj/svoje	(reflexive pronoun)
omlouvatse/omlouvám,-áš	apologise	šek m.	check
omyl m.(v telefonu)	wrong number	široký adj.	wide
pamatovat/ pamatuji,-eš	remember	šofér m.	driver
pilot m.	pilot	taxikář m.	taxi-driver
platný adj.	valid	terasa f.	terrace
plyn m.; plynový adj.	gas	těšit se na co / těším, těšíš	look forward to
pod (+akuzativ; +instrumentál)	under	topení n.	heating

ubytovnua f.	hostel	vyplnit /vyplním, vyplníš	fill in
uprostřed	in the middle	vystoupit /vystoupím,-íš	get off(the tram)
ústřední adj.	central	vyřídit/ vyřídím, vyřídíš	give the message
úzký adj.	narrow	výtah m.	lift
vařič m.	cooker	zajímat se o co/zajímám,-áš	be interested in
včetně	including	základní adj.	basic
velikost f.	size; area	zařízený adj.	furnished
vilka f.	bungalow	zavěsit/zavěste!	Replace the receiver!
vlastní adj.	private	zrcadlo n.	mirror
volat /volám, voláš	call	zvlášť	separately; especially
vracet se /vracím, vracíš	come back, return	zvykat si /zvykám, zvykáš	get used
všude	everywhere	žádný	none, no
vyhlídka f.	view		

LEKCE 7

1 Honza jede na výlet

- Co děláš v neděli, Honzo?
- Pojedu asi na výlet. Jsou tu nějací Poláci, Maďaři a Američané na stáži, a tak v neděli všichni pojedeme na Karlštejn.
- Na Karlštejn? Ten určitě už znají. Vezmi raději ty své cizince, Poláky, Američany a .... na Konopiště. Byla jsem tam minulý týden s Danem a moc se nám tam líbilo.
- A co tam je na Konopišti?
- Tam uvidíte medvědy a jeleny...
- Živé?
- Ale ne. Živí medvědi tam byli v příkopu u zámku, ale asi před rokem nějací dva opilí vojáci vlezli do toho příkopu a medvědi je málem sežrali. Správce musel ty medvědy zastřelit. A teď jsou tam v muzeu.
- Tak dobře, tak pojedeme na Konopiště. A co tam jede?
- Jede tam vlak v 10.30 z Hlavního nádraží a asi za hodinu jsi v Benešově. Jízdenka stojí 12 korun, zpáteční 24.
- Tak prima. Děkuju za dobrý tip.
- Šťastnou cestu!
- Díky.

2 Na letišti

p. Malý:	- Dobré jitro! To je náhoda, pane Dvořáku! Jsem rád, že vás zase jednou vidím.
p. Dvořák:	- Dobrý den! Už jsme se opravdu dlouho neviděli, viďte?
p. M.:	- Vy někam letíte?
p. D.:	- Ale ne. Čekám tady na své obchodní partnery ze Švýcarska. A letadlo má zpoždění. Nevím, kdy přiletí. A co vy tady děláte?
p. M.:	- Letím do Frankfurtu navštívit rodiče své ženy a nějaké přátele. Letadlo mi letí až za hodinu. Přijel jsem moc brzy.
p. D.:	- A kdy se vrátíte?
p. M.:	- Asi za týden. ...Nedáme si něco? Červené víno?
p. D.:	- Proč ne? Ale jen trochu, bolí mě žaludek.
p. M.:	- To znám. Mě zase teď často bolí hlava.
	....
p. D.:	- Tak na zdraví a na šťastnou cestu!
p. M.:	- Na vaše zdraví!

3

a/
- Petře, jedeš domů metrem?
- Ne, autobusem.
- Já taky jedu autobusem.
- To je výborné, tak pojedeme spolu.

b/
- Autobus nám právě ujel.
- Kdy jede další?
- Počkej, podívám se na jízdní řád.

c/
- Prosím vás, kde je stanice metra?
- Hned tady za rohem.
- Děkuji.
- Není zač.

d/
- Prosím vás, jak se dostanu k Hlavnímu nádraží?
- Metrem. Pojedete trasou A, vystoupíte na stanici Muzeum a přestoupíte na trasu C, směr nádraží Holešovice. Je to první stanice.
- Děkuji.
- Nemáte zač.

e/
- Promiňte, jak se dostanu k obchodnímu domu Kotva?
- Jeďte metrem trasou B a vystupte na stanici Náměstí republiky.
- Je to daleko?
- Ne, jenom tři stanice.
- Děkuji.
- Není zač.

f/
- Prosím vás, jedu na Hradčany. Mám vystoupit tady?
- Ne, to jedete špatně. Vystupte na příští stanici a jeďte tramvají číslo 22.
- A je to daleko?
- Ne, je to potom druhá stanice.
- Děkuji vám mockrát.
- Prosím.

g/
- Prosím vás, kolik stojí lístek na tramvaj?
- Čtyři koruny.
- A na metro?
- To je stejné. Také čtyři. Lístky dostanete tamhle v automatu.
- Děkuji.
- Není zač.

h/
- Dvakrát rychlík Bratislava.
- S místenkou?
- Ano.
- Na který vlak a na kdy?

ch/
- Dvakrát Karlovy Vary, zpáteční.
- Rychlík?
- Ne, osobní.
- Dvě stě šestnáct korun.

i/
- Prosím vás, který vagón je místenkový?
- Třetí.
- Děkuji vám.

j/
- Dobrý den! Je tady volné místo?
- Prosím.
- Můžu si zakouřit?
- Promiňte, ale tady nemůžete kouřit. Jsou tady děti, a mně to taky vadí.
- Tak promiňte, já půjdu na chodbu.

k/
- Nastupte si, prosím. Za pět minut je odjezd.
- Ano, jistě.............Tak pa! a brzy přijeď!
- Ahoj a pozdravuj všechny!

l/   – Prosím vás, kdy přijede rychlík z Brna?
     – V 16.20.
     – Nemá zpoždění?
     – Ne, přijede přesně.
     – Děkuji vám.

m/   – Prosím vás, kdy jede nějaký vlak do Ostravy?
     – Teď jede v 7.30, ale musíte přestoupit v Olomouci....
     – A nejede tam nějaký přímý vlak?
     – V 10.28 tady z Hlavního nádraží. Příjezd do Ostravy je v 15.49.
     – Z kterého nástupiště je odjezd?
     – Z prvního.
     – Děkuji.
     – Prosím.

n/   – Halo! Taxík! Jste volný?
     – Ano. Kam to bude? / Tak kam?
     – Na letiště.
     – Nastupte si, prosím. To je váš kufr?
     – Ano.
     – Tak moment.......(Taxíkář nakládá kufr a pak jede na letiště).
       Jsme tady. Je to osm set osmdesát korun.
     – Promiňte, osm set osmdesát korun? Ale je to jen 11 kilometrů.
     – Říkám osmdesát osm!
     – Prosím, tady je devadesát. Drobné si nechte!
     – Děkuju.

4

Na stanici autobusu stojí starší pán. Přijde tam energická žena a začne: "To jsem ráda, že vás vidím, pane redaktore. Četla jsem váš článek a já myslím... Viděl jste......? Četl jste .... A co myslíte..........? Co říkáte..........? "
Pán je jasně v defenzivě a rád by se té ženy zbavil. Přijíždí autobus. " Jedete tím autobusem?" ptá se ženy se zdvořilým úsměvem.
- "Ano, ano, samozřejmě, jedu taky tím směrem."
- "Tak na shledanou", říká ten pán. " Já si jdu tamhle koupit noviny".

B

§ 43 SUBSTANTIVUM: Nominativ - Akuzativ pl.: maskulinum životné

	tvrdý konsonant	měkký konsonant
N.:	To jsou dva PÁNI/ PÁNOVÉ	To jsou dva MUŽI
A.:	Vidím dva PÁNY	Vidím dva MUŽE
N.:	To jsou dva ČÍŇANÉ	To jsou dva UČITELÉ
A.:	Vidím dva ČÍŇANY	Vidím dva UČITELE

Pamatuj: a/ nominativ pl.   k > c ; h > z; ch > š; r >ř: dělník - dělníci, pstruh - pstruzi, Čech - Češi, doktor - doktoři.
                 - ové - pro jednoslabičná substantiva;
                 - é - pro substantiva končící na - an a - tel.
              b/   člověk > lidé, otec + matka > rodiče, přítel >přátelé.
              c/ akuzativ pl.   Vzpomínám na ty lidi, na své rodiče a na naše přátele.

§ 44 ADJEKTIVUM: Nominativ - Akuzativ pl.: maskulinum životné

N.:	To jsou dva STAŘÍ inženýři	To jsou dva	MODERNÍ inženýři
A.:	Vidím dva STARÉ inženýry	Vidím dva	MODERNÍ inženýry

Pamatuj: nominativ pl.   k > c; h > z; ch > š; r > ř; sk > št; ck > čt.
                 jaký? - jací?, druhý - druzí, tichý - tiší, který? - kteří?, český - čeští, německý - němečtí.

§ 45 Ten, můj, tvůj, náš, váš, její - Akuzativ pl.: maskulinum životné

N.: To jsou	TI/	MOJI/	TVOJI/	NAŠI/	VAŠI/	JEJÍ	studenti
A.: Zná	TY/	MOJE/	TVOJE/	NAŠE/	VAŠE/	JEJÍ	studenty

§ 46 SUBSTANTIVUM : Dativ sg.

Maskulinum	Femininum	Neutrum
tvrdý kons. + OVI / -U	a > e/ě	o > u
měkký kons. + I	e > i	e > i
	měkký kons. + i	í = í

Srovnej: jdu k bratrovi, k mostu, k pokoji;
jdu k sestře, k přítelkyni, k věži;
jdu k oknu, k moři, k náměstí.

Pamatuj: - OVI > dativ a lokál maskulina životného.
dativ = lokál (kromě - najdete dva rozdíly?)

Srovnej: jdu ke kamarádovi   ke kamarádu Karlovi
ke Karlovi   k doktoru Bártovi
k Martinovi   k ministru Tomáši Rašínovi
k ministrovi   k panu prezidentovi
k Bártovi
k doktorovi
k Tomášovi
k Alešovi

§ 47 ADJEKTIVUM: Dativ sg.

maskulinum + neutrum	femininum
- ÉMU	- É
- ÍMU	- Í

K jakému hotelu?   K novému modernímu hotelu.
K jakému autu?   K novému modernímu autu.
K jaké restauraci?   K nové moderní restauraci.
Ke kterému vchodu?   K hlavnímu vchodu.
Ke kterému nádraží?   K Hlavnímu nádraží.
Ke které poště?   K Hlavní poště.

§ 48 ten, můj, tvůj, svůj, její, náš, váš - Dativ sg.

maskulinum + neutrum	femininum
tomu	té
mému	mé/mojí
tvému	tvé/tvojí
svému	své/svojí
jejímu	její
našemu	naší
vašemu	vaší

Cvičení 1

jeden kamarád	dva kamarádi	jeden Švéd	dva Švédové
jeden student	dva studenti	jeden Nor	dva Norové
jeden pes	dva psi	jeden Arab	dva Arabové
jeden medvěd	dva medvědi	jeden syn	dva synové
jeden jelen	dva jeleni	jeden Ital	dva Italové
jeden lev	dva lvi	jeden Rus	dva Rusové
jeden voják	dva vojáci	jeden Američan	dva Američané
jeden kluk	dva kluci	jeden Angličan	dva Angličané
jeden Slovák	dva Slováci	jeden učitel	dva učitelé
jeden pstruh	dva pstruzi	jeden ředitel	dva ředitelé
jeden Čech	dva Češi	jeden Kanaďan	dva Kanaďané
jeden hoch	dva hoši	jeden Číňan	dva Číňané
jeden doktor	dva doktoři	jeden cizinec	dva cizinci
jeden inženýr	dva inženýři	jeden Němec	dva Němci
jeden Maďar	dva Maďaři	jeden lékař	dva lékaři
jeden profesor	dva profesoři	jeden muž	dva muži

Cvičení 2

	můj starý kamarád	*moji staří kamarádi*
	tvůj nový lékař	*tvoji noví lékaři*
	náš drahý přítel	*naši drazí přátelé*
	váš starý dům	*vaše staré domy*
	váš nový psací stroj	*vaše nové psací stroje*

Učitel:	**l. student:**	**2. student:**
tvůj	tvůj černý kufr	tvoje černé kufry
jeho	jeho černý kufr	jeho černé kufry
její	její černý kufr	její černé kufry
náš	náš černý kufr	naše černé kufry
nový	náš nový kufr	naše nové kufry
pokoj	náš nový pokoj	naše nové pokoje
kamarád	náš nový kamarád	naši noví kamarádi
profesor	náš nový profesor	naši noví profesoři
ministr	náš nový ministr	naši noví ministři
student	náš nový student	naši noví studenti
učitel	náš nový učitel	naši noví učitelé
hotel	náš nový hotel	naše nové hotely
jejich	jejich nový hotel	jejich nové hotely
váš	váš nový hotel	vaše nové hotely
český	váš český hotel	vaše české hotely
moderní	váš moderní hotel	vaše moderní hotely
německý	váš německý hotel	vaše německé hotely
voják	váš německý voják	vaši němečtí vojáci
dělník	váš německý dělník	vaši němečtí dělníci
český	váš český dělník	vaši čeští dělníci
inženýr	váš český inženýr	vaši čeští inženýři
novinář	váš český novinář	vaši čeští novináři
anglický	váš anglický novinář	vaši angličtí novináři
španělský	váš španělský novinář	vaši španělští novináři
evropský	váš evropský novinář	vaši evropští novináři
turecký	váš turecký novinář	vaši turečtí novináři
slovenský	váš slovenský novinář	vaši slovenští novináři
americký	váš americký novinář	vaši američtí novináři
ruský	váš ruský novinář	vaši ruští novináři
politik	váš ruský politik	vaši ruští politici
autobus	váš ruský autobus	vaše ruské autobusy
pas	váš ruský pas	vaše ruské pasy
vlak	váš ruský vlak	vaše ruské vlaky

časopis	váš ruský časopis	vaše ruské časopisy
starý	váš starý časopis	vaše staré časopisy
klíč	váš starý klíč	vaše staré klíče
přítel	váš starý přítel	vaši staří přátelé
pokoj	váš starý pokoj	vaše staré pokoje
její	její starý pokoj	její staré pokoje
stroj	její starý stroj	její staré stroje
psací	její psací stroj	její psací stroje
jejich	jejich psací stroj	jejich psací stroje

Cvičení 3

Je tu jeden nový student? — **Ne, jsou tu dva noví studenti.**
Je tu jeden nový hotel? — **Ne, jsou tu dva nové hotely.**

Učitel:	l. student:	2. student:
cizinec	Je tu jeden nový cizinec?	Ne, jsou tu dva noví cizinci.
byt	Je tu jeden nový byt?	Ne, jsou tu dva nové byty.
park	Je tu jeden nový park?	Ne, jsou tu dva nové parky.
hezký	Je tu jeden hezký park?	Ne, jsou tu dva hezké parky.
starý	Je tu jeden starý park?	Ne, jsou tu dva staré parky.
kamarád	Je tu jeden starý kamarád?	Ne, jsou tu dva staří kamarádi.
učitel	Je tu jeden starý učitel?	Ne, jsou tu dva staří učitelé.
doktor	Je tu jeden starý doktor?	Ne, jsou tu dva staří doktoři.
televizor	Je tu jeden starý televizor?	Ne, jsou tu dva staré televizory.
autobus	Je tu jeden starý autobus?	Ne, jsou tu dva staré autobusy.
volný	Je tu jeden volný taxík?	Ne, jsou tu dva volné taxíky.
nový	Je tu jeden nový taxík?	Ne, jsou tu dva nové taxíky.
slovník	Je tu jeden nový slovník?	Ne, jsou tu dva nové slovníky.
talíř	Je tu jeden nový talíř?	Ne, jsou tu dva nové talíře.
stroj	Je tu jeden nový stroj?	Ne, jsou tu dva nové stroje.
obchod	Je tu jeden nový obchod?	Ne, jsou tu dva nové obchody.
doktor	Je tu jeden nový doktor?	Ne, jsou tu dva noví doktoři.
pas	Je tu jeden nový pas?	Ne, jsou tu dva nové pasy.
profesor	Je tu jeden nový profesor?	Ne, jsou tu dva noví profesoři.
mladý	Je tu jeden mladý profesor?	Ne, jsou tu dva mladí profesoři.
Rus	Je tu jeden mladý Rus?	Ne, jsou tu dva mladí Rusové.
Nor	Je tu jeden mladý Nor?	Ne, jsou tu dva mladí Norové.
Řek	Je tu jeden mladý Řek?	Ne, jsou tu dva mladí Řekové.
Rumun	Je tu jeden mladý Rumun?	Ne, jsou tu dva mladí Rumuni.
Slovák	Je tu jeden mladý Slovák?	Ne, jsou tu dva mladí Slováci.
Rakušan	Je tu jeden mladý Rakušan?	Ne, jsou tu dva mladí Rakušané.
Australan	Je tu jeden mladý Australan?	Ne, jsou tu dva mladí Australané.
Polák	Je tu jeden mladý Polák?	Ne, jsou tu dva mladí Poláci.
Němec	Je tu jeden mladý Němec?	Ne, jsou tu dva mladí Němci.
voják	Je tu jeden mladý voják?	Ne, jsou tu dva mladí vojáci.
úředník	Je tu jeden mladý úředník?	Ne, jsou tu dva mladí úředníci.

Cvičení 4

(Kombinované cvičení: rod mužský a ženský) **To jsou moje dcery.**

Učitel:	Student:	Učitel:	Student:
kamarádka	To jsou moje kamarádky.	váš	To jsou vaši studenti
sestra	To jsou moje sestry.	učitel	To jsou vaši učitelé.
studentka	To jsou moje studentky.	pokoj	To jsou vaše pokoje.
náš	To jsou naše studentky.	postel	To jsou vaše postele.
váš	To jsou vaše studentky.	profesor	To jsou vaši profesoři.
jeho	To jsou jeho studentky.	přítel	To jsou vaši přátelé.
její	To jsou její studentky.	jejich	To jsou jejich přátelé.
lístek	To jsou její lístky.	učitelka	To jsou jejich učitelky.
náš	To jsou naše lístky.	kniha	To jsou jejich knihy.
jízdenka	To jsou naše jízdenky.	slovník	To jsou jejich slovníky.
starost	To jsou naše starosti.	marka	To jsou jejich marky.
jejich	To jsou jejich starosti.	jeho	To jsou jeho marky.

skříň	To jsou jejich skříně.	frank	To jsou jeho franky.
židle	To jsou jejich židle.	bratr	To jsou jeho bratři.
klíč	To jsou jejich klíče.	kamarád	To jsou jeho kamarádi.
student	To jsou jejich studenti.	náš	To jsou naši kamarádi.

Cvičení 5

jeden pán   *všichni páni*
jeden stroj   *všechny stroje*
jedna žena   *všechny ženy*
jedna růže   *všechny růže*
jedna starost   *všechny starosti*
jedno auto   *všechna auta*

Učitel:	l. student:	2. student:
student	jeden student	všichni studenti
studentka	jedna studentka	všechny studentky
učitel	jeden učitel	všichni učitelé
učitelka	jedna učitelka	všechny učitelky
kamarád	jeden kamarád	všichni kamarádi
kamarádka	jedna kamarádka	všechny kamarádky
lékař	jeden lékař	všichni lékaři
lékařka	jedna lékařka	všechny lékařky
inženýr	jeden inženýr	všichni inženýři
inženýrka	jedna inženýrka	všechny inženýrky
letiště	jedno letiště	všechna letiště

Tvořte podobně:
ministr, úřednice, prodavačka, cizinec, Nor, Rus, Angličanka, Američan, autobus, vlak, taxík, tygr, hotel, lístek, holka, kluk, kavárna, láhev, postel, silnice, růže, míč, skříň, postel, třída, židle, doktor, doktorka, chyba, košile, limonáda, džus, jídlo, zrcadlo, umyvadlo, hřiště, nádraží.

Cvičení 6

a/ Kdo je to?   *To jsou ti naši kamarádi.*

Tvořte podobně:
student, partner, chlapec, profesor, učitel, přítel.

b/ Kdo bydlí v hotelu?   *Bydlí tam mladí studenti.*

Tvořte podobně:
český obchodník, německý partner, dobrý zákazník, americký lékař, nějaký cizinec, olympijský sportovec, zahraniční novinář, známý zpěvák.

c/ Kdo se učí anglicky?   *Anglicky se učí čeští studenti.*

Tvořte podobně:
můj starší bratr, pražský prodavač, český technik, švédský student, italský obchodník, mladý číšník.

d/ A kdo se učí česky?   *Američtí obchodníci.*

Tvořte podobně:
anglický, německý, italský, rumunský, řecký, švédský, norský, ruský, albánský, angolský; student, manažer, obchodník.

Cvičení 7

Znáte ty studenty?   *To jsou studenti?*

Učitel:	1. student	2. student
inženýr	Znáte ty inženýry?	To jsou inženýři?
dělník	Znáte ty dělníky?	To jsou dělníci?
Ital	Znáte ty Italy?	To jsou Italové?
Arab	Znáte ty Araby?	To jsou Arabové?
Čech	Znáte ty Čechy?	To jsou Češi?
Polák	Znáte ty Poláky?	To jsou Poláci?
cizinec	Znáte ty cizince?	To jsou cizinci?

| Němec | Znáte ty Němce? | To jsou Němci? |
| učitel | Znáte ty učitele? | To jsou učitelé? |

Cvičení 8

Vidíte ty veselé studenty?

Učitel:	Student:	Učitel:	Student:
mladý Švýcar	Vidíte ty mladé Švýcary?	francouzský inženýr	Vidíte ty francouzské inženýry?
ruský voják	Vidíte ty ruské vojáky?	rockový zpěvák	Vidíte ty rockové zpěváky?
tlustý kuchař	Vidíte ty tlusté kuchaře?	český skinhed	Vidíte ty české skinhedy?
cizí herec	Vidíte ty cizí herce?	moderní malíř	Vidíte ty moderní malíře?
italský novinář	Vidíte ty italské novináře?	anglický učitel	Vidíte ty anglické učitele?

Cvičení 9

a/ Koho jste slyšel/a v rádiu?   **Slyšel /a jsem džezové zpěvačky.**

Tvořte podobně:
známá spisovatelka, americká novinářka, džezový zpěvák, český poslanec, švédský novinář.

b/ Co jsi viděl v zoo, Michale?   **Tygry.**

Odpovídejte podobně:
medvěd, slon, jelen, lev, žirafa, antilopa, opice, vlk, liška, papoušek, krokodýl.

Cvičení 10

a/ Na koho čekáte?   **Čekám na své rodiče.**
b/ Koho viděl Petr v kině?   **Naše kamarády.**

Tvořte podobně:
kamarád, přítel, učitel, dcera, syn, český student, obchodní partner, zahraniční zákazník, starý spolužák, americký zpěvák, francouzský herec.

Cvičení 11

Ke komu?	ke kamamarádovi	K čemu	k mostu

Učitel:	Student:	Učitel:	Student:
doktor	k doktorovi	hotel	k hotelu
inženýr	k inženýrovi	oběd	k obědu
profesor	k profesorovi	vlak	k vlaku
revizor	k revizorovi	autobus	k autobusu
partner	k partnerovi	vchod	ke vchodu
ministr	k ministrovi	východ	k východu
Tomáš	k Tomášovi	čaj	k čaji
Aleš	k Alešovi	pokoj	k pokoji
Karel	ke Karlovi	klíč	ke klíči
tatínek	k tatínkovi	jídlo	k jídlu
lékař	k lékaři	okno	k oknu
prodavač	k prodavači	maso	k masu
cizinec	k cizinci	auto	k autu
učitel	k učiteli	nádraží	k nádraží
ředitel	k řediteli	náměstí	k náměstí

Cvičení 12

Ke komu?   **K tomu našemu modernímu anglickému učiteli.**
K čemu?   **K tomu vašemu novému modernímu autu.**

Tvořte podobně:
to pravé plzeňské pivo, ten náš nový český učitel, ten jejich velký byt, to jejich zeleninové jídlo, ten tvůj dlouhý dopis, ten její domácí úkol, ten tvůj starší bratr, ten její český kamarád, ten váš stůl, ten tvůj muž, ten její obývací pokoj, ten náš modrý koberec.

Cvičení 13

sestra	k sestře	košile	ke košili
škola	ke škole	skříň	ke skříni

Věra	k Věře	postel	k posteli
taška	k tašce	restaurace	k restauraci
maminka	k mamince	lekce	k lekci
kamarádka	ke kamarádce	věž	k věži
otázka	k otázce	sukně	k sukni
řeka	k řece	učebnice	k učebnici
Praha	k Praze	tabule	k tabuli
kavárna	ke kavárně	stanice	ke stanici
jídelna	k jídelně	snídaně	k snídani
vinárna	k vinárně	večeře	k večeři
káva	ke kávě	diskuse	k diskusi

Cvičení 14

Ke komu?   ***K dobré kamarádce, k dobré přítelkyni.***
K čemu?   ***K anglické snídani, k moderní sukni.***

a/ Tvořte podobně:
vídeňská káva, odpolední svačina, velká radost, nová paní doktorka, nová učitelka, stará pražská vinárna, Mostecká věž, Prašná brána, nová výstava, česká kamarádka, první stanice, velká drogerie, moderní cukrárna.
b/ Zopakujte a přidejte buď <u>naše</u> **nebo** <u>ta</u> **podle smyslu.**

Cvičení 15

a/ Ke komu půjdeš zítra?   ***- Ke svému starému kamarádovi.***
b/ Komu zítra zatelefonuješ?   ***- Svému starému kamarádovi.***

Tvořte podobně:
sobota - můj starší bratr, pátek - kamarád Michal, středa - můj dědeček, neděle - náš nový učitel, pondělí - ten známý český spisovatel, úterý - Václav Hrabal, příští týden - moje kamarádka Věra, zítra ráno - naše česká učitelka, čtvrtek - paní profesorka.

Cvičení 16

Komu to mám dát?   ***- Dej to své kamarádce Věře.***

Tvořte podobně:
sestra Vlasta, Marie, Lucie, Jarka, Zuzana, Eva, Pavel, Vladimír, Tomáš, Aleš, tatínek, tvoje maminka, tvoje babička, její mladší sestra, její mladší bratr, její muž, její syn, její šéf, jejich pan učitel, jejich paní učitelka, jejich ředitel.

Cvičení 17

Čemu jsi nerozuměl?   ***- Tomu českému slovu.***

Tvořte podobně:
český nápis, ten dlouhý dopis, ten první článek, to poslední cvičení, ten nový stroj, ten český jídelní lístek, ten televizní program, ta česká instrukce, ta nová politika, to latinské slovo, ta stará česká kniha, ten jízdní řád, ta moderní hudba.

Cvičení 18

Šli jsme na procházku a přišli jsme k Národnímu divadlu, šli jsme dál a přišli jsme k.....

Pokračujte tak, že další student opakuje celý text od začátku a vždy něco přidá: Jazyková škola, obchodní dům Máj, Václavské náměstí, Dětský dům, Prašná brána, Obecní dům, Staroměstské náměstí, staroměstský orloj, Týnský chrám, hotel Intercontinental, právnická fakulta, filozofická fakulta, Mostecká věž, socha císaře Karla IV., starý kamenný most, Pražský hrad.

Cvičení 19

Ke komu chceš jít na návštěvu? - K paní Bohdalové.

Pokračujte podobně:
paní Ivanka Dvořáková, paní Jiřina Navrátilová, paní Lída Malá, paní Vida Zelená, pan ministr, pan Novák, pan Šťastný, pan Veselý, pan prezident, slavný džezový zpěvák, americký milionář, anglická královna, známá filmová herečka, slavný italský malíř, ...

Cvičení 20

a/ Nechoď <u>do kina</u>, jdi raději <u>k bratrovi</u>.
b/ Nechoďte <u>do kina</u>, jděte raději <u>k bratrovi</u>.

Tvořte podobně:
hospoda - manželka, kavárna - sestra, vinárna- kamarádka, cukrárna - babička, práce - doktor, procházka - přítel, Viktor - Pavel, pan Soukup - pan Táborský, pan Rakušan - pan Nový.

Cvičení 21

Prosím vás, kde je <u>stanice metra</u>? - Hned za <u>tím parkem</u>. - Prosím vás, kde je <u>ten park</u>?
- Hned za ....

Pokračujte stále dál:
ten most, ta škola, to divadlo, ten hotel, ta známá pražská kavárna, ta výborná čínská restaurace, ta moderní samoobsluha, ta stará tržnice, ta křižovatka, to malé náměstí, Hlavní nádraží, roh.

Cvičení 22

Prosím vás, kde je stanice tramvaje? - Proti obchodnímu domu. - Kde je ten obchodní dům? - Proti ....

Pokračujte stále dál:
hotel Evropa, kino Blaník, socha svatého Václava, Národní muzeum, český parlament, Dům potravin, stanice metra.

Cvičení 23

Prosím vás, kde je zastávka autobusu? - To je tamhle, směrem k té velké samoobsluze. - Prosím vás, kde je ta velká samoobsluha? - To je tamhle, směrem k ....

Pokračujte stále dál:
tá velká křižovatka, ten semafor, ten nový hotel, ta stará vinárna, ta nová galerie, ten barokní kostel, ten vysoký strom, to červené auto.

Cvičení 24

a/ Opakujte:
Jdi pěšky! Jdi k Hlavnímu nádraží! Jdi k té velké samoobsluze! Jdi do školy! Jdi do práce! Jdi rovně! Jdi až k tomu semaforu! Jdi ke křižovatce a zahni doleva! Zahni doprava! Jdi vlevo! Jdi vpravo! Zahni za roh! Nechoď pěšky, jeď tramvají! Přejdi ulici! Nechoď do kina, jdi raději domů! Choď vlevo, nechoď vpravo! Vystup, prosím tě! Nastup si! Přestup na Hradčanské! Přestup u Národního divadla! Vystup na stanici Malostranská! Přestup u Muzea! Přestup na Můstku! Nekuř tady! Pozdravuj maminku! Prosím tě, pozdravuj našeho pana profesora! Prosím tě, nevolej mi zítra! Promiň! Posaď se, prosím! Odlož si! Pojď dál! Přijď v neděli večer! Pojď do kina! Vezmi si kávu! Dej si pivo! Dej si zeleninovou polévku! Dej si zmrzlinový pohár! Vezmi si taxík! Vezmi si koláč! Zavolej mi určitě zítra! Řekni to Petrovi! Dej už mi pokoj!

b/ Zopakujte rozkazy ve zdvořilé formě:
Jdi pěšky! - Jděte pěšky!

Cvičení 25

a/ **Kdy přijdeš? - V pět hodin. - Přijď raději v šest.**

Tvořte podobně:
7 - 8; 16.30 - 16; 12.30 - 13; 10 - 10.30; 13.30 - 14; 11 - 11.30.

b/ Zopakujte cvičení a řekněte, kam má přijít:
kancelář, škola, banka, hotel, letiště, domů, divadlo, práce, výstava, koncert, restaurace, konference, nádraží.

PRAŽSKÉ METRO

TRASA 20 min.

TRASA 23 min.

TRASA 26 min.

**Platnost
jízdenky 60 min.
v podzemí**

**Validate
of the ticket
60 min. in the
underground**

**Im U-bahnraum
ist die Fahrkarte
60 min. gültig**

**Validité
du ticket est
fixée à 60 min.
à partir du
compostage**

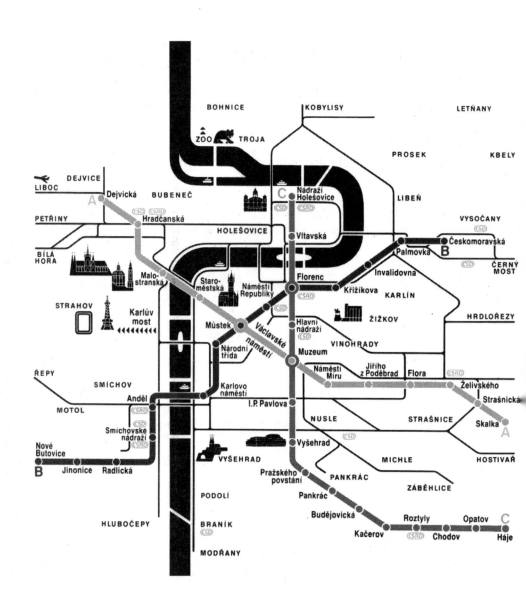

Cvičení 26

Máte před sebou plán pražského metra. Jste na stanici Budějovická a chcete se dostat na stanici Dejvická.
a/ jak se zeptáte?
b/ jaká bude odpověď.
Pracujte ve dvojicích.

Tvořte podobně:
stanice Strašnická - stanice Českomoravská, stanice Radlická - stanice Můstek, stanice Vyšehrad - stanice Malostranská, stanice Smíchovské nádraží - stanice náměstí I.P.Pavlova, stanice Palmovka - stanice Staroměstská, stanice Hradčanská - stanice Hlavní nádraží, stanice Kačerov - stanice Anděl, stanice nádraží Holešovice - stanice Národní třída, stanice Háje - stanice Českomoravská.

Cvičení 27

a/ Prosím vás, kde musím vystoupit? - Vystupte na stanici Hradčanská. Je to první stanice.

Tvořte podobně:
stanice Anděl - 2.; Můstek - 3.; náměstí Republiky - 4.; Staroměstská - 2.; nádraží Holešovice - konečná; Florenc - 1.; Národní třída - 3.; Muzeum - příští; Malostranská - 5.; Nové Butovice - poslední.

b/ Prosím vás, jak se dostanu <u>k Hlavnímu nádraží</u>? - Jeďte <u>metrem</u>, jsou to <u>dvě</u> stanice.

Tvořte podobně:
hotel Diplomat - autobus - 4; Václavské náměstí - metro - 3; Národní divadlo - tramvaj - 1; Palác kultury - metro - příští; zoologická zahrada - autobus - konečná.

Cvičení 28

a/ Reprodukujte dialog 3 a.
b/ Obměňujte dialog:
Petr - fakulta - metro; Markéta- práce - tramvaj; pan White - hotel - taxík; paní Svobodová - chata - autobus. Pracujte ve dvojicích.

Cvičení 29

Podobně jako u cvičení 28 reprodukujte a obměňujte ostatní dialogy (3b/ - 3n/).

Cvičení 30

a/ Bolí tě žaludek? - Ano, po kávě mě vždycky bolí žaludek.

Tvořte podobně:
hlava - víno; zuby - sladký dort; záda - těžká práce; nohy - dlouhý výlet; břicho - špatné jídlo; oči - televize. Víte, co znamenají slova : zuby, hlava, záda, nohy, břicho, oči?

Cvičení 31

Kam můžete jet na výlet z vašeho města? Jak tam pojedete? Kolik stojí jízdenka? Kdy jede vlak nebo autobus? (Zkuste to sami zjistit na nádraží). Co tam uvidíte?

Cvičení 32

Odpovězte na otázky k textu A 1.
Půjde Honza v neděli do kina? Pojede na Karlštejn? Uvidí živé medvědy? Pojede na výlet vlakem? Je zámek Konopiště daleko od Prahy? Byli jste už na zámku Konopiště? Viděli jste Karlštejn? Kde už jste byli a co jste viděli?

Cvičení 33

- V neděli pojedu na Konopiště. Nechceš jet taky?
- Já jsem byl na Konopišti minulou neděli. Viděl jsem tam ...

Rozvíjejte vyprávění a použijte vlastní obrázky z míst, které jste viděli.

Cvičení 34

Inscenujte setkání dvou přátel na letišti/na nádraží. Využijte text 2. Pracujte ve dvojicích.

Cvičení 35

Napište v plurálu:
Drahý příteli! Můj kamarád se dívá na televizi. Do Prahy přijede americký student. Náš polský obchodní partner odjel včera do Varšavy. Váš zákazník je už v Praze. To je náš dobrý přítel. V televizi mluvil český poslanec. Jsi Čech nebo Slovák? Kdy přijede ta anglická učitelka? Neznám tvého kamaráda. Vzpomínáme na svého profesora. Viděl jsi živého medvěda? Znáte dobře toho švédského inženýra? Vidíš tu krásnou vysokou budovu? Pozdravuj tu hezkou českou holku. Čekám na francouzského obchodníka.

Cvičení 36

a/ Přečtěte text 4 pomocí slovníku.
b/ Inscenujte text č. 4.

Hotel Diplomat v Praze 6 - Dejvicích má 3. srpna 1990 být předán do užívání

Hotel Diplomat je situován na dopravní magistrále z pražského letiště do centra města nedaleko Pražského hradu a má vyhodné spojení Metrem. Kapacita hotelu je 762 lůžek v 387 pokojích, vybavených klimatizačním zařízením, telefonem s přímou volbou, barevným televizorem se satelitním příjmem, rádiem, elektrickým budíkem a uzamykatelným minibarem. Ve vybavení koupelny nechybí sušič na vlasy. Skladba pokojů nabízí vedle standardních kombinací i apartmá, business studia, pokoje pro invalidy a není zapomenuto ani na Diplomat suite.
Jedno celé patro je nekuřácké. Pro hotelové hosty je připravena pestrá paleta služeb: Stravování v buffet a gourmet restauraci nebo v CD klubu, v kavárně Klimt nebo nočním klubu, servis pro obchodníky, BSC (poprvé v československém hotelnictví), prostory pro jednání v konferenčním centru s kapacitou 300 osob. Mezi zvláštnosti patří vířivá lázeň v Relaxačním centru. Hotel poskytuje i služby jako holičství, kadeřnictví a prodej suvenýrů a květin.

Nabídku doplňuje konzultační středisko pro obchodníky, rekonfirmace letenek, rent-a-car, limousine servis, komplex turistických služeb i pomoc pracovníků hotelu při přípravě kongresů a jiné zajišťovatelské činnosti.

Podzemní garáže pojmou 130 osobních vozů.

Cvičení 37

Přečtěte si text o hotelu Diplomat a odpovězte na otázky. Čas: 5 minut.

Je hotel Diplomat daleko od Pražského hradu? Můžete jet do hotelu metrem? Jaká je kapacita hotelu? Jsou tam také speciální pokoje pro invalidy? Můžete v tom hotelu koupit suvenýry? Je tam také garáž pro vaše auto?

Cvičení 38

Slovesa v závorkách dejte do imperativu:
Pane Greene, u muzea ....(přestoupit) a na Hradčanské .... (vystoupit). Prosím vás, pane, tady ....(nekouřit). Petře, ...(přijít) k nám v neděli, ale ještě mi ....(zavolat). Tak si všichni............(nastoupit). Prosím vás, ...(říct), že volal inženýr Voráček. Chcete se dostat na Hradčany? Tak to .... (jet) tramvají č. 22 a na stanici Pražský hrad si ....(vystoupit). Paní Svobodová, ...(přijet) k nám za týden a ....(pozdravovat) všechny u vás doma.

Šťastnou cestu a brzy se vraťte!

Nová slova:

až	when; as far as	právě	just now
bolet: bolí	hurt	přesně	exactly
budova f.	building	přestoupit/přestoupím,-íš;	change (for a bus)
čekat/čekám, čekáš	wait	přestup/te!	
další adj.	next, further	příjezd m.	arrival
defenzíva f.e)	defensive	přijíždět /přijíždím, -íš	come (by bus)
dělník m.; dělnice f.	worker/male, female	příkop m.	ditch
dík m.	thanks	přiletět /přiletím, přiletíš	come (by plane)
drogérie f.	drugstore	přímý adj.	direct
druhý	second; the other	půjdu, půjdeš; pojď/te!	I'go/walk; let's go!
energický adj.	resolute	rád bych	I'd like
garáž f.	garage	rada f.	advice
hlava f.	head	rovně	straight away
hoch m.; chlapec m.	boy	rychlík m.	express train
chodba f.	corridor	samoobsluha f.	selfservice shop
chyba f.	mistake	semafor m.	traffic lights
invalida m.	invalid	sežrat /sežeru, -eš (vulg.)	eat
jelen m.	stag	slavný adj.	famous
jistě	sure, surely, certainly	složitý adj.	complicated
jitro n.; dobré jitro!	good morning!	směr m.	direction
jízdní adj.: jízdní řád	time-table	socha f.	statue
kámen m.; kamenný adj.	stone	speciální adj.	special
kapacita f.	capacity	spolu	together
konečný adj.; k-á stanice	terminal	spolužák m.	schoolmate
konference f.	conference	sportovec m.; sportovní adj.	sportsman; sportive
koupit/koupím, -íš;	buy; buy!	správce m.	custodian
kup! kupte!		stáž f.	affilation, fellowship
kouřit/ kouřím, kouříš;	smoke	stejný adj.	the same
kuř! kuřte!		suvenýr m.	souvenir
křestní adj.: křestní jméno	christian name, first name	špatně	wrong, badly
křižovatka f.	crossing	talíř m.	plate
který	which	těžký adj.	heavy; difficult
lékař m.; lékařka f.	doctor, general practitioner	tichý adj.	quiet, silent
letět /letím, letíš	fly	tygr m.	tiger
liška f.	fox	ujet/ujedu, ujedeš;	leave
málem	nearly	ujede ti vlak	you'll miss the train
malíř m.	painter	úředník m.; úřednice f.	clerk/male, female
medvěd m.	bear	úsměv m.	smile
míč m.	ball	uvidět/uvidím, uvidíš	see
místenka f.; místenkový adj.	seat reservation	vadit: to mi vadí	I hate it
myslet /myslím, myslíš	think	vagón m.	carriage
náhoda f.	chance	vlézt/vlezu, vlezeš	get in
nakládat/nakládám, -áš	load	voják m.	soldier
nastoupit/nastoupím, -íš;	get on	vrátit se/vrátím, -íš;	come back, return
nastup/te!		vraťte se!	
nápis m.	inscription, sign	vystoupit/ vystoupím, -íš;	get off
nástupiště n.	platform	vystup/te!	
navštívit/navštívím,-íš	visit	vchod m.	entrance
nechat si:Drobné si nechte!	Keep the change!	všichni	all
někam	somewhere, anywhere	vzít/ vezmu, vezmeš; vezmi!	take
nekuřák m.	nonsmoker	vzpomínat /vzpomínám, -áš	remember
odjezd m.	departure	vždy/vždycky	always
olympijský adj.	Olympic	začít/začnu, -eš; začni/ začněte!	start
opilý adj.	drunken	zahraniční adj.	foreign
osobní adj.: osobní vlak	passenger train	zakouřit si/zakouřím, zakouříš	have a smoke
otázka f.	question	zákazník m.	customer
pa! (hov.)	bye!	zastávka f.	stop
palác m.	palace	zastřelit/zastřelím, zastřelíš	shoot
parlament m.	parliament	zbavit se/zbavím, zbavíš	get rid of
partner m.:obchodní p.	business partner	zdvořilý adj.	polite
plán m.	plan	zpáteční adj.:zpáteční lístek	return ticket
pojedu, pojedeš; pojeď/te!	I'll go; let's go!	zpoždění n.	delay
politik m.	politician	žaludek m.	stomach
poslední adj.	last		

LEKCE 8

1 Co si chceš koupit, Lauro?

- Tady v Praze je velká zima. Musím si koupit teplé boty. Ty moje jsou úplně mokré.
- Tak dobře. Ale je tady fronta.
- To se nedá nic dělat, já si ty boty musím koupit.
- Hm. A jaké boty chceš?
- Teplé a pohodlné, a ne moc drahé. ....
- Prosím vás, dámské zimní boty.
- Velikost? Barvu? Vzor? Vybrala jste si něco?
- Velikost? Já nevím, to je tady pro kamarádku.
  Potřebuje teplé zimní boty.
- Moment. Co tyhle? To je velikost 38. Ať si je zkusí.
.... (zkouší si boty).
- Tyhle boty jsou mi malé!
- Tady máte o číslo větší. Jsou vám dobře?
- Ty jsou výborné, ale nemáte černé?
- Podívám se. ....Tak tady jsou. Vezmete si je?
- Ano, vezmu si je. Kolik stojí?
- Šest set padesát šest korun.
- To není moc.
- Tady máte lístek. Platit budete v pokladně. Výdej je vedle.
- Děkuju.
- Prosím. Na shledanou!

2 Co chceš? Co chcete? Jaké máte přání?

Mám hlad. - Když máš hlad, můžeš si koupit jídlo v kiosku, v automatu, v bufetu, v restauraci, v hotelu, nebo můžeš připravovat jídlo doma. V kiosku, v automatu a v bufetu je jídlo levné. V restauraci není jídlo tak levné jako v automatu, ale není tak drahé jako v hotelu. V hotelu je obyčejně jídlo dobré, ale je hodně drahé. V automatu není jídlo tak dobré jako v hotelu nebo v restauraci, ale je levné. A můžeš taky vařit doma. Ale to musíš chodit na nákup a vaření dá práci.

Je mi zima.- Když je ti zima, musíš si koupit svetr, teplý kabát, teplé boty, teplé ponožky, teplé prádlo, rukavice, šálu a teplou čepici.To víš, v Praze není tak teplo jako v Kalifornii, ale musíš být rád, že tu není taková zima jako na Aljašce.

3 Dialogy v obchodě

a/ — Prosím vás, máte barevné filmy?
   — Zatím je nemáme. Musíte se na ně ptát.

b/ — Prosím vás, máte anglicko-český slovník?
   — Nemáme. Už jsme ho vyprodali.
   — A kdy ho budete mít?
   — To bohužel nevíme,
     ale zkuste se na něj
     zeptat asi za měsíc.

c/ — Přejete si, prosím?
   — Já chci pomeranče.
   — Kolik?
   — Asi pět.
   — Pět kilo?
   — Ne, pět pomerančů.

d/ — Prosila bych asi šest
      banánů, nějakých
       menších.
   — Prosím. Další přání?
   — Kilo pěkných zralých jablek a ještě nějakou zeleninu do polévky: několik mrkví, dvě petržele a jeden celer.

- Celer máme jenom tenhle.....
- Ten je hrozně velký. Můžete mi dát jen půlku? Nebo raději čtvrtku. A těch mrkví raději pět, ty jsou malé.
- Prosím. Dohromady je to 52.50.

e/
- Prosila bych dvě ředkvičky ....
- Myslíte dvoje?
- Promiňte, dvoje ředkvičky, dva saláty, jednu kedlubnu - ne, těch kedluben mi dejte pět, ty jsou pěkné a velké.
- Ty jsme dostali dnes ráno, jsou úplně čerstvé. Nějaké další přání?
- Vzala bych si ještě třešně, půl kila.
- Tady je půl kila třešní. Je to všechno, mladá paní?
- Ano.
- Okamžik! To je 45.20.
- Jé! Budete mít zpátky na tisícikorunu? Bohužel, nemám menší peníze.
- Ano, dvacetníček tam bude?
- Prosím.

f/
- Prosím vás, máte plán Brna?
- Prosím.
- Co stojí?
- Šestnáct korun. Platit budete u pokladny. Dostanete ho ve výdeji.
- Děkuji.

g/
- Tak prosím.
- Prosila bych pět dietních párků a dvacet deka šunkového salámu.
- Nakrájet nebo vcelku?
- Nakrájet, prosím.
- Je to dvacet tři deka, můžu to nechat?
- Ano, jistě.

h/
- Prosil bych jedno kuře.
- Větší, menší?
- Raději menší.
- Třeba tohle?
- Ano, to je pěkné. A nemáte nějaké mořské ryby?
- Máme jenom filé. Ale dostali jsme dneska čerstvé pstruhy. Nechcete je?
- Ano, vezmu si dva.
- Je to všechno?
- Ano, děkuji.
- Dělá to dohromady 94.60. .... (Pán platí stokorunou.)
- Tady máte zpátky.

ch/
- Co děláte?/Kde pracujete?
- Já nepracuji, já ještě studuji.
- Co studujete?
- Medicinu. A vy?
- Já jsem inženýr. Mám tady zaměstnání u jedné zahraniční firmy.

i/
- Hledám práci. Jsem nezaměstnaný.
- Co jste dělal předtím?
- Jsem šofér. Jezdil jsem s náklaďákem.
- Jste ženatý?
- Ano, mám ženu a dvě děti, 10 a 12 let. Manželka byla zatím doma, ale teď chce jít taky pracovat.
- A pracovala předtím vaše žena?
- Ano. Než se nám narodily děti, tak pracovala jako kuchařka. Vařila v kantýně.

4 V obchodním domě Kotva

Alice a Sophi jsou americké učitelky. Nejsou v Praze ještě dlouho, a tak se s Prahou pomalu seznamují. Dnes jdou do obchodního domu Kotva, který je na náměstí Republiky. Je to velký moderní obchodní dům. Dostanete tam skoro všechno, co potřebujete. A Sophi toho potřebuje hodně. Na letišti se jí totiž ztratil jeden kufr, ve kterém měla hodně věcí.

V přízemí je informační tabule, a tam si děvčata mohou přečíst, kde jsou různá oddělení a co se tam prodává. Zjišťují, že v přízemí je drogérie, parfumérie, papírnictví a oddělení dámského prádla. V drogérii můžete koupit všechno pro domácnost: prací prášky, čisticí prostředky, mýdlo, zubní pastu, šampóny na vlasy,........ Alice potřebuje nějaký prášek na praní. Sophi si kupuje kartáč na vlasy. Pak jdou do papírnictví, kde kupují ubrousky, papírové kapesníky, toaletní papír a dopisní papír.

V obchodním domě jsou pohyblivé schody, a tak se rychle a snadno dostanete nahoru do různých pater.V prvním patře je oddělení pánské a dámské konfekce, koženého zboží a galantérie. Sophi chce jít do dámského oddělení, protože potřebuje letní šaty, nějaké kalhoty a také sako. Mají tam náhodou dost velký výběr moderních šatů, bluz, sukní, kalhot, kabátů, dámských sak a sportovních bund. V kabině si Sophi zkouší dvoje šaty, a pak si bere jedny s pěkným barevným vzorem. Ještě si vybrala jednobarevné sako a hezkou bavlněnou blůzu. Kalhoty jí musí poslat maminka, protože se Sophi žádné kalhoty nelíbily.

V druhém poschodí je všechno pro děti - textil, obuv, konfekce a hračky. Je zde také oddělení pánské a dámské obuvi. Sophi potřebuje nějaké sandály, má číslo 5. Žádné boty si však nekoupila, protože ty, které se jí líbily, byly moc drahé. Ve třetím poschodí se děvčata nezastavují, protože tam prodávají elektrické přístroje, rádia, magnetofony, hudební nástroje, fotopotřeby, hodinky a kompaktní disky (CD). O to nemají zájem. Ve čtvrtém poschodí jsou sportovní potřeby, nábytek a koberce. Jedou tedy zpátky dolů do přízemí a pak jdou do suterénu do prodejny potravin.

B

§ 49 KONJUGACE: OPAKOVAT (inf); prézens + minulý čas

já	opakuji	opakoval/a jsem
ty	opakuješ	opakoval/a jsi
on		opakoval
ona	opakuje	opakovala
ono		opakovalo
my	opakujeme	opakovali jsme
vy	opakujete	opakovali jste
oni	opakují	opakovali

§ 50 IMPERATIV: opakovat: OPAKUJ! OPAKUJTE!

Opakuješ nová slova? Nová slova musíš opakovat. Opakuj nová slova!
Opakujete nová slova? Nová slova musíte opakovat. Opakujte nová slova!

§ 51 SUBSTANTIVUM: Genitiv pl.

maskulinum - ů pánů	femininum - - žen	femininum - í růží	neutrum - - měst	neutrum - í nádraží

Srovnej: mnoho studentů, mužů, domů, strojů; studentek, tabulí, věží, oken, náměstí.

Pamatuj: mnoho ulic, přítelkyň, letišť, peněz, přátel, lidí, dětí.

§ 52 ADJEKTIVUM: genitiv pl.

mnoho **prvních nových** studentů/studentek/měst

§ 53 ten, můj, tvůj, svůj, její, náš, váš: genitiv pl.

mnoho **těch mých/tvých/svých/jejích/našich/vašich** studentů, studentek, měst

Pamatuj: jeho - jejich své tvary nemění.

Srovnej: mnoho jeho bratrů, sester, dětí; mnoho jejich bratrů, sester, dětí.

§ 54 ON, ONA, ONO, ONI - akuzativ

on	ona	ono	oni
ho/jeho/jej /něj	**ji /ni**	**ho/ je / ně**	**je/ně**

Srovňej: Znám ho/jej. - Jeho znám. - Čekám na něj.
Znám ji. - Ji znám. - Čekám na ni.
Znám je. - Je znám. - Čekám na ně.

Na začátku věty: jeho.

Po předlož ce: něj, ni, ně.

Cvičení 1

opakovat nová slova   Opakuji nová slova.

Obměňujte slovní spojení podle daného vzoru:

dobře vyslovovat	Dobře vyslovuji.	*pronounce correctly*
poděkovat za radu	Poděkuji za radu.	*thank for advice*
nastupovat na metro	Nastupuji na metro.	*get on metro*
vystupovat z tramvaje	Vystupuji z tramvaje.	*get off the tram*
přestupovat na Můstku	Přestupuji na Můstku.	*change at Můstek*
pracovat v továrně	Pracuji v továrně.	*work at a factory*
pracovat jako novinář	Pracuji jako novinář.	*work as a journalist*
poděkovat za pomoc	Poděkuji za pomoc.	*thank for help*
studovat češtinu	Studuji češtinu.	*study Czech language*
potřebovat peníze	Potřebuji peníze.	*need money*
potřebovat sůl	Potřebuji sůl.	*need salt*
potřebovat jeho pomoc	Potřebuji jeho pomoc.	*need his help*
pozdravovat její matku	Pozdravuji její matku.	*give regards to her mother*
nakupovat v Máji	Nakupuji v Máji.	*do shopping at Máj*
nastupovat na autobus	Nastupuji na autobus.	*get on the bus*
vystupovat na Můstku	Vystupuji na Můstku.	*get out at Můstek*
přestupovat u muzea	Přestupuji u muzea.	*change at Muzeum*

Cvičení 2

opakovat nová slova   Opakuji nová slova. Taky opakuješ nová slova?
Ne, neopakuji.

Obměňujte výrazy uvedené ve cvičení 1.

Cvičení 3

opakovat nová slova   **..............., opakujete nová slova?**
Ano, opakuji.

Studenti se vzájemně oslovují příjmením a slovy pane, paní, slečno. Ten, kdo odpovídá, klade pak další otázku.

Cvičení 4

opakovat nová slova   **Kdo neopakuje nová slova?   Já.**
Všichni opakujeme nová slova, jenom on/a ne.
Všichni opakují nová slova, jenom já ne.

Cvičení 5

Co opakujete?   **Opakuji nová slova.**

Odpovídejte na otázky a využívejte slov z cvičení 1.

Kde nakupujete? Co kupujete? Co vysvětlujete? Co opravujete? Jak vyslovujete? Za co poděkujete? Kde nastupujete na metro? Kde přestupujete? Kde vystupujete z tramvaje? Kde pracujete? Co děláte? (Pracuji jako......) Co studujete?

Pracujte ve dvojicích.

Cvičení 6

Odpovídejte na tytéž otázky písemně podle svých jazykových dovedností.

Cvičení 7
PŘIHLÁŠKA

Příjmení: .... Jméno: ....

Datum narození: .... Místo: ....

Kraj (země): .... Číslo pasu: ....

Státní příslušnost: .... Národnost: ....

Stav: .... Vzdělání: ....

Bydliště: ....

V podnájmu u: ....

PSČ: .... Tel. do bytu: .... Tel. do práce: ....

Zaměstnavatel: ....

Adresa: ....

Pracovní zařazení: ....

Podpis: ....

Stav:	svobodný, svobodná, ženatý, vdaná, rozvedený, rozvedená, vdovec, vdova.
Vzdělání:	základní, střední, střední odborné, vysokoškolské.
Pracovní zařazení:	student, studentka, dělník, dělnice, úředník, úřednice, mistr, mistrová, překladatel, překladatelka, tlumočník, tlumočnice, novinář, novinářka, žena v domácnosti, sekretářka, pracovník diplomatického sboru, pracovnice diplomatického sboru, pracovník (pracovnice) obchodního zastupitelství, zástupce (zástupkyně) zahraniční firmy, soukromý podnikatel, soukromá podnikatelka, šofér, kuchař, kuchařka, číšník, číšnice, uklízečka, hlídač, nezaměstnaný.

a/   Zatrhněte v kolonce "stav" správný údaj o sobě.

b/   Zatrhněte v kolonce "vzdělání" správný údaj o sobě.

c/   Zatrhněte v kolonce "pracovní zařazení" správný údaj.

d/   Vyplňte přihlášku.

Cvičení 8

pomeranč	*jeden pomeranč*	*dva pomeranče*	*mnoho pomerančů*
Učitel:	**1. student:**	**2. student:**	**3. student:**
banán	jeden banán	dva banány	mnoho banánů
student	jeden student	dva studenti	mnoho studentů
muž	jeden muž	dva muži	mnoho mužů
dívka	jedna dívka	dvě dívky	mnoho dívek
budova	jedna budova	dvě budovy	mnoho budov
věž	jedna věž	dvě věže	mnoho věží
starost	jedna starost	dvě starosti	mnoho starostí
nemocnice	jedna nemocnice	dvě nemocnice	mnoho nemocnic
křeslo	jedno křeslo	dvě křesla	mnoho křesel
sako	jedno sako	dvě saka	mnoho sak
náměstí	jedno náměstí	dvě náměstí	mnoho náměstí
hřiště	jedno hřiště	dvě hřiště	mnoho hřišť

Tvořte podobně:
sekretářka, schod, obchod, prášek, nástroj, magnetofon, mýdlo, skříň, zrcadlo, kniha, sešit, učebnice, slovo, slovník, učitelka, učitel, voják, známka, pohled, film, mapa, jízdenka, vagón, autobus, tramvaj, auto, kluk, holka, letiště, sídliště, ulice, skříň, starost, radost, jablko, houska, rohlík, knedlík, pomeranč.

Cvičení 9

ten můj přítel	*všichni ti moji přátelé*	*několik těch mých přátel*
Učitel:	**1. student:**	**2. student:**
ten tvůj kamarád	všichni ti tvoji kamarádi	několik těch tvých kamarádů
ten tvůj spolužák	všichni ti tvoji spolužáci	několik těch tvých spolužáků
ten tvůj sešit	všechny ty tvoje sešity	několik těch tvých sešitů
ta vaše přítelkyně	všechny ty vaše přítelkyně	několik těch vašich přítelkyň
to vaše zavazadlo	všechna ta vaše zavazadla	několik těch vašich zavazadel
ta naše kniha	všechny ty naše knihy	několik těch našich knih
ten náš časopis	všechny ty naše časopisy	několik těch našich časopisů
ta její kamarádka	všechny ty její kamarádky	několik těch jejích kamarádek
ten její přítel	všichni ti její přátelé	několik těch jejích přátel
ten jeho slovník	všechny ty jeho slovníky	několik těch jeho slovníků
to jejich auto	všechna ta jejich auta	několik těch jejich aut
to vaše město	všechna ta vaše města	několik těch vašich měst

Cvičení 10

nový časopis	*všechny nové časopisy*	*hodně nových časopisů*
moderní bluza	všechny moderní bluzy	hodně moderních bluz
bavlněné tričko	všechna bavlněná trička	hodně bavlněných triček
dvoulůžkový pokoj	všechny dvoulůžkové pokoje	hodně dvoulůžkových pokojů

Tvořte podobně:
psací stroj, moderní počítač, cizí výrobek, zahraniční firma, velká investice, český poslanec, ruský voják, albánský uprchlík, krásný park, starý hrad, barokní kostel.

Cvičení 11

několik anglických slovníků

Učitel:	**Student:**	**Učitel:**	**Student:**
německý	několik německých slovníků	dítě	několik českých dětí
přítel	několik německých přátel	kniha	několik českých knih
přítelkyně	několik německých přítelkyň	zahraniční	několik zahraničních knih
dobrý	několik dobrých přítelkyň	časopis	několik zahraničních časopisů
jídlo	několik dobrých jídel	barevný	několik barevných časopisů
zeleninový	několik zeleninových jídel	televizor	několik barevných televizorů
polévka	několik zeleninových polévek	různý	několik různých televizorů
český	několik českých polévek	názor	několik různých názorů
poslanec	několik českých poslanců	oddělení	několik různých oddělení

Cvičení 12

Co mám koupit?   **Prosím tě, kup kilo banánů.**

Tvořte podobně:
2 kila - pomeranče, 3 kila - jablka, půl kila - rajčata, pět kilo - brambory, kilo - papriky, 3 kila - švestky, jedno a půl kila - třešně, kilo - jahody.

Cvičení 13

Je tam bohatý výběr letních šatů.

Nahrazujte:
zimní kabáty, levné boty, vlněná saka, dětské ponožky, dámské punčochy, pánské kalhoty, sportovní košile, moderní bluzy, bavlněná trička, nealkoholické nápoje, dietní jídla, tavené sýry, zmrazené potraviny, různé uzeniny, mléčné výrobky.

Cvičení 14

Od koho je ten dopis?   **- a/ Přece od těch mých přátel.**
                                   - b/ Přece od těch našich přátel.

Nahrazujte:
kamarádi, studenti, zákazníci, kamarádky, žáci, obchodníci, partneři.

Cvičení 15

Znáš ho?   **- Neznám ho.**

Odpovídejte stručně podle daného vzoru:
Vidíš ji? Máš je rád? Chceš ho vidět? Navštěvuješ je? Slyšíš ji? Pozveš ho?

Cvičení 16

Viděl jste Tomáše?   **- Ano, viděl jsem ho.**

Odpovídejte stručně podle daného vzoru:
Navštěvoval jste své přátele? Znal jste pana Dvořáka? Poslouchal jste rádio? Viděl jste ty medvědy? Slyšel jste tu zprávu? Koupil jste ten cukr? Jedl jste pečenou husu? Pil jste černé pivo?

Cvičení 17

Brno není tak velké jako Praha.

Tvořte podobně:
Alena - hezká - Jana, citrony - drahé - pomeranče, maso - zdravé - zelenina, Petr - vysoký - Pavel, český počítač - dobrý - japonský, obchodní dům Máj - velký - Kotva, hotel Flora - drahý - Palace hotel.

Cvičení 18

*Doplňujte **který, která, které, kteří**.*

To jsou ti Američané, ... přijeli studovat do Prahy. To byl ten koncert,........... se ti tolik líbil. To jsou ty boty, ... se jí líbily. To je ta dívka, ... jsi miloval. To jsou ty holky, od .... jsem dostal dopis. To jsou ty šaty, ... jsem si koupila v Kotvě. To je to místo, o .... jsem měl velký zájem. To je ten cizinec s .... jsem se seznámil na koncertě. To je to oddělení, ve .... jsme koupily ty dvoje šaty. To jsou ty pohyblivé schody, ...vedou dolů. Tady je ten dům, ve .... jsem bydlel.

Cvičení 19

Můžu přijít zítra?   **Mohl bych přijít zítra?**
Můžeš přijít zítra?   **Mohl bys přijít zítra?**
Můžete přijít zítra?   **Mohl byste přijít zítra?**

Obměňujte podle daného vzoru:
Nechceš přijít raději zítra? Nemáš chvilku čas? Nezavoláš mi zítra? Půjčíš mi ten slovník? Dáte mi svou adresu? Můžete mi poradit? Nevíte o bytě? Nemáš korunu na telefon? Chceš plán Prahy? Chci jeden tmavý chléb a pět rohlíků. Prosím jednu vídeňskou kávu. Prosím deset deka šunky a dva rohlíky. Prosím dvě housky a patnáct deka eidamu. Nechci přijít pozdě. Nechci jet sama. Už chci přestat.

Cvičení 20

Vymyslete a napište na papír 3 podobné fráze. Čas: 1 minuta.
Přečtěte "své" věty.

Cvičení 21

kupovat víc zeleniny
  a/ Kupuj víc zeleniny!
  b/ Kupujte víc zeleniny!
  c/ Proč nekupujete víc zeleniny? Kupujte víc zeleniny!

Tvořte rozkazy podle daného vzoru: kupovat víc ovoce, nakupovat v samoobsluze, nastupovat rychle, vystupovat opatrně, opakovat to slovo, opravovat chyby, pracovat pilně, studovat každý den, pozdravovat všechny přátele, poděkovat za radu, seznamovat se s Prahou, vyslovovat správně, diskutovat o politice.

Cvičení 22

a/ *Reprodukujte dialog 1. Pracujte v tříčlenných skupinách.*

b/ *Obměňujte dialog 1;* kalhoty - nejsou teplé - jsou moc široké - menší; svetr - žádný nemá - není vlněný - nechce fialový - bílý.

Cvičení 23

Odpovídejte na otázky: Kde snídáte? Kde obědváte? Večeříte často v restauraci? Vaříte někdy doma? Proč?

Cvičení 24

Reprodukujte a obměňujte dialogy 3 V obchodě.

Cvičení 25

Odpovídejte na otázky k textu 4.

Kdo je Alice a Sophi? Jsou v Praze už dlouho? Proč jdou do obchodního domu? Do kterého obchodního domu šly? Proč potřebuje Sophi udělat velký nákup? Co se prodává v Kotvě v přízemí? Co se prodává v suterénu? Co si ty Američanky kupují v drogérii? Co si kupují v papírnictví? Zkouší si Sophi jenom jedny šaty? Kupuje si Sophi taky kalhoty? Potřebuje Sophi zimní boty? Proč si Sophi nekoupila boty?

Cvičení 26

*Reagujte podle daného vzoru. Odpovídejte podle textu **4**. Používejte **vůbec, žádný, to není pravda**.*

Alice a Sophi šly do vinárny.
- To není pravda, Alice a Sophi vůbec nešly do žádné vinárny.

V přízemí bylo oddělení pánské a dámské obuvi. Alice si koupila v drogérii opalovací krém a kolínskou vodu. V papírnictví si Sophi koupila pohledy a známky. V oddělení koženého zboží si Alice koupila teplé rukavice. Pak se zastavily ve třetím poschodí. Koupily si tam barevný televizor a japonské rádio. Pak si koupily postel a křeslo. Také si tam koupily zlatý prstýnek s českým granátem. Sophi a Alice jsou milionářky a mají hodně peněz.

(Najděte v těch větách tvary minulého času. Všimli jste si něčeho zvláštního? -ly místo -li? Je to jen rozdíl pravopisný. S tím si nedělejte starosti!)

Cvičení 27

Hádejte, co měla Sophi ve ztraceném kufru?
1. student: **Myslím, že měla v kufru černý svetr.**
2. student: **Myslím, že měla v kufru černý svetr**
    a modré džíny.
3. student: **Myslím, že měla v kufru černý svetr,**
    modré džíny a ....
(pokračujte stále dál).

Cvičení 28

Co si dáte do kufru, když cestujete do ciziny?
Jmenujte aspoň 10 věcí.

Cvičení 29

Doplňujte správné tvary:

Potřebuji si koupit tři balíčky (toaletní papír) a troje (papírový kapesník). Prosila bych pět (žluté banány) a dvě kila (letní jablka). Prosila bych (3) dámské bavlněné ponožky a (1) punčochy. Dejte mi šest (dietní párky) a šest (housky). V naší třídě je 12 (zahraniční studenti a studentky). V Praze je mnoho (staré krásné paláce, věže a barokní kostely).

Cvičení 30

Tvořte věty v přítomném čase:

já - potřebovat pohodlné boty; on - nastupovat na tramvaj; ona - milovat svého muže; já - pracovat jako fotograf; my - rád studovat češtinu; paní profesorka - opravovat naše chyby; oni - potřebovat barevné filmy; on - telefonovat svému příteli; proč -ty - kupovat si sandály?; kde - ty - nakupovat?; komu - vy - telefonovat?

Cvičení 31

Vyslovujte správně předložky:

Kde?	Ve městě, ve třídě, ve škole, ve vládě, ve Francii, ve vlaku, ve výtahu.
	Na poště, na koncertě, na středisku, na ulici, na chodníku, na náměstí, na letišti, na hřišti, na nástupišti, na jízdním řádě.
	Před divadlem, před kinem, před hotelem, před nádražím, před parkem, před školou, před vchodem, před obchodním domem, před samoobsluhou.
	Za městem, za Prahou, za stolem, za hotelem, za divadlem, za oknem, za stanicí, za semaforem.
Kam?	Do školy, do třídy, do metra, do auta, do autobusu, do výtahu, do tramvaje, do hotelu, do hospody, do kavárny, do cukrárny, do vinárny.
Kdy?	Po snídani, po obědě, po svačině, po večeři, po práci, po vyučování, po přestávce, po schůzi, po dovolené. Před snídaní, před obědem, před svačinou, před válkou, před filmem, před osmou hodinou, před jednou hodinou, před půlnocí.

Cvičení 32

Najděte v příloze obrázky obchodů a obrázky předmětů a inscenujte dialogy.

Ztratila jsem	hřeben	- Tak to musíš jít do	drogérie.
Potřebuji	dopisní papír		papírnictví.
Mám chuť na	jablka		zeleniny.
Chtěl/a bych			
Musím si koupit			

/Používejte vhodné předměty a názvy obchodů na obrázcích v příloze 2, 7 a 8. Rozvíjejte dialogy/.

Cvičení 33

Připravte si panáčky z přílohy č. 9. Co jim koupíte, co jim oblečete, když je zima, když je léto, když jedete na dovolenou; vybírejte barvu, velikost atd. Pracujte v malých skupinách.

Kdo šetří, má za tři.

Nová slova

automat m.	snack-bar	dámský adj.	for ladies
balík m., balíček m.	parcel	deka f.	blanket
banán m.	banana	děvče n.; děvčata pl.; dívka f.	girl
barva f.; barevný adj.	colour	dolů	down
bluza f.	blouse	dost	enough
bavlna f.; bavlněný adj.	cotton	dovolená f.	holiday
brát si /beru si, bereš si	take	dvacetníček m.	twenty heller(coin)
celer m.	celery	dvoje	two pairs of
čepice f.	cap	džíny/džínsy pl.	jeans
čisticí adj.;č. prostředek	for cleaning; cleaner	fotopotřeby pl.	photo-equipment
čtvrtka f.	quarter	fronta f.	line, queue

galantérie f.	fancy goods	předtím	before
gramofon m.	record-player	překladatel m.; p-elka f.	translator
gramofonový adj.; g. deska	record	přestat /přestanu,-eš	stop
granát m.	garnet	přihláška f.	application
hlídač m.	night-watchman	připravovat se /připravuji,-eš	get prepared
hodinky pl.	watch	příslušnost f.: státní p.	nationality, citizenship
hračka f.	toy	přístroj m.	device, instrument
hřeben m.	comb	PSČ	post-code
jednobarevný adj.	plain	půjčit/půjčím , půjčíš	lend
jedny	one pair	půl , půlka	one half
kalhoty pl.	trousers	punčochy pl.	stockings
kapesník m.	handkerchief	rada f.	advice, a piece of advice
kartáč m.	brush	rukavice pl.	gloves
když	when, if	sbor m.: diplomatický s.	diplomatic corps
konfekce f.	ready-made clothes	seznamovat se/seznamuji,-eš	meet
kraj m.	region	skoro	almost
kupovat /kupuji, kupuješ	buy	snadno	easily
laciný, levný adj.	cheap	stokoruna f.	one hundred crown banknote
magnetofon m.	tape-recorder	suterén m.	basement
medicina f.	medicine	šála/šálka f.	scarf
menší adj.	smaller	šaty pl.	dress
milionářka f.	millionaire	tak - jako	as - as
mistr m	master	tavený adj.: tavený sýr	processed cheese
mléčný adj.	milk	tisícikoruna f.	one thousand crown banknote
mokrý adj.	wet	totiž	namely
mořský adj.	sea	troje	three pairs
mýdlo n.	soap	třeba: je třeba	it's necessary
nahoru	up	třešně pl.	cherries
náhodou	by chance	tlumočník m.; tlumočnice f.	interpreter/male, female
náklaďák m.(hov.)	lorry, truck	tmavý adj.	dark
nakrájet/nakrájím, nakrájíš	cut	ubrousek m.	napkin
nakupovat /nakupuji,-eš	do shopping	udělat/udělám, uděláš	do
nástroj m.	instrument	uklízečka f.	cleaning woman
nedá se nic dělat	there is no other way out	úplně	quite
nezaměstnaný adj.	unemployed	**úspěch m.**	success
než	before; than	uvidět /uvidím, uvidíš	see
obuv f.	footwear	uzeniny pl.	smoked goods
obyčejně	usually	vaření n.	cooking
oddělení n.	section	vcelku	in one piece
opakovat /opakuji,-eš	repeat	**vdovec m.; vdova f.**	widower; widow
opalovací adj.; o. krém	sunbathing cream	vést/vedu,-eš:schody vedou	the staircase goes
opatrně	carefully	věc f.	thing
opravovat/opravuji,-eš	repair	větší adj.	bigger, larger
pánský adj.	for gentlemen	vlasy pl.	hair
papír m.	paper	vlněný adj.	woollen
papírnictví n.	stationary	výdej m.	issue
parfumérie f.	scent-shop	vyprodaný adj.	sold out
paprika f.	red pepper	výrobek m.	product
pasta f	paste	vyslovovat/vyslovuji,-eš	pronounce
petržel f.	parsley	vystupovat /vystupuji,-eš	get off (the bus)
pilně	diligently	vzdělání n.: základní	education; basic
poděkovat /poděkuji,-uješ	say thanks	v. střední; vysokoškolské	secondary, higher
podnájem m.	lodging	vzor m.	design
podnikatel m.; podnikatelka f.	entrepreneur/male, female	**zájem m.: mít z. o (+akuzativ)**	be interested in
pohled m.	postcard	zaměstnavatel m.	employer
pohodlný adj.	comfortable	zařazení n.: pracovní z.	job position
pohyblivý adj.: p-é schody	escalator	zastavovat se /zastavuji,-eš	stop
pokladna f.	cashdesk	zástupce m. : z. firmy	representative
pomeranč m.	orange	zastupitelství n.: obchodní z.	agency
ponožky pl.	socks	zboží n.	goods
poschodí n.	floor	zde	here
poslat /pošlu, pošleš	send	zima f.: je mi zima	winter; I am cold
potraviny pl.	foodstuffs	zjišťovat/zjišťuji, zjišťuješ	find out
prací adj.:p. prášek	washing powder	zkoušet si /zkouším,-íš	try on
pracovník m.; pracovnice f.	employee	zkusit si/ zkusím si, zkusíš si	try on
prádlo n.	underwear	zmrazený adj.; zmrazené potraviny	frozen foodstuffs
praní n.: prášek na praní	washing powder	známka f.	stamp
prodávat / prodávám,-váš	sell	zpátky: taky máte zpátky	here is your change
prodejna f.	shop	zralý adj.	ripe
prstýnek m.	ring	zub m. ; zubní adj.	tooth
přečíst/přečtu, přečteš	read		

LEKCE 9

A

1

Pavel: Ahoj, Jarko! Co jsi dělala v neděli? Proč jsi s námi nejela na výlet? Čekali jsme na tebe půl hodiny, málem nám ujel autobus. Těšil jsem se, že tě uvidím.

Jarka: Moc mě to mrzí. Byl takový krásný den. Chtěla jsem jet, ale nebylo mi nějak dobře.

P.: A co ti bylo?

J.: Měla jsem asi chřipku, bolela mě hlava, ruce, nohy, prostě celé tělo. A měla jsem rýmu a kašel. Chtěla jsem ti zavolat, že nepojedu, ale nemohla jsem se k tobě dovolat.

P.: A měřila sis teplotu?

J.: Měřila, ale měla jsem jen 37,2.

P.: To ses asi někde trochu nachladila. A byla jsi u doktora?

J.: Ne, vždyť víš, že já doktorům a těm jejich různým práškům a tabletkám moc nevěřím. Raději jsem se léčila bylinkami a vitamíny. Pila jsem lipový čaj s medem a jedla jsem pomeranče a jablka. A už je mi dobře. Nedělej si se mnou starosti.

P.: To jsem rád, že už je ti dobře, ale stejně je škoda, že jsi s námi nejela. Byl to prima výlet. Budeme na něj vzpomínat.

2

Anna: Ahoj, Jano! Prosím tě, co je ti?

Jana: Mně? Proč se ptáš?

Anna: Jsi celá bledá.

Jana: To nic není. Šla jsem včera pozdě spát a dneska mě od rána bolí hlava.

Anna: Tebe taky bolí hlava? Já myslím, že to bude tím počasím.

3 U lékaře.

D.: Další, prosím!

P.: Dobrý den, paní doktorko!

D.: Dobrý den! Tak co vás bolí? Co potřebujete?

P.: Bolí mě v krku a měl jsem včera teplotu.

D.: Tak se posaďte. Otevřete ústa, řekněte "A"! Hm, tak to je pořádná angina. Máte kašel?

P.: Trochu.

D.: Tak si odložte, poslechnu si vás.
(Pacient si svléká kabát.)
... Tu košili si taky svlékněte! Tak, dýchejte zhluboka,... nedýchejte,... zakašlete... To je v pořádku. Oblečte se. Nemáte alergii na antibiotika? Kdy jste je bral naposledy?

P.: Asi před rokem. To jsem měl zápal plic. Alergický na ně nejsem.

D.: Tak tady máte recept. Každé čtyři hodiny si vezměte jeden prášek, a to kloktadlo užívejte třikrát denně po jídle. Pijte hodně vlažného čaje a ležte! A nekuřte! Tady máte neschopenku a přijďte za týden na kontrolu.

P.: Děkuji a na shledanou!

4

D.: Kde vás to bolí?

P.: Tady.

D.: Tohle taky bolí?

P.: Ne, to ne. - Au, to bolí. To je strašná bolest.

D.: Tak to vypadá na slepé střevo. Budete muset do nemocnice. Zatím ležte. Zavoláme hned sanitku.

5

Matka:	Prosím vás, to je pohotovost?
Sestra:	Prosím, co si přejete?
Matka:	Prosím vás, naše Lucinka skočila ze stoličky a má asi něco s nožičkou. Nemůže se na ni postavit a strašně pláče.
Sestra:	Počkejte, to je dítě?
Matka:	Ano, tříletá holčička.
Sestra:	Tak to ale musíte volat na dětskou pohotovost.
Matka:	Prosím vás, můžete mi říct jejich číslo?
Sestra:	231 74 36 nebo 231 87 34.
Matka:	Moc vám děkuji. Na shledanou!
Sestra:	Není zač. Dobrou noc a uklidněte se!

6 V lékárně

Nápisy:

Připravte si manipulační poplatek 1 Kčs.
Výdej léků na předpis.
Prodej léků za hotové.

Magistra:	Tak to antibiotikum berte každé čtyři hodiny 1 tabletu a kloktejte 3x denně.
Zákazník:	Prosím vás, dejte mi ještě aspirin a nějaký bylinkový čaj, třeba mátový. A chtěl bych taky šumivý celaskon.
Magistra:	Prosím, tady to máte. Je to 37 Kčs.
Zákazník:	Promiňte, nemáte něco na spaní a proti bolení hlavy?
Magistra:	Na spaní vám můžu dát jedině noxyron. Ale ten aspirin vám také pomůže. Jinak je všechno na předpis.
Zákazník:	Tak to bude všechno.

7 Selhání srdce, prý parádní.

Kdo to nezná, ať po tom netouží. Pan Černý si ani nestačil skočit domů pro pyžamo, a už ho vezla záchranka na internu. Na nosítkách ho šoupli do pokoje č. 5, a teď tu pendluje mezi EKG, infúzemi, injekcemi, odběry krve, moče, měřením tlaku, rentgeny všeho druhu a hlavně si pochutnává na bohatém sortimentu prášků. Jistě mu hledají další, ještě horší nemoc, proto pátrají po cukru v krvi, bílkovinách v moči, zkoumají žluč a kdoví co ještě.

Ještě že má na pokoji dobrou partu. Vyprávějí se tam vtipy, životní příběhy, a hlavně se dozvíte o zázračné domácí léčbě babičky z Krkonoš a o škodlivosti všech léků. Hrají se karty a šachy, diskutuje se o tom, kdo kdy půjde domů. Včera při vizitě pan primář řekl: "No, tak zítra už můžete vstát a začnete pomaloučku cvičit".

Cvičit... Vy nevíte, co tohle slovo pro maroda znamená. To přijde anděl v podobě rehabilitační pracovnice. Je zajímavé, že tenhle anděl v bílém je vždycky hezká žena. A s ní děláte první krůčky. Vy, bývalí hráči fotbalu, volejbalu, basketbalu a hokeje, a teď se sunete rychlostí želvy. A denně přidáváte, v zájmu svého zdraví. Doufáte, že všechno jednou končí. Čekáte na zázračnou větu: Tak zítra půjdete domů.

Uběhlo mnoho vody. Pan Černý pracuje, chodí, cvičí, běhá, plave, jezdí na kole.... Chválí pohyb, který mu vrací sílu, radost a chuť k životu.

A co vy? Dáváte mu za pravdu?

B

§ 55 SUBSTANTIVUM:Instrumentál pl.

MASKULINUM		FEMININUM		NEUTRUM	
-y	pány	- ami	ženami	- y	městy
-y	hrady	- emi	růžemi	- i	moři
-i	muži	- emi	písněmi	- ími	nádražími
-i	stroji	- mi	kostmi		

Srovnej:
se studenty a se studentkami, se slovníky a s knihami, s autobusy a s tramvajemi, s radostmi a se starostmi, s oceány a s moři, s ulicemi a s náměstími.

Pamatuj: člověk - s lidmi, dítě - s dětmi.

§ 56 ADJEKTIVUM: Instrumentál pl.

S první**mi**	nov**ý**mi	studenty,	studentkami,	městy

§ 57 ten, můj, tvůj, svůj, její, náš, váš: Instrumentál pl.

S **těmi mými**, **tvými**, **svými**, **jejími**, **našimi**, **vašimi** studenty, studentkami a **jejich j**mény.

§ 58 SUBSTANTIVUM:Dativ pl.

MASKULINUM	FEMININUM		NEUTRUM	
-ům pánům	**-ám**	ženám	**-ům**	městům
mužům	**-ím**	růžím	**-ím**	mořím
hradům	**-ím**	písním	**-ím**	nádražím
strojům	**-em**	kostem		

Srovnej:
ke studentům a ke studentkám, k hotelům a k restauracím, k ulicím a k náměstím, k oceánům a k mořím.

Pamatuj: k lidem, k dětem.

§ 59 ADJEKTIVUM: Dativ pl.

k **prvním novým**	studentům, studentkám, městům

§ 60 ten, můj, tvůj, svůj, její, náš, váš: Dativ pl.

k **těm**	**mým, tvým, svým, jejím, našim, vašim** studentům, studentkám, slovům

§ 61 Zájmena JÁ, TY, ON, ONA, ONO, MY, VY, ONI - souhrn:

nominativ:	já	ty	on	ona	ono	my	vy	oni
genitiv:	mě	tebe/tě	jeho/ho/něho/jej/něj	jí/ní	je/ho/ně	nás	vás	jich/nich
dativ:	mně/mi	tobě/ti	jemu/mu	jí/ní	jemu/mu	nám	vám	jim /nim
akuzativ:	mě	tebe/tě	jeho/ho/jej/něj	ji /ni	ho/je/ně	nás	vás	je/ně
lokál:	o mně	tobě	něm	ní	něm	nás	vás	nich
instrumentál:	mnou	tebou	jím/ním	jí/ní	jím/ním	námi	vámi	jimi/nimi

Pamatuj: MI, TI, TĚ, HO, MU nesmí stát na začátku věty a po předložce.

Srovnej:

Dá mi to.	- Mně to nedá.	- Přijde ke mně!
Dá ti to.	- Tobě to nedá.	- Přijde k tobě.
Zná tě.	- Tebe nezná.	- Čeká na tebe.
Vidí ho.	- Jeho nevidí.	- Čeká na něj /něho.
Dá mu to.	- Jemu to nedá.	- Přijde k němu.

Pamatuj:
po předložce zájmena ON, ONA, ONO, ONI mají v genitivu, dativu, akuzativu a instrumentálu na začátku vždy **ň**: bez **něho/něj**, k **němu**, pro **něho/něj**, s **ním**; bez **ní**, k **ní**, pro **ni**, s **ní**; bez **nich**, k **nim**, pro **ně**, s **nimi**. V lokále jsou jenom tyto tvary, protože lokál má vždy předložku: o **něm**, o **ní**, o **nich**.

§ 62 KDO, CO: deklinace.

nominativ:	**kdo**	**co**
genitiv:	**koho**	**čeho**
dativ:	**komu**	**čemu**
akuzativ:	**koho**	**co**
lokál:	**o kom**	**o čem**
instrumentál:	**kým**	**čím**

§ 63 IMPERATIV:

mluvit; oni mluví: MLUV! (Mluvme!) MLUVTE! Ať mluví! Ať mluví!

1. Pamatuj na změnu: Á > A :   vrátit - VRAŤ!
                      OU > U :   koupit - KUP!
                      Í > I (Ě) :   řídit - ŘIĎ! ; pospíšit si - POSPĚŠ SI!

2. Pamatuj na háček u Ď, Ť, Ň: vrať mi to! vraťte mi to!
                                        poraď mi! poraďte mi!
                                        vyplň to! vyplňte to!

opakovat; oni opakují: Opakuj! (Opakujme!) Opakujte! Ať opakuje! Ať opakují!
vstávat; oni vstávají: Vstávej! (Vstávejme!) Vstávejte! Ať vstává! Ať vstávají!
číst; oni čtou: Čti! (Čtěme!) Čtěte! Ať čte! Ať čtou!
poslat; oni pošlou: Pošli! (Pošleme!) Pošlete! Ať pošle! Ať pošlou!

Pamatuj: po skupině konsonantů má imperativ koncovky -i, (-ěme), -ěte; (někdy - eme, -ete po l, ž, ř).

Cvičení 1

ten student	**ti studenti**	**s těmi studenty**

Tvořte podobně:

Učitel:	**1. student:**	**2. student:**
ten kamarád	ti kamarádi	s těmi kamarády
ten pes	ti psi	s těmi psy
ten Rumun	ti Rumuni	s těmi Rumuny
ten Ital	ti Italové	s těmi Italy
ten Rus	ti Rusové	s těmi Rusy
ten Španěl	ti Španělé	s těmi Španěly
ten Američan	ti Američané	s těmi Američany
ten Angličan	ti Angličané	s těmi Angličany
ten Číňan	ti Číňané	s těmi Číňany
ten doktor	ti doktoři	s těmi doktory
ten profesor	ti profesoři	s těmi profesory
ten Maďar	ti Maďaři	s těmi Maďary
ten Bulhar	ti Bulhaři	s těmi Bulhary
ten Čech	ti Češi	s těmi Čechy
ten hoch	ti hoši	s těmi hochy
ten Polák	ti Poláci	s těmi Poláky
ten Slovák	ti Slováci	s těmi Slováky
ten dělník	ti dělníci	s těmi dělníky
ten obchodník	ti obchodníci	s těmi obchodníky
ten cizinec	ti cizinci	s těmi cizinci
ten Japonec	ti Japonci	s těmi Japonci
ten Němec	ti Němci	s těmi Němci
ten lékař	ti lékaři	s těmi lékaři

Cvičení 2

S kým?

kamarád	s těmi kamarády	kamarádka	s těmi kamarádkami
Učitel:	**Student:**	**Učitel:**	**Student:**
prášek	s těmi prášky	kniha	s těmi knihami
Čech	s těmi Čechy	Češka	s těmi Češkami
voják	s těmi vojáky	tabletka	s těmi tabletkami
delegát	s těmi delegáty	pilulka	s těmi pilulkami
lék	s těmi léky	tramvaj	s těmi tramvajemi
doktor	s těmi doktory	doktorka	s těmi doktorkami
pacient	s těmi pacienty	pacientka	s těmi pacientkami
inženýr	s těmi inženýry	inženýrka	s těmi inženýrkami
dolar	s těmi dolary	marka	s těmi markami
rubl	s těmi rubly	libra	s těmi librami
město	s těmi městy	jablko	s těmi jablky
slovo	s těmi slovy	to místo	s těmi místy
auto	s těmi auty	kolo	s těmi koly
okno	s těmi okny	město	s těmi městy
klíč	s těmi klíči	skříň	s těmi skříněmi
láhev	s těmi láhvemi	starost	s těmi starostmi
člověk	s těmi lidmi	dítě	s těmi dětmi

Cvičení 3

a/ S kým jsi šel?   **- Šel jsem s kamarády.**

Tvořte podobně:
studenti, kluci, novináři, cizinci, úředníci, obchodníci, delegáti, ekonomové, Rusové, Němci, Angličané, Irové, inženýři, Češi, poslanci, herci; kamarádky, holky, cizinky, novinářky, úřednice, sekretářky, Rusky, Češky, Američanky, Italky, Irky, studentky, děti, lidé, přátelé.

b/ S kým jste mluvila?

Používejte stejná slova.

Cvičení 4

S kým jste tam šel?   **- Šel jsem tam s českými kamarády.**

Vybírejte vhodná adjektiva nebo přivlastňovací zájmena: český, náš, americký, japonský, nový, ruský, německý, malý, mladý, hezký, sympatický, cizí, jejich, tvůj, svůj, váš. Použijte substantiva z cvičení 2.

Cvičení 5

Čím se kde platí? *(Německo)*   **- V Německu se platí markami.**

Tvořte podobně:
Británie, USA, Praha, Francie, Rakousko, Rusko, Kanada, Itálie, Maďarsko.

Cvičení 6

a/ S čím / s kým lidé cestují? *(kufr)*   **- Lidé cestují s kufry.**

Tvořte podobně: pas, taška, zavazadlo, batoh, přítel, rodina, děti, psi, šek, cestovní kancelář.

b/ Čím lidé cestují? *(auto)*   **- Lidé cestují auty.**

Tvořte podobně: letadlo, autobus, vlak, mezinárodní rychlík, tramvaj, parník, taxík.

c/ Čím se lidé léčí? *(injekce)*   **- Lidé se léčí injekcemi.**

Tvořte podobně: bylinkový čaj, tabletka, prášek, léčivý sirup, vitamin, obklad, vodní masáž, léčivá minerálka, rehabilitační cvik.

d/ S čím si děti hrají? *(autíčko)*   **- Děti si hrají s autíčky.**

Tvořte podobně: dřevěný vláček, chodící panenka, barevná kostka, gumový míč, nafukovací balónek, plyšový medvídek, mechanická hračka, moderní stavebnice,

Cvičení 7

ten můj český kamarád	**ti moji čeští kamarádi**	**k těm mým českým kamarádům**
Učitel:	**1. student:**	**2. student**
ten tvůj německý přítel	ti tvoji němečtí přátelé	k těm tvým německým přátelům
ten její nový student	ti její noví studenti	k těm jejím novým studentům
ten náš starý profesor	ti naši staří profesoři	k těm našim starým profesorům
ten váš velký syn	ti vaši velcí synové	k těm vašim velkým synům
ten náš nový recept	ty naše nové recepty	k těm našim novým receptům
ten váš moderní počítač	ty vaše moderní počítače	k těm vašim moderním počítačům
ta vaše malá vnučka	ty vaše malé vnučky	k těm vašim malým vnučkám
ta moje starší sestra	ty moje starší sestry	k těm mým starším sestrám
ta tvoje česká učebnice	ty tvoje české učebnice	k těm tvým českým učebnicím
ta její letní sukně	ty její letní sukně	k těm jejím letním sukním
to naše těžké zavazadlo	ta naše těžká zavazadla	k těm našim těžkým zavazadlům
to vaše nudné cvičení	ta vaše nudná cvičení	k těm vašim nudným cvičením

Cvičení 8

a/ Ke komu půjdete na návštěvu? *(moji čeští přátelé)*   **- Ke svým českým přátelům.**

Tvořte podobně:
moji rodiče, naši kamarádi, ty tvoje kamarádky, čeští studenti, anglické studentky, kanadští přátelé, její rodiče, moje děti, naši čeští učitelé.

b/ Komu napíšete pozdrav z Prahy? *(moji čeští přátelé)* **- Napíšu pozdrav svým českým přátelům.**

c/ Komu zatelefonujete? *(moji čeští přátelé)*   **- Zatelefonuji svým českým přátelům.**

(Použijte výrazy z cvičení 8 a.)

Cvičení 9

Čemu nerozumíte? *(to dlouhé české slovo)*   **- Nerozumím těm dlouhým českým slovům.**

Tvořte podobně:
ten složitý problém, ten váš názor, ten písemný vzkaz, ta jejich otázka, ten slovenský nápis, to obchodní jednání, ten nový předpis, to gramatické pravidlo, autobusový jízdní řád, jeho rada a instrukce, český jídelní lístek, telefonní účet, poplatek za elektřinu.

Cvičení 10

Komu / čemu se vyhýbáte? *(špatní kamarádi)*   **- Vyhýbám se špatným kamarádům.**

Tvořte podobně:
drogy, velké dluhy, skinhedi, veksláci, špinavé restaurace, auta, opilci, zloději, zbytečné hádky, nudní lidé, dlouhé diskuse, tmavé ulice, zbytečné pokuty, vysoké daně.

Cvičení 11

Komu blahopřejete?*(moji kamarádi k svátku)*   **- Blahopřeji svým kamarádům k svátku.**

Tvořte podobně:
spolupracovníci - k úspěchu, sportovci - k vítězství, rodiče - k výročí svatby, děti - k narozeninám, kolegové - k Novému roku, obchodní partnéři - k vánocům, maminky - k svátku matek.

Cvičení 12

Pracujte ve dvojicích, ptejte se jeden druhého. Odpovídejte podle daného vzoru, ale vybírejte vhodné objekty podle smyslu:

Komu pošlete pozdrav z Prahy?   **- Svým rodičům.**

Komu často telefonujete? Čemu se vyhýbáte? Komu napíšete? Komu se omluvíte? Komu pošleš telegram? Komu koupíte dárek? Komu dáte hodně úkolů? Komu se vyhýbáte v Praze? Čemu nerozumíte? Čemu věříte? Komu věříte? Komu pomáháte? Komu poradíte? Komu blahopřejete? Čemu se divíte v Praze? Proti čemu protestujete? Čemu nevěříte?

Cvičení 13

Čemu dáváte přednost, detektivkám nebo hororům? - Dávám přednost detektivkám před horory.

Ptejte se a odpovídejte podobně:
opery nebo balety, německá auta nebo francouzská auta, japonské počítače nebo americké počítače, romány nebo krátké povídky, komedie nebo psychologické filmy, francouzská vína nebo moravská vína, houskové knedlíky nebo brambory, zeleninová jídla nebo masitá jídla, české restaurace nebo čínské restaurace, výstavy nebo koncerty, procházky nebo výlety.

Cvičení 14

Reagujte podle vzoru: **Slyšel jsi mě?**   **- Tebe? Ne, neslyšel jsem tě.**

Tvořte podobně:
poslouchat, vidět v televizi, poznat na fotografii, hlasovat pro, koupit to pro, zaplatit za, čekat na, dívat se na, bát se o. Střídejte zájmena ho, (jeho, něho/něj), ji (ni), je (ně).

Cvičení 15

Komu psal? Mně?   **- Ne, tobě nepsal.**

Tvořte podobně: telefonovat, posílat pozdrav, blahopřát, poděkovat, nechat vzkaz, dát pokutu, jít na návštěvu k, hlasovat proti, jet k.

Střídejte zájmena jemu (němu, mu), jí (ní), jim (nim).

Cvičení 16

mluvit o tom filmu
a/ Mluvili o tom filmu?   **- Ne, nemluvili o něm.**

Tvořte podobně:
psát o těch daních, informovat o té konferenci, vyprávět o tom zájezdu, hlasovat o té rezoluci, referovat o tom jednání, diskutovat o volbách, jednat o těch podmínkách, psát o té válce, být v tom parku, bydlet v tom domě, sedět v té vinárně, pracovat v té továrně, psát na tom stroji.

b/ Mluvili jste o tom filmu?   **- Ne, nemluvili jsme o něm.**

Tvořte podobně a používejte výrazy z cvičení l6 a. Pracujte v malých skupinách a ptejte se vzájemně.

Cvičení 17

Odpovídejte podle daného vzoru. Pracujte v malých tří až pětičlenných skupinách a ptejte se jeden druhého a rozvíjejte odpovědi.

a/ Mluvil jsi s Petrem?   **- Ne, nemluvil jsem s ním, protože ....**

Byl jsi tam s Helenou? Šel jsi s kamarády do kina? Jednal jsi s těmi delegáty? Setkal ses s tím inženýrem? Bydlela jsi s tou Francouzkou? Pracoval jsi s počítačem? Zastavil jsi před restaurací? Zaparkoval jsi vůz před hotelem? Mluvil jsi s jejími rodiči? Rozloučila ses s Petrem? Setkala ses s maminkou?

b/ *Jela jsi tím autobusem?*   **- *Nejela, protože ....***

(Všimněte si, že v tomto cvičení nemůžete použít zájmeno v instrumentálu). Jela jste tou tramvají? Platil jste tím šekem? Psala jsi tím perem? Čistila sis zuby tou pastou? Utírala ses tím ručníkem? Myla sis vlasy tím šampónem? Platila jste tisícikorunou? Léčila ses někdy penicilinem?

Cvičení 18

Uvedená spojení obměňujte podle vzoru.

Vzor a/ *Musíš mluvit hlasitě.*   **- *Ty taky mluv hlasitě!***

Tvořte podobně:

mluvit potichu, mluvit pomalu, opravit chyby, spravit to, učit se, připravit si věci, pověsit si kabát, vytočit číslo, položit sluchátko, zavěsit, uvařit kávu, učit se každý den, připravit si věci, posadit se, odložit si kabát, sedět rovně, chodit na procházku, poradit Petrovi, vyplnit přihlášku, zaplatit za lístek, učit se česky, mlčet.

Vzor b/: *mluvit hlasitě*   **- *Prosím tě, mluv česky! Proč nemluvíš česky?***

Vzor c/: *mluvit hlasitě*   **- *Mluvte hlasitě! - Vy taky mluvte hlasitě!***

Vzor d/: *mluvit hlasitě*   **- *Prosím vás, mluvte hlasitě! Proč nemluvíte hlasitě?***

Cvičení 19

Uvedená spojení obměňujte podle vzoru.

Vzor a/: *vstávat*   **- *Musíš vstávat. Vstávej!***

spěchat, rychle snídat , pospíchat do školy, poslouchat rádio, říkat pravdu, dívat se na televizi, správně odpovídat, dávat pozor, dělat úkoly, obouvat se, doma se přezouvat, teple se oblékat, zeptat se učitele, hledat klíče, utíkat, volat o pomoc, čekat u vchodu, udělat snídani, zeptat se na cestu.

Vzor b/: *vstávat*   **- *Řekni mu/jí, ať vstává.***   **- *Vstávej!***

Vzor c/: *vstávat*   **- *Proč nevstáváš? Vstávej!***   **- *Ty taky vstávej!***

Vzor d/: *vstávat*   **- *Proč nevstáváte? Vstávejte!***   **- *A proč máme vstávat?***

Vzor e/: *vstávat*   **- *Řekni ...., ať vstává.***   **- *.........., prosím tě, vstávej!***

Doplňujte křestní jména v dativu a vokativu. Např. Richard: Řekni Richardovi, ať vstává. - Richarde, prosím tě, vstávej!

Vzor f/: *vstávat -*

Požádejte pana(paní,slečnu)......., aby vstával/a.   **- *Pane(paní, slečno)....., prosím vás, vstávejte!***

Doplňujte příjmení v akuzativu a vokativu. Např.: Požádejte pana Zemana, aby vstával. - Pane Zemane, prosím vás, vstávejte! Posluchači si vzájemně dávají úkoly.

Cvičení 20

Řekněte svému příteli/své přítelkyni,
a/
že má vstávat, spěchat, rychle snídat, oblékat se, pravidelně obědvat, dělat úkoly, udělat snídani, dát talíře na stůl, podat vám sůl, čekat na vás u vchodu, vždycky pečlivě zamykat, zítra vám zavolat, utíkat. Pracujte ve dvojicích a střídavě si dávejte úkoly.

Příklad: *Karle, vstávej, prosím tě!*

b/
že nemá tolik spěchat, nikomu otvírat, dělat zbytečné chyby, dělat nepořádek, snídat ve stoje, volat pozdě večer, zvedat těžký kufr, otvírat skříň, nechávat otevřené okno, nechávat klíč ve dveřích, nechávat téct vodu v koupelně, zapomínat zhasnout v koupelně, zapomínat vypnout rádio, zapomínat si doma klíče. Pracujte ve dvojicích a střídavě si dávejte úkoly.

Příklad: *Karle, nespěchej tolik!*

Cvičení 21

Řekněte Honzíkovi, Janičce, Markétce, Helence, Pavlíkovi, Tomášovi, Evičce, Aničce, Zuzance, Kačence, Natálce, Martinovi, Michalovi

a/

že má běhat, spěchat, odpovídat hlasitě, říkat říkanku, zazpívat písničku, dávat pozor, utíkat, oblékat se, obouvat se, pomáhat mamince, poděkovat, opakovat to slovo, dobře vyslovovat, malovat si;

b/

že nemá plakat, utíkat, dělat nepořádek, nikomu otvírat, otvírat okno, opakovat to, kupovat si čokoládu, malovat na zeď.

Cvičení 22

Vzor a/: **přečíst ten dopis**   **- Přečti ten dopis!**

Tvořte podobně:

přečíst ten článek, zvednout ten kufr, zvednout sluchátko, zapnout televizi, vypnout rádio, zavřít dveře, otevřít okno, utřít tabuli, utřít nádobí,vzít si jablko, rozepnout si kabát, zapnout si bundu, vyhnout se autu, zahnout doleva, zahnout doprava, vypnout televizi, zhasnout světlo, začít se učit, začít pracovat, pozvat svou kamarádku, čistit si boty.

Vzor b/: **přečíst ten dopis**   **- Přečtěte, prosím vás, ten dopis! - Tak dobře, já ho přečtu.**

Cvičení 23

Vzor a/: **mluvit hlasitě**   **- Mluv, prosím tě, hlasitě.**

Tvořte podobně:

mluvit pomalu, sedět, ležet, mlčet, učit se česky, vrátit se brzy, rozsvítit, držet se, nastoupit, vystoupit, přestoupit, koupit noviny, poradit Petrovi, pospíšit si, vyplnit složenku, doprovodit Helenu domů, nakoupit minerálku, navštívit Petra, poradit Ireně, vyřídit to Petrovi, podržet to, řídit opatrně, učit se česky, rychle přecházet, dávat pozor na cestu, zavolat Petrovi, změřit si teplotu, užívat pravidelně léky, vypravovat o svém výletu, napsat o tom podrobnou zprávu.

Vzor b/: **mluvit hlasitě**   **- Mluvte, prosím vás hlasitě! - Proč mám mluvit hlasitě? - Protože..........**

Vyberte vhodnou odpověď:

protože já špatně slyším; protože mě bolí hlava; protože právě svítí zelené světlo; protože už je pozdě; protože je špatně vidět; protože je to zajímavé; protože lépe poznáte naši zemi; protože voda z kohoutku není dobrá; protože nevypadáte dobře; protože tu jezdí auta; protože je velká mlha; protože je nemocný; protože je to velmi důležité; protože neví, co má dělat; protože chce s vámi mluvit; protože špatně rozumím česky; protože jinak upadnete; protože pojedeme touhle tramvají; protože je tam televizní program; protože tady je konečná stanice; protože jinak nám ujede vlak; protože tahle tramvaj tam nejede; protože musíte ty peníze zaplatit na poště; protože dívka nemůže jít v noci domu sama; protože jinak se nevyléčíte.

Cvičení 24

Najděte ve slovníku, co to znamená:

Nemaluj čerta na zeď! Nekupuj zajíce v pytli! Nechoď kolem horké kaše! Nehas, co tě nepálí! Neříkej hop, dokud nepřeskočíš! Nechval dne před večerem! Dvakrát měř, jednou řež!

Cvičení 25

Opakování rozkazovacích tvarů různých běžných sloves)

Uvedená spojení obměňujte podle daného vzoru.

Vzor a: **Pověz mu to!**   **- Pověz mu to raději ty!**

Pomoz mu! Dojeď tam! Přijeď zítra! Začni číst! Přijď zítra! Přestaň kouřit! Dojdi tam v pondělí! Vezmi si klíč! Sněz ten koláč! Odnes to do čistírny! Přines prádlo z prádelny! Pozvi ho! Vrať to do knihovny! Ukaž mu to! Zavaž mu tu ránu! Stůj u východu! Půjč mu sto korun! Odpusť mu to! Vyplň tu přihlášku! Zaplať činži! Jdi spát! Jdi první! Kup dnešní noviny! Jeď vlakem! Jeď autobusem!

Vzor b: **Povězte mu to!**   **- Povězte mu to raději sám/sama!**

Cvičení 26

Požádejte kamaráda, ať otevře okno.

Vzor: Prosím tě, otevři okno!

(ať zavře dvéře, ať odemkne, ať zamkne, ať rozsvítí, ať zhasne, ať uklidí koupelnu, ať umyje nádobí, ať uvaří kávu, ať zaplatí činži, ať vám to promine).

Cvičení 27

Co říká paní bytná, když chce, abyste vždycky zamykali dveře?

Vzor: Prosím vás, zamykejte vždycky dveře!

Tvořte podobně:
když chce, abyste před odchodem zavírali okna, abyste zhasínali světlo v předsíni, abyste si čistili boty, abyste se přezouvali v předsíni, abyste netelefonovali do ciziny, abyste po dvanácté hodině vypnuli rádio a televizi, abyste nezvali cizí lidi do bytu. Jaké jiné prosby má vaše bytná?

Cvičení 28

Co poradíte kamarádovi, který právě přijel do Československa?

Příklad: **Peníze si vyměň v bance a vyhýbej se vekslákům.**

Jaké jiné rady mu/jí dáte? (Např.: co si má prohlédnout, kam se má jít podívat, kde se může dobře najíst a pod.)

Cvičení 29

a/

- Není mi nějak dobře.	- A co ti je?
- Bolí mě hlava.	- A máš teplotu?
- Ano, 37,5.	- Nechceš aspirin?

Reprodukujte dialog a nahrazujte výrazy: on, ona; v krku, celé tělo, žaludek, v zádech, v uchu; 38,2; 37,4; 37,7; 38,5; 39,2; neměl /a bys jít k doktorovi, nechceš si jít lehnout.

b/

- Tak co vás bolí?	- ....
- Měl jste teplotu?	- ....
- Odložte si, prohlédnu vás.	

c/

- Ukažte, kde vás to bolí.	- ....
- To vypadá na zlomenou ruku. Pošlu vás na rentgen.	

Reprodukujte dialog a nahrazujte výrazy: zlomená noha, slepé střevo, žlučník, ischias, vymknutý kotník, zánět ledvin, žloutenka; nemocnice, odborné vyšetření, sedimentace, rozbor krve.

Cvičení 30

Předvádějte, co máte dělat, když vám lékař řekne: posaďte se; otevřete ústa; vyplázněte jazyk; kloktejte; uklidněte se; nedýchejte; dýchejte zhluboka; zakašlete; zvedněte pravou ruku; předkloňte se; odložte si; položte se; zavřete oči; oblečte se.

Cvičení 31

Spojte výrazy, které k sobě patří:

Musíte zavolat	na spaní.
Změřila jsem si	antibiotika.
Dejte mi něco	lékaře.
Mám alergii na	rentgen.
Byla u	teplotu.
Pošlu vás na	pohotovost.

Cvičení 32

Odpovídejte! Kdy si kupujete prášky proti bolení hlavy? - Když mě bolí hlava.

Ptejte se, odpovídejte a nahrazujte výrazy: na spaní, proti bolesti, nosní kapky, kapky proti kašli, vitaminy, oční kapky, živočišné uhlí, aspirin.

Cvičení 33

Poraďte příteli/přítelkyni, co má dělat, když ho/ji bolí hlava, záda, žaludek, v krku, oči, zub, noha, ruka, kotník, když nemůže spát, když má průjem, když má rýmu, kašel, vysokou teplotu, zvýšenou teplotu.

Příklad:

Prosím tě, poraď mi, co mám dělat. Strašně mě bolí v uchu. - V uchu? Já nevím, ale zkus si dát studený obklad na ucho a vzít si aspirin. Když tě to nepřejde, musíš jít ráno k doktorovi.

Cvičení 34

Podívejte se na obrázky a řekněte, co koho bolí.

Cvičení 35

Inscenujte dialog dvou přátel:
A. lituje, že jeho přítel /přítelkyně nemohla jet na výlet, jít do kina, jít na diskotéku, jít na večeři atd;
B. se omlouvá a zdůvodňuje to zdravotními potížemi. Použijte výrazy: těšit se na co, to je škoda, bohužel, naštěstí.

Cvičení 36

Napište svému českému příteli dopis s omluvou, proč jste ho nemohl přijet navštívit (uveďte zdravotní důvody).

Cvičení 37

Souhlasíte nebo nesouhlasíte s těmito názory? Vyplňte dotazník. Pak se zeptejte svého spolužáka, jaký má na to názor.

	Souhlasím.	Nesouhlasím.	Nevím.
Když je mráz, tak není dobře chodit ven.			
Když máš chřipku, pomůže ti antibiotikum.			
Sportovat můžeš v každém věku.			
Alkohol může být i lékem.			
Každý lék nejraději zapij mlékem.			
Když máš jenom zvýšenou teplotu, nemusíš ležet.			
Nejzdravější je raná zelenina ze skleníků.			
Všechno, co vám chutná, je zdravé.			

Cvičení 38

Přečtěte doma článek A7. Která slova jste nenašli ve slovníku? Pobesedujte na téma článku A 7.

Přeji vám všechno nejlepší a hlavně dobré zdraví!

Nová slova:

alergie f.;alergický adj.	allergy;allergic	jinak	otherwise
ručník m.	towel	kapky pl.	drops
angina f.	tonsillitis	kašel m.; kašlat/kašlu,-eš	cough
antibiotikum n.	antibiotic	karta f.: peněžní k.	credit card
aspirin m.	aspirin	kloktadlo n.	gargle
bledý adj.	pale	kloktat/kloktám,-áš	gargle
bolení n.;bolest f.	ache; pain	kolega m.	colleague
bylina f.;bylinka f.; -ový	herb; herbal	komedie f.	comedy
denně	daily	kontrola f.	examination
dřevo n.;dřevěný adj.	wood; wooden	kost f.	bone
důležitý adj.	important	kostka f.	cube
dýchat/dýchám, -áš	breathe	krádež f.	theft
ekonom m.	economist	krájet/krájím, -íš	cut
grep m.	grapefruit	krev f.	blood
guma f.;gumový adj.	rubber	krk m.: bolí mě v krku	neck; I've a sore throat
hádka f.	quarrel	kronika f.: černá k.	crime and accident column
hlasovat/hlasuji, -eš	vote	léčit se; léčím, léčíš	cure
holčička f.	little girl	léčivý adj.	curative
holinky pl.	boots	ledviny pl.	kidneys
hořet/hoří	be on fire	lék m.	medicine
horor m.	horror	lékárna f.	pharmacy
hotový adj.:prodej za hotové	cash sale	lektor m.	teacher
hůl f.	stick	ležet/ležím, ležíš	lie
chřipka f.	flu	lipový adj.: lipový čaj	linden infusion
chybět:co ti chybí	miss; what's wrong with you?	magistr m.; magistra f.	pharmacist/m.,f.
informovat/informuji,-ješ	inform	malovat si/maluji,-eš	draw, paint
injekce f.	injection	masáž f.	massage
instrukce f.	instruction	máta f.; mátový	mint
ischias m.	schiatica	měřit si/ měřím, měříš	measure
jedině	merely	mechanický adj.	mechanical
jednat se: jedná se o čem; o co se jedná	be on the agenda what's the matter	mlčet/mlčím, mlčíš	be silent

mlha f.	fog
mráz m.	frost
mrzet: mrzí mě to	I'm sorry
mýt (se, si)/myji, myješ	wash
nachladit se/nachladím,-íš	catch cold
nádobí n.	dishes
naposledy	last time
narozeniny pl.	birthday
nastydnout(se)/nastydnu, -eš	catch cold
názor m.	opinion
nechávat/nechávám, -áš	leave; let
nemoc f.	disease
nemocnice f.	hospital
nenávidět/nenávidím, -íš	hate
nepořádek m.	mess
neschopenka f.	sick note
nikdo	nobody
noha f.; nožička f.	foot, leg
nos m.; nosní adj.	nose
nudný adj.	boring
obklad m.	compress
obléci (se)/obleču,-eš	
*oblékat/oblékám,-áš	get dressed
obouvat se/obouvám,-áš	put shoes on
odemknout/odemknu,-eš	unlock
odnést/odnesu,-eš	take away
odpustit/odpustím,-íš	pardon
říkanka f.	children's rhymes
omluvit se/omluvím,-íš	apologize
onemocnět/onemocním,-íš	fall ill
opravit/opravím, -íš	repair, check
otevřít/otevřu, otevřeš	
*otvírat,/otvírám	open
památka f.	monument
pamětihodnost f.	sight
panenka f.	doll
parník m.	steamer
pečlivý adj.; pečlivě	careful; carefully
pilulka f.	pill
písemný adj.	written
plakat/pláču, pláčeš	cry
plíce pl.	lungs
plyšový adj.	plush
pneumatika f.	tire
podmínka f.	condition
podrobný adj.	detailed
pohotovost f.	emergency
politika f.;politický	politics
pomáhat/pomáhám,-áš	help
poplatek m.	fee
pořádný adj.: -á (angina)	thorough
poslechnout/poslechnu, -neš	listen to
pospíšit si/pospíším,-íš	hurry up
postavit se /postavím, -víš	stand
potichu	silently
pověsit(si)/pověsím,-íš	hang
povídka f.	short story
poznat/poznám,-áš	recognize
pozor m.;dávat pozor	attention; pay attention
požár m.	fire
prášek m.	pill
pravidelně	regularly
pravidlo n.	rule
prodej m.	sale
prostě	simply
průjem m.	diarrhoea
průvodce m.	guide; guide book
předklonit se/předkloním,-íš	bend forward
přednost f.	advantage
předpis m.	prescription
přecházet/přecházím,-íš	cross
přepadení n.	assault
přinést/přinesu,-eš	bring
připravit/připravím,-íš	prepare
recept m.	prescription
referovat/referuji/-eš	refer
rezoluce f.	resolution
rozepnout si/rozepnu,-neš	unfasten
rozloučit se/rozloučím,-íš	say good-bye; take leave
rozsvítit/rozsvítím,-íš	switch on (the light)
rozepnout	unfasten
rubl m.	rouble
rýma f.	runny nose
sanitka f.	ambulance
sedimentace f.	sedimentation (blood analysis)
sirup m.	syrup
skleník m.	glass-house
skočit/skočím, skočíš	jump
složenka f.	money receipt
složitý adj.	complicated
snídat/snídám,-áš	have breakfast
spaní n.	sleeping
spolupracovník m.	colleague
spravit/spravím,-íš	repair
stavebnice f.	construction set; legos
střevo n.; zápal slepého -a	appendicitis
stolička f.	stool
svatba f.	wedding
svátek m.	holiday
svítit/svítím,-íš	light, shine
svlékat se/si /svlékám, -áš	undress, take off
škoda f.; to je škoda	It's a pity
tabletka f.	pill
tělo n.	body
téct/teče(voda)	run
teplota f.	temperature
uklidnit se/uklidním,-níš	calm down
upadnout/upadnu,-eš	fall down
ústa pl.	mouth
utíkat/utíkám,-áš	run
utírat se/utírám,-áš	dry
užívat/užívám, užíváš	use
věřit/věřím, věříš	believe
vlažný adj.	lukewarm
vyhnout se/vyhnu,vyhneš	get away from, avoid
vyhýbat se/vyhýbám,-áš	avoid
vyléčit(se)/vyléčím,-íš	cure
vypadat: to vypadá na ...	it looks like ..
vypláznout/vypláznu,-eš:v. jazyk	stick out the tongue
vždyť	Oh!
záda pl.	back
zakašlat/zakašlu, zakašleš	cough
zánět m.; zápal m.	inflammation
zhluboka : dýchat	deep (breath)
změřit(si)/změřím, změříš	measure

LEKCE 10

A

1 Interview redaktorky časopisu Evropská žena s paní Svobodovou z Prahy.

R. : – Paní Svobodová, čtenáře našeho časopisu by zajímalo, jak žijí ženy v Československu. Dovolte, abych vám položila několik otázek.

S. : – Prosím, ptejte se, ale to víte, jsem jenom obyčejná žena.

R. : – Jak vypadá váš všední den?

S. : – Chodím do práce, a tak vstávám už v šest hodin, protože připravuji snídani pro celou rodinu a vypravuji naši malou Ivanku do školky. Potom jdu do práce. Naštěstí pracuji blízko, takže nemusím jezdit žádnými dopravními prostředky. Pracuji jako účetní v jednom podniku, dělám do půl čtvrté. Cestou domů chodím pro Ivanku do školky (ráno ji tam vodí můj syn). Po cestě nakupuji, potom dělám večeři, po večeři myji nádobí ...

R.: – Díváte se často na televizi?

S.: – Na televizi se ve všední den nedívám. Chci si s dětmi popovídat o jejich starostech a radostech, o známkách ve škole, o jejich malých i velkých problémech. A pak už je čas, aby šly spát.

R.: – Pomáhají vám děti?

S.: – Abych řekla pravdu, tak moc ne. Jedině naše malá Ivanka mi utírá nádobí nebo mi pomáhá při vaření. To máte tak: starší dcera studuje na gymnáziu, chodí na tenis, na kytaru a na angličtinu a syn je ve třetím ročníku na lékařské fakultě.No a ještě třikrát týdně hraje fotbal a v zimě jezdí na hory lyžovat.

R.: – A váš muž vám nepomáhá?

S.: – Víte, mám moc hodného muže. Rád by mi pomáhal, kdyby byl víc doma. Ale od pondělka do pátku většinou jezdí po montážích a v sobotu spravuje to, co se během týdne v domácnosti rozbilo. To je naštěstí jeho koníček. Má zlaté ruce, se vším si ví rady, všechno spraví.

R.: – A jak trávíte víkendy?

S.: – V sobotu peru, žehlím a uklízím. A když vyperu, vyžehlím a uklidím, tak si nejraději sednu do křesla a udělám si chvilku pro sebe. Když je hezky, chodí manžel s Ivankou na hodinku do parku, a já mám trochu klid. Večer někdy chodíme do kina nebo se díváme na televizi. Chatu nemáme, v neděli obyčejně jezdíme k babičce na venkov. Je tam krásně v zimě i v létě.

R.: – Máte nějaké koníčky?

S.: – Ráda šiju a pletu.

R.: – Co si myslíte o emancipaci žen?

S.: – ....

2

M.: – Co budeme dělat v sobotu a v neděli? Nechceš jít někam do kina? Nemám koupit nějaké lístky, Lindo?

L.: – Abych řekla pravdu, Martine, moc se mi nechce. Víš, já po těch všech knedlíkách, houskách, smažených řízkách, pivech, zmrzlinových pohárech, dortech, buchtách a jiných moučníkách potřebuji nějaký pohyb. Ty nemáš takový pocit?

M.: – Teď když začíná zima, tak je to nejhorší. Venku často prší, je tam zima, a tak člověk tráví hodně času v restauracích, kavárnách a cukrárnách.

L.: – A tloustne a tloustne. Už to dál nejde.

M.: – Ale co chceš dělat? V blátě a dešti? Copak můžeš hrát třeba volejbal v rukavicích? Jak chceš vypotit ta kila, nabraná po knedlíkách, řízkách a pivech?

L.: – A co kdybychom si šli někam zaplavat?

M.: – To není špatný nápad. Říkal nedávno Robert, že ví o nějakých pěkných plaveckých bazénech. A není prý to daleko odtud. Zavoláme mu, ať nám poradí.

3

– (Crrrrrrrrrrrrr). - Ahoj, Heleno! Tady Tom. Nechceš jít do kina?

– Nazdar, Tome. To je prima, že voláš. Jak se máš?

– Ujde to. Tak co, šla bys?

– To víš, že bych s tebou ráda šla, ale já si zrovna myju hlavu....

– No tak až si ji umyješ, tak půjdeme.

– Pak si ji musím ještě sušit, přece v takové zimě nemůžu jít s mokrou hlavou ven. A až si ji usuším, tak musím ještě uklízet koupelnu. A než ji uklidím, to bude trvat dlouho.

– A nešla bys se mnou zítra?

– Zítra by to normálně šlo, ale já jsem mámě slíbila, že půjdu s ní navštívit babičku. Je nemocná a je teď sama, tak tam musím jít.

– A co v neděli, to bys nemohla?

– V neděli? To bych mohla, počkej moment, já se podívám do kalendáře. Jé, to je škoda, já jdu v neděli někam s partou ze školy. Víš co, necháme to na jindy a určitě mi zase zavolej.

– Hm, tak ahoj.

4

Kdybych mohla, vzala bych do náručí všechny děti ze zemí, kde se střílí a vraždí, a utěšila bych jejich bolest a pláč. Kdybych mohla, postavila bych všechny diktátory mimo zákon a vyvezla je na pustý ostrov. Kdybych mohla, ustanovila bych jako hlavní zákon společnosti: Nezabiješ! Kdybych mohla, snažila bych se dosáhnout toho, aby tento zákon platil vždy a všude.

B

§ 64 SUBSTANTIVUM: lokál pl.

ROD	tvrdý konsonant feminina na > a neutra na > o	měkký konsonant feminina na > e neutra na > e, > í
MASKULINA	- ech	- ích
FEMININA	- ách	- ích
NEUTRA	- ech	- ích

Pamatuj:

1. čeština nemá ráda skupinu hlásek **HE, CHE, KE, GE.** Proto u substantiv končících na **h,ch, k, g** není koncovka **-ech**, ale **-ách**, nebo **-ích**: o knedlíkách, o řízkách, o kolegách (o vlacích, o dluzích, o kolezích); v balíčkách (v balíčcích).

2. o radostech, o starostech, o lidech, o dětech.

§ 65 ADJEKTIVUM: lokál pl.

> o **nových   moderních**   (mužích, ženách, městech)

§ 66 ZÁJMENO: lokál pl.

> o **těch   mých/ tvých/ jejích/ našich/   vašich** (problémech)

Pamatuj: jeho, jejich své tvary nemění: o **jeho / jejich** (problémech).

§ 67 Sloveso: perfektivní a imperfektivní; (vid dokonavý a nedokonavý)

a/Formální rozdíl:

bez předpony	s předponou	změna přípony:	
	vy-	- it	> - ovat
	u-	- it	> - et
	na-	- et	> - at
	za-	- ít	> - at
	pře-	- nout	> - at
	po-	- t	> - at
	z-	- át	> - ávat

Srovnej:

prát	vyprat	koupit	kupovat
žehlit	vyžehlit	nakoupit	nakupovat
čistit	vyčistit	nastoupit	nastupovat
fotografovat	vyfotografovat	vystoupit	vystupovat
vařit	uvařit	navštívit	navštěvovat
mýt	umýt	rozsvítit	rozsvěcovat
sušit	usušit	uklidit	uklízet
psát	napsat	hodit	házet
kreslit	nakreslit	doprovodit	doprovázet
malovat	namalovat	ztratit	ztrácet
volat	zavolat	probudit se	probouzet se
číst	přečíst	odpovědět	odpovídat
děkovat	poděkovat	povědět	povídat
učit se	naučit se	zavřít	zavírat
ptát se	zeptat se	otevřít	otvírat
končit	skončit	utřít	utírat
čekat	počkat	začít	začínat
jíst	najíst se	zvednout	zvedat
pít	napít se	sednout si	sedat si
snídat	nasnídat se	lehnout si	lehat si
svačit	nasvačit se	odpočinout si	odpočívat
obědvat	naobědvat se	pomoct/pomoci	pomáhat
večeřet	navečeřet se	dát	dávat
spát	vyspat se	prodat	prodávat
		vstát	vstávat
		poslat	posílat
		říct/říct	říkat

Pamatuj:

1. imperfektivní sloveso hledat - perfektivní najít; brát - vzít.
2. Jen imperfektivní jsou např.: být, mít (mít rád, mít chuť), muset, smět, moci (moct), chtít, nenávidět, vyprávět, varovat.
3. Jen perfektivní jsou např.: nastydnout, nachladit se, onemocnět, uhodit, udeřit.

b/ Vid a čas:

PŘÍTOMNÝ ČAS	MINULÝ ČAS		BUDOUCÍ ČAS	
IMPERFEKT.	IMPERFEKT.	PERFEKT.	IMPERFEKT.	PERFEKT.
peru	pral jsem	vypral jsem	budu prát	vyperu
píšu	psal jsem	napsal jsem	budu psát	napíšu
čtu	četl jsem	přečetl jsem	budu číst	přečtu
dávám	dával jsem	dal jsem	budu dávat	dám

Pamatuj:

Přítomný čas mají jen imperfektivní slovesa.
Budoucí čas tvoří imperfektivní slovesa pomocí **budu, budeš, bude, budeme, budete, budou + infinitiv**: budu prát, budu psát, budu číst, budu dávat.
Budoucí čas perfektivních sloves vyjadřují tvary: vyperu, napíšu, přečtu, dám.

c/ Vid a imperativ:

IMP. - PERF.		KLADNĚ		ZÁPORNĚ	
		IMPERFEKTIVNÍ	PERFEKTIVNÍ	IMPERFEKTIVNÍ	PERFEKTIVNÍ
prát	- vyprat	per!	vyper!	neper!	-
psát	- napsat	piš!	napiš!	nepiš!	-
číst	- přečíst	čti!	přečti!	nečti!	-
dávat	- dát	dávej!	dej!	nedávej	-

Pamatuj: Imperativ v záporu - zákaz - tvoříme zpravidla jen od imperfektivních sloves.

d/ Význam vidu:

Srovnej:

prát . . . . .IMPERFEKTIVUM
vyprat . . . .>| PERFEKTIVUM

Imperfektivum označuje nedokončený děj;
perfektivum označuje dokončený děj.

Pamatuj:

1. po slovesech **začít/začínat** a **přestat/přestávat** je vždy jen **imperfektivní** sloveso:

začnu	prát	přestanu	prát
	psát		psát
	číst		číst
	dávat pozor		dávat pozor

2. po spojce **až** (ve významu *after*) je vždy jen **perfektivní** sloveso: až napíšu, až vyperu, až přečtu, ...

§ 68 Slovesa: jít - chodit, jet - jezdit, nést - nosit, běžet - běhat.

Rozdíl mezi slovesy: **jít - chodit, jet - jezdit, nést - nosit, vést - vodit, běžet - běhat** je přibližně stejný jako v angličtině mezi I'm going - I go, I'm carrying - I carry, I'm taking - I take, I'm running - I run.

§69 BUDOUCÍ ČAS:

a/ od perfektivních sloves se tvoří stejně jako přítomný čas imperfektivních sloves;
b/ od imperfektivních sloves se tvoří pomocí tvarů:

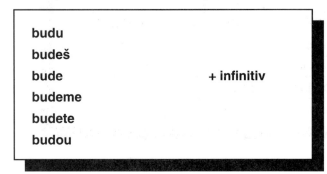

budu	
budeš	
bude	**+ infinitiv**
budeme	
budete	
budou	

Příklad:
budu obědvat, budeš obědvat, bude večeřet, budeme se učit, budete studovat, budou spát.

Pamatuj:

jít: šel jsem, jdu, půjdu;
jet: jel jsem, jedu, pojedu;
nést: nesl jsem, nesu, ponesu.

§70 KONDICIONÁL

(na)psal/a	BYCH	KDYBYCH	ABYCH
na)psal/a	BYS	KDYBYS	ABYS
(na)psal/a	BY	KDYBY	ABY
(na)psali	BYCHOM	KDYBYCHOM	ABYCHOM
(na)psali	BYSTE	KDYBYSTE	ABYSTE
(na)psali	BY	KDYBY	ABY

Pamatuj: 1. Tvary bych, bys,.... stojí ve větě za prvním přízvučným slovem.

Srovnej:
Chtěl	by	vidět tu výstavu.
Petr	by	chtěl vidět tu výstavu.
Zítra	by	Petr chtěl vidět tu výstavu.
Tu výstavu	by	Petr chtěl vidět.

2. Záporná částice **NE** se dává k l- ovému participiu:
Nechtěl	by	vidět tu výstavu.

3. Tvary **BYCH, BYS, ...** se spojují se spojkami **KDY** a **A** v jedno slovo.

Srovnej:
Abych se naučil mluvit česky, musím se učit každý den / musel bych se učit každý den.
Kdybych se naučil mluvit česky, byl bych moc rád.

Užití kondicionálu:

1. **Ve zdvořilých otázkách.**
Srovnej:
Chcete čaj?	- Chtěl byste čaj?	- Nechtěl byste čaj?
Půjdeš zítra do kina?	- Šla bys se mnou do kina?	- Nešla bys se mnou do kina?
Postaráš se o děti?	- Postaral by ses o děti?	- Nepostaral by ses o děti?
Dáš si pivo?	- Dal by sis pivo?	- Nedal by sis pivo?

2. po spojce **kdyby**:
 Kdybych měl čas, šel bych do kina. (včera, dnes, zítra = čas jsem neměl, nemám a ani nebudu mít).
3. po spojce **aby**:
Abych mohl jít do kina, musím si koupit lístek.   = jdu si ho koupit.
Abych mohl jít do kina, musel bych si koupit lístek. (včera, dnes, zítra) = lístek jsem si nekoupil.

Cvičení 1

O čem jsme mluvili? **- Mluvili jsme o ženách.**

Tvořte podobně:

české ženy, nové knihy, české noviny, anglické učitelky, nové studentky, poslední zprávy, volby, nové ceny, české učebnice, pražské restaurace, daně, lidové písně, volné byty, české filmy, televizní programy, moderní obrazy, platy, nové zákony, naše děti, vaše problémy, její starosti, japonská auta, česká jídla, moravská města, ruští vojáci, albánští uprchlíci, čeští dělníci, mladí učitelé, studenti, američtí lektoři, čeští inženýři, mladí novináři, kanadští hráči, moderní počítače, sportovní události, ukradené obrazy, zimní sporty.

Cvičení 2

Vyberte správný výraz a odpovězte.

V čem chodíte doma? V čem chodíte v létě? V čem chodíte v mrazech? V čem sportujete? V čem chodíte do divadla? V čem lyžujete? V čem chodíte na procházky? V čem chodíte do lesa?

Slova k doplnění: polobotky, lodičky, lyžařské boty, bačkory nebo trepky, tenisky, holinky, teplé boty.

Cvičení 3

Odpovídejte, o čem se kde píše, mluví, jedná.

O čem se píše v černé kronice? O čem se píše v průvodci po Praze? O čem se jedná v parlamentě? O čem jedná vláda? O čem se píše v novinách, které čtete? O čem se jedná na odborové schůzi? O čem se jednalo na schůzi, na které jste byl(a).

Slova k doplnění: hotely, kina, pamětihodnosti, kulturní památky, platy, pracovní smlouvy, krádeže, loupeže, požáry, vraždy, přepadení, nové zákony, politické události, sportovní výsledky, mezinárodní dohody, naše pracovní problémy atd.

Cvičení 4

Kde bydlíte? **- V Dejvicích.**

Ptejte se jeden druhého a rychle odpovídejte:

Vršovice, Strašnice, Modřany, Nusle, (na) Vinohrady, (na) Hradčany, Poděbrady, Mariánské Lázně, Jinonice, Karlovy Vary, Atény, Košice, Budějovice, Helsinky.

Cvičení 5

Po čem se nejvíc tloustne?

(knedlíky, housky, buchty, dorty, smažené řízky, různé majonézy a majonézové saláty, salámy, tučná jídla, zmrzlinové poháry atd.).

Cvičení 6

O čem si chcete povídat?

(české dějiny, nové české knihy, vaše pěkné historické filmy, historické památky, poslední události, politické problémy, čeští spisovatelé, staré české zvyky, zajímavé výstavy, pražské koncerty, slovenské hrady a zámky atd.).

Cvičení 7

Doplňte místo teček správné sloveso.

a/ 1. Včera jsem se celý večer .... na televizi   dívat se
        Můžu se .... na tu fotografii?   podívat se
     2. Chci se ho ...., jestli přijde.   ptát se
        Stále se mě na něco ....   zeptat se
     3. Nemůžu ...., protože nemám žehličku.   žehlit
        Musím si .... sukni, protože je zmačkaná.   vyžehlit
     4. Chci na památku ..... naši skupinu.   fotografovat
        Moc ráda ....   vyfotografovat

5. Musím si nejdřív .... vlasy.   sušit
Obyčejně si ....vlasy fénem.   usušit
6. Strašně nerada .... dopisy.   psát
Zítra určitě musím .... dopis rodičům.   napsat
7. Tak pozdě večer už nemůžeš nikomu ....   volat
Bude lepší, když mu .... až zítra.   zavolat

b/   1. Nerada ..... byt.   uklízet
Až ...., udělám si kávu a budu si číst.   uklidit
2. Doufám, že ne....... ten deštník.   ztrácet
Bohužel, často .... svoje věci.   ztratit
3. Dávej pozor, když .... do metra.   nastupovat
Až .... do metra, polož si ten kufr na zem.   nastoupit
4. Nerada brzo ráno ....   vstávat
Až ...., dám si sprchu.   vstát
5. Než odjedu, ... ti svou adresu.   dávat
Nikdy ne....... svou adresu neznámým lidem.   dát

Cvičení 8

Utvořte zákaz.

Vzor: **Otevři dveře !**   **- Neotvírej dveře!**

Zavři okno! Uvař kávu! Umyj nádobí! Nakresli kočku! Přečti ten dopis! Poděkuj mi! Nauč se to! Zeptej se ho! Najez se! Nasnídej se! Naobědvej se! Odpočiň si! Navštiv ho! Vystup! Ukliď na tom psacím stole! Lehni si! Pomoz jí! Prodej to auto! Řekni mu pravdu! Dej to na stůl! Kup maso! Zaplať za mě! Hoď to z okna! Hoď to na zem!

Cvičení 9

Je třeba napsat dopis. - Tak začni psát dopis!

Tvořte podobně:
Je třeba vyluxovat. Je třeba uklidit. Je třeba vyprat. Je třeba udělat večeři. Je to třeba přeložit. Je třeba se to naučit. Je třeba najít levný byt.

Cvičení 10

Chci si přečíst tu knihu. - Přestaň číst tu knihu a pojď <u>raději na procházku.</u>

Tvořte podobně, ale vymýšlejte si něco jiného.
Chci si prohlédnout ten časopis. Chci napsat dopis. Chci si přečíst noviny. Chci vyfotografovat ten kostel. Chci přeložit ten článek. Chci se najíst. Chci udělat večeři. Chci si odpočinout. Chci se naučit tu gramatiku.

Cvičení 11

Teď si čtu noviny.   **- Já si je budu číst až po večeři.**
Teď si přečtu noviny.   **- Já si je přečtu až po večeři.**

Reagujte podobně a používejte různá časová určení v budoucnosti, např. zítra, v neděli, za chvíli, za týden, potom, večer, příští týden, odpoledne, po obědě, v úterý, od zítřka , od příštího týdne, ode dneška atd.

Teď píšu dopis rodičům. Teď vystupuji. Přestoupím na Můstku. Nakupuji jídlo na víkend. Kupuji si letenku. Přečtu si noviny. Vyměním si peníze. Zavolám taxislužbu. Uklízím pokoj. Jdu do kina. Jedu na výlet. Jdu do práce. Umyji si hlavu. Snídám. Jdu na oběd. Naobědvám se. Koupím dárek pro maminku. Dělám domácí úkol. Peru ponožky. Jdu na návštěvu. Odpočívám. Přestanu kouřit. Začnu zdravě žít. Začnu dnes sportovat. Posílám pravidelně rodičům dopisy. Jdu nakoupit.

Cvičení 12

Včera jsem napsala dopis.   **- Já ho napíšu až zítra.**
Včera jsem psala dopis.   **- Já ho budu psát až zítra.**

Reagujte podobně a používejte různá časová určení v minulosti i budoucnosti.
koupit si letenku, vyměnit si peníze, poslat dopis, koupit si teplý svetr, poslouchal rádio, číst noviny, vyžehlit si

košili, dívat se na televizi, hrát fotbal, hrát basketbal, hrát tenis, sportovat, jet na výlet s partou ze školy, celý den prát, žehlit a uklízet, uvařit si dobrou večeři, setkat se se zajímavými lidmi.

Cvičení 13

Nahraďte rozkaz zdvořilou prosbou.

Vzor: **Podej mi cukr!** **- Prosím tě, nepodal bys mi cukr?**

Tvořte podobně:
Počkej na mě! Půjč mi sto korun! Utři nádobí! Kup chleba! Otevři okno! Zavři dveře! Poraď mi! Uvař kávu! Dej to na stůl! Zavolej mi zítra! Pomoz mi!

Cvičení 14

- Co bys(te) dělal(a), kdybyste vyhrál(a) milión korun?
- Kdybych vyhrál(a) milión, koupil(a) bych si ....

Odpovídejte na otázky, střídejte se a pracujte ve dvojicích.

Co bys(te) dělal(a), kdybys(te)   měl(a) večer čas?
měl/a hlad?
měl/a žízeň?
měl/a celý den volný?
měl/a hodně peněz?
měl/a vilu v Praze?
měl/a pět dětí?
ztratil(a) pas?
ztratil/a peněžní kartu?
ztratil/a klíče od bytu?
ve vašem domě hořelo?
uměl(a) dobře česky.

Cvičení 15

Odpovídejte na otázky písemně podle daného vzoru, ale vymýšlejte si jiné podmínky.

Vzor: **Koupíte si auto? - Kdybychom měli peníze, tak bychom si ho koupili.**

Pojedete s námi na výlet? Půjdeš si zaplavat? Pojedou v létě k moři? Půjde Petr do lesa? Půjdeš na večeři do restaurace? Dá si Olga pivo? Naučí se David mluvit česky?

Cvičení 16

Reagujte podle daného vzoru.

Vzor: **Zavři dveře!** **- Chce, abych zavřel/a dveře.**

Přelož ten článek! Otevři okno! Udělej večeři! Vyper prádlo! Vyluxuj ložnici! Jeď na výlet! Kup letenku! Objednej taxík! Přestaň kouřit!

Cvičení 17

Co musíš dělat, aby ses naučil(a) dobře česky? - Abych se naučil(a) dobře česky, musím se snažit mluvit česky.

Odpovídejte na otázky, střídejte se a pracujte ve dvojicích.

Co musíš dělat,   abys byl(a) zdravý/á?
abys byl(a) silný/á?
abys byl(a) šťastný/á?
abys byl(a) bohatý/á?
aby tvůj šéf byl spokojený?
aby tvoje maminka měla radost.

Cvičení 18

Co si přeje váš šéf? - Chce, abych se naučil pracovat s počítačem.

Vymýšlejte odpovědi sami. Co si přeje váš přítel, vaše přítelkyně, váš učitel, vaše učitelka, vaše paní bytná, ; co si přejí vaši rodiče, vaši spolužáci, všichni dobří lidé?

Cvičení 19

a/ Reprodukujte ve dvojicích dialog 1.

b/ Napište, co víte o paní Svobodové, o jejích dětech, o jejím muži.

c/ Vyberte jednoho člena své skupiny, určete mu roli a proveďte interview. Např. ministr financí, prodavačka v samoobsluze, český student, americký lektor v Československu, nezaměstnaná sekretářka.

d/ Napište, jaký je váš všední den a jak trávíte svůj volný čas.

Cvičení 20

a/ Reprodukujte ve dvojicích dialog 2.
b/ Pohovořte o tom, koho vidíte na obrázku, čím asi je, jak tráví volný čas.
c/ Pohovořte se svým partnerem o tom, jak byste chtěli trávit volný čas. Pracujte ve dvojicích.

Cvičení 21

a/ Reprodukujte ve dvojicích dialog 3.
b/ Chcete pozvat svou přítelkyni do kavárny/ na výlet, na procházku, aby si šla zaplavat. Jí se moc nechce, vy ji neustále přesvědčujete. Pracujte ve dvojicích.

Cvičení 22

Dejte do budoucího času:

V sobotu jsem musela vstávat v šest hodin, protože jsme jeli na kole na výlet. Podle předpovědi bylo krásné a teplé počasí. Jeli jsme k rybníku, kde jsme se utábořili. Večer jsme si udělali táborák, zpívali jsme a Michal hrál na kytaru. Spali jsme ve stanech. V neděli jsme se koupali a opalovali. Vrátili jsme se pozdě večer.

Cvičení 23

Doplňujte slovesa podle smyslu:

a/

jet - jezdit: 1. Paní Dvořáková .... každý týden na chatu. 2. Umíš .... na kole? 3. Petr teď .... k rybníku. 4. Každé prázdniny děti .... k babičce na venkov. 5. Zítra .... Monika na hory.

b/

jít - chodit: 1. My .... často na koncerty. 2. Mám chřipku, musím .... zítra k doktorovi. 3. Na nákup .... vždycky můj syn. 4. Petře, kam .... dnes večer? - .... do divadla. 5. To dítě je ještě malé, neumí ....

c/

nést - nosit: 1. Ivana ráda .... široké sukně. 2. Pane, Svobodo, co to .... ? 3. Já nikdy .... klobouk. 4. To se už dneska ne...,..... .5. Nemůžu jít rychle, protože ...... těžký kufr.

d/

vést - vodit: 1. Každý den (já) .... dcerku do školky, ale dnes ji tam ..... můj muž. 2. Ráno a večer .... moje dcera psa na procházku.

e/

běžet - běhat: 1. Kam ...., Tomáši? 2. Michal po práci .... pět kilometrů. 3. Už je pozdě, a tak musím .... na tramvaj.

✷

Které české noviny znáte? Která česká a moravská města znáte? Která česká jídla máte rádi? Co se vám v naší zemi líbí? Co se vám u nás nelíbí? Víte, kdo to byl Karel Čapek? Je Praha krásné město? Naučili jste se trochu česky? Budete se dál učit? Co se vám líbilo na kursu češtiny? Co se vám na kursu nelíbilo? Napište nám své připomínky..

Děkujeme vám za váš zájem o český jazyk a o Českou republiku. Přejeme vám mnoho úspěchů a rádi vás zase uvidíme v naší zemi i na kursech českého jazyka.

Na shledanou!

Nová slova:

bačkora f.;bačkory pl.	slippers
bazén m.: plavecký bazén	swimming pool
bláto n.	mud
během (+ genitiv)	during
buchta f.	cake
bytná f.	landlady
čtenář m.	reader
dějiny pl.	history
dohoda f.	treaty
dosáhnout/ dosáhnu, - eš	achieve
dovolit/dovolím, dovolíš	let
dovolte, abych	let me ...
emancipace f.	emancipation
gymnázium n.	grammar school
hora f.	mountain
hráč m.	player
jindy	other times, next time
karta f.:peněžní k.	credit card
klid m.	rest
koníček m.	hobby
koupat se /koupám, koupáš	bathe
kytara f.	guitar
letenka f.	ait ticket
lodičky pl.	ladies shoes
loupež f.	robbery
lyžovat/lyžuji, lyžuješ	ski
mimo zákon	out of law
montáž f.	construction works
moučník m.	dessert
nápad m.	idea
náručí n.:vzít do náručí	embrace
nejhorší adj.	the worst
nejraději:mám nejraději	I like best
normálně	normally
odtud	from here/from there
opalovat se/opaluji, opaluješ	sunbathe
osoba f.	person
ostrov m.	island
parta f.	company
pláč m.	cry
plést/pletu, pleteš	knit
pocit m.	feeling
pohyb m.	movement
popovídat si/popovídám,-áš	have a chat
pršet/prší	rain; it's raining
přece	Oh!; anyhow
+++při(+ lokál): při vaření	while cooking
pustý adj.	desolate,deserted
reportáž f.	report, story
rozbít/rozbiji, rozbiješ	break

sednout si(sednu, sedneš	sit down	usušit/usuším, usušíš	dry
schůze f.	meeting	utábořit se/utábořím, utáboříš	pitch a tent
skupina f.	group	ven, venku	out
slíbit/slíbím, slíbíš	promise	venkov m.	country,countryside
snažit se/snažím, snažíš	try hard	většinou	mostly
společnost f.	society	vodit/vodím, vodíš	lead
stan m.	tent	vražda f.; vraždit	murder
sušit/suším, sušíš	dry	vyprat/vyperu, vypereš	wash out
šít/šiji, šiješ	sew	vyvézt/vyvezu, vyvezeš	deport
školka f.	kindergarten	vyžehlit/vyžehlím, vyžehlíš	iron
táborák m.	bonfire	zabít/zabiji, zabiješ	kill
takový	such	zákon m.	law
tenis m.	tennis	zaplavat si/zaplavu, zaplaveš	have a swim
tloustnout/tloustnu,-neš	get fat	zrovna	just now
trávit/trávím, trávíš	spend	žehlit/žehlím, žehlíš	iron
trvat/trvá	last	život m.	life
ustanovit/ustanovím, ustanovíš	set		

Doplňkové texty

Co kdo má?

Text A

Eva je mladá. Je vdaná. Má hodného muže. Je taky mladý. Má malý plat. Eva je doma. Má malé děti, malého syna a malou dceru. Mají malý byt, jen jeden pokoj a kuchyni. Nemají balkón ani terasu, mají jen malou chodbičku. Nemají ústřední topení, mají jen plynové topení. Nemají telefon. Mají malou koupelnu a starou nemoderní pračku. Mají starý černobílý televizor, ale je rozbitý. Mají velké rádio a malý magnetofon. Nemají auto ani chatu, mají jen kočárek a dvě kola. Eva má starosti, ale má stále dobrou náladu. Eva je veselá.

Text B

Jana už není mladá. Je vdaná a taky má hodného muže. Děti už má velké. Má syna studenta a dceru školačku. Má dobrou práci a dobrý plat. Její muž má také dobrou práci. Mají dobrý byt, mají koupelnu, balkón a ústřední topení. Mají černobílý televizor a staré rádio. Mají také starou automatickou pračku a plynovou ledničku. Mají i chatu a starou škodovku. Mají také zahradu a tam mají ovocné stromy a zeleninu. Jana má starosti, ale je taky někdy veselá.

Text C

Simona je velmi mladá. Je vdaná a nemá děti. Má moc dobrou práci a velký plat. Její manžel má taky velký plat. Má krásnou jednopatrovou vilu. Má ústřední topení a velkou koupelnu. Má japonský barevný televizor a video. Má také americkou automatickou pračku a sušičku na prádlo. Má velikou terasu. Má také krásnou chatu, zahradu a moderní zahraniční auto. Simona má všechno. Ale není veselá. Starosti nemá, peníze má. Tak proč je stále smutná? Protože chce mladého muže.

Její den

Eva je žena v domácnosti. Nechodí do práce, protože má malé děti. Ráno vstává v šest hodin. Necvičí, ale dává si teplou sprchu. "To se teprve probudím", říká. Pak se obléká a dělá snídani pro muže a pro děti. Vaří čaj, ohřívá mléko a krájí chléb. Její muž má k snídani čaj, chléb s máslem, sýr nebo salám. Děti mají k snídani mléko, chléb s máslem a medem, Eva má kávu , chléb s máslem a sýr. Její muž také brzy vstává, také si dává sprchu, ale studenou. Pak se holí, obléká a snídá. Děti také chtějí vstávat, nechtějí spát. Musí se umýt a vyčistit si zuby, pak se oblékají a snídají. Nechtějí snídat, protože si chtějí hrát. "Kdo nesnídá, je nemocný a musí jít do postele", říká Eva.

Po snídani Eva uklízí kuchyni, potom chodí na nákup a na chvíli i na hřiště. Děti nechtějí chodit na nákup, chtějí chodit jen na hřiště. Ale maminka taky musí nakupovat, to se nedá nic dělat. Potom dělá Eva oběd pro sebe a pro děti. Po obědě děti spí, jsou ještě malé. Ale Eva nespí, uklízí kuchyni a žehlí. Potom chtějí jít děti zase na hřiště."Ale napřed máme svačinu", říká maminka. Když je pěkné počasí, chodí do parku na procházku. Park není daleko. Děti tam jezdí na koloběžce a na tříkolce. To jsou moc šťastné. Nechtějí jít domů, ale musí. "Ještě chvilku, prosím tě", prosí děti. Ale není to možné. Je čas dělat večeři a po večeři se děti musí koupat a jít spát.

Evin muž už je doma. Pomáhá koupat děti. Potom povídá pohádku na dobrou noc. Pak se dívá na televizi. Je tam dnes fotbal. Eva se nerada dívá na fotbal. Má ještě práci, uklízí kuchyni a koupelnu. "Prosím tě, co celý den děláš?" říká Evin muž. "Ty se máš, nemusíš chodit do práce a vydělávat peníze."

Znáte českou pohádku od Josefa Čapka: **Jak si pejsek a kočička dělali dort?**
Přečtěte si ji s pomocí slovníku:

"Dostala jsem chuť na dort," řekla kočička. "Víš co, když mám zítra narozeniny a ty svátek, musíme si nějaký dort udělat. Jenomže nevím, jak se takový dort dělá."

"To nic není," řekl pejsek, "to je lehké, to já vím, jak se takový pravý dort dělá. To se do takového dortu dá všechno, co je nejlepší, co nejraději jíš, a pak je ten dort nejlepší. Když tam dáš takových nejlepších jídel pět, tak je ten dort pětkrát dobrý, když tam dáš takových nejlepších jídel deset, tak je potom ten dort desetkrát dobrý. Ale my tam dáme sto nejlepších jídel a budeme mít stokrát dobrý dort."

"To je pravda," řekla kočička, "uděláme si takový nejlepší dort."

A tak si pejsek a kočička vzali zástěry a pustili se do práce.

Vzali mouku, mléko a vejce a míchali to dohromady. "Dort musí být sladký," řekla kočička a nasypala tam cukr. "A trochu slaný taky", řekl pejsek a dal tam sůl. "A teď tam dáme máslo a džem," řekla kočička. "Džem, ten ne, ten já nerad," povídal pejsek, "dáme tam raději syreček, ten já mám moc rád." A tak tam dali syrečky. "Je to málo mastné," řekla kočička, "dáme tam kůži ze špeku." Tak tam dali kůži ze špeku. - "A oříšky," řekl pejsek a nasypal tam pytlík oříšků. "Oříšky jsou dobré," řekla kočička, " ale musíme tam dát taky okurku". A dala tam okurku. - "A kost," říkal pejsek, "musíme tam přece dát kost!" Tak tam dali taky kosti. "A taky myš, myši já mám moc ráda!" řekla kočička a dala tam čtyři myši. -"A taky buřt, hodně pepřený," řekl pejsek a dal tam tři buřty. "A to hlavní," řekla kočička, "přece šlehačku tam musíme dát!" A dali tam plný hrnec šlehačky. "A trochu cibule," řekl pejsek a dal tam dvě cibule. - "A čokoládu," řekla kočička a přidala tam čokoládu.

Tak do toho svého dortu dávali všechno možné, česnek i pepř, papriku, bonbóny, ocet, kakao a zelí, jen chleba tam nedali, protože pejsek a kočička chleba moc rádi nejedí.

Když to všechno smíchali, byl to moc veliký dort. Dali dort péct a těšili se; měli na ten dort už velikou chuť. Dort se pekl, smažil, syčel, přetékal, ... A když byl upečený, dali dort před dveře, aby vychladl.

"Víš co," řekla kočička pejskovi, "a když byly ty děti tak hodné, že nám přinesly ten svůj dort, tak my je zas pozveme na ten náš dort."

"Tak pojď," řekl pejsek, "půjdeme ty děti pozvat."

Vzali se za ručičky a šli ty děti pozvat.Děti byly na zahrádce před domem a hrály si tam s kuličkami. Pejsek s kočičkou je pozvali na dort a chvíli si s nimi pohráli s kuličkami a potom ještě s míčem a trochu s kostkami.

Ale když byli pryč, šel kolem toho dortu jeden zlý černý pes, a jak ten dort vychládal, zavonělo mu to do nosu všelijak."Ha ha haf," pomyslil si ten zlý pes, " tady mi to nějak voní, to bude asi něco na můj zub!"

Čichal, čichal, čichal, až se toho pejskova a kočiččina dortu dočichal. "Ha ha!" řekl, když se toho dortu dočichal, "tady to je, to si dám!" a ten dort celý snědl. Pak si lehl pod strom a moc hekal a naříkal, protože ho strašně bolelo břicho.

Když pejsek, kočička a jejich kamarádi přišli, dort byl pryč. Byli všichni moc smutní, ale když uviděli toho velkého psa, jak ho bolí břicho, řekla kočička: "Víš, pejsku, já si z toho nic nedělám, že nám ten zlý pes snědl ten dort, třeba by nám po tom našem dortu také bylo špatně a svátek a narozeniny bychom měli zkažené."

"To je pravda," řekl pejsek, "jen ať naříká a heká ten zlý pes, patří mu to, ale já mám hlad, moc rád bych jedl. Ale my doma docela nic k jídlu nemáme, všechno jsme dali do toho dortu."

"Nic si z toho nedělejte, pejsku a kočičko," řekly děti, "pojďte k nám na oběd."

A tak šli pejsek s kočičkou k dětem na návštěvu. Tam dostali polévku, maso, knedlíky a kosti. Moc jim to chutnalo.

A ten zlý pes po tom jejich dortu hekal a naříkal pod tím stromem ještě celých čtrnáct dní.

(Zkráceno podle knihy Povídání o pejskovi a kočičce).

Napište, co dali pejsek a kočička do dortu.

Přečtěte s pomocí slovníku:

Mozart a Pražané

V zimě roku 1791 zemřel ve Vídni ve věku 35 let Wolfgang Amadeus Mozart. To bylo pro Pražany smutné překvapení. Vždyť ještě v září řídil v Praze představení své opery Titus. Pak odjel do Vídně uvést Kouzelnou flétnu. Vídeň tleskala, úspěch byl veliký. Ale když náhle zemřel, byl pohřben v hromadném hrobě a zasypán vápnem.

Zato Praha se s milovaným skladatelem rozloučila jinak. V přeplněném chrámě svatého Mikuláše na Malé Straně se konala l4. prosince smuteční mše. 120 hudebníků hrálo na poctu Mozartovi, zpívaly tři sbory, sólo Josefina Dušková. Protože Pražané milovali svého Mozarta i po smrti. A milují ho i teď.

Víte, kde je v Praze Stavovské divadlo? Víte, kterou operu napsal Mozart pro toto divadlo? Co víte o filmu Amadeus?

Přečtěte doma s pomocí slovníku.

Jak Švédové dobyli Malou Stranu

V noci na 25. července l648 přitáhl potají k Praze švédský generál Königsmark s vojskem. Dobýt opevněné město přímým útokem bylo těžké. Ale generál měl s sebou zběha od císařských vojsk, podplukovníka Ottowalského. Ten věděl, kde se právě opravují hradby. V tom místě u Strahova se Švédové bez žebříků, jen po hromadách suti dostali do města. Pak pobili překvapenou stráž ve strahovské bráně, otevřeli bránu pro své dělostřelce a pro svou jízdu, a dřív než nastalo ráno, vtrhli do spícího města. Na pravý břeh města nepronikli, o to se postarali obránci Karlova mostu, ale ostřelovali jej z děl víc než tři měsíce. Malou Stranu i Hrad za tu dobu důkladně vyrabovali. Kdyby byla opravářská četa ty hradby včas opravila, nemuselo dnes být tolik českého baroka ve švédských muzeích.

Než vznikla pěší zóna

Ulice Na příkopě se kdysi jmenovala V alejích a taky Kolovratská. Dnes je to rušná promenádní třída. Ale původně tady byl příkop, který odděloval Staré a Nové město pražské. Ten příkop sloužil jako smetiště, útulek žebráků a strouha na splašky. Ve dne tu nebylo hezky, a v noci se sem žádný poctivý člověk neodvážil. Určitě by ho tu přepadli a okradli. Kolem příkopu vedla blátivá cesta, nebezpečná pro chodce i pro vozy. V roce l751 sjel z cesty do smrdutého příkopu kočár hraběte Šporka a brzy také kočár hraběte Černína. A nebyl to obyčejný kočár. Táhlo ho šest běloušů. Nedalo se nic dělat, příkop zasypali, udělali tam širokou cestu, a později i alej s kašnami a lavičkami.

Možná, že někdo těm kočárům do příkopu trochu pomohl, aby urychlil opravu komunikace.

Dluh za fontánu

Císař Ferdinand si r. 1563 objednal od italského malíře Terzia nákres fontány, jež měla zdobit zahradu Belvedéru. Odlití fontány z kovu pak svěřil známému zvonaři Tomáši Jarošovi z Brna. Jaroš po předběžných propočtech požadoval za práci 1 400 zlatých, pokud císař dodá potřebný kov. Na kov však čekal víc než rok. Když byl v polovině práce, žádal polovinu slíbené odměny. Tři roky marně vymáhal z císařské pokladny peníze, hrozil, že zastaví práci, ale pak fontánu přece jen dokončil, aby ji viděl hotovou. Je to tak zvaná zpívající fontána, křehká jako květ, ale váží pět tun. Nakonec pan Jaroš nedostal žádné peníze, a aby císaře pořád neupomínal, poslal ho císař do Košic, kde musel vyrábět děla. Tam Jaroš brzo zemřel, ale jeho dílo - překrásná renesanční fontána - zpívá v Praze dosud a obdivují ji tisíce Pražanů i zahraničních turistů.

Víte, kde je zpívající fontána?

Z pražských hotelů

Již před osmi stoletími poskytoval hotelové služby Ungelt v těsné blízkosti Staroměstského náměstí. Samozřejmě pokoje či spíše noclehárny měla skoro každá hospoda. Vznešené hosty ubytovávala šlechta ve svých palácích. Ale například hotel Černá růže Na příkopě hostil už v 17. století delegaci tureckého sultána a brzy také delegaci ruského cara. V hotelu U jednorožce na Malé Straně bydlel Mozart a r. 1796 i Beethoven. Slavný trojúhelník - admirál Nelson, lady Hamiltonová a její manžel Hamilton - obýval apartmá v hotelu U černého lva v Karmelitské ulici. Když se Na příkopě v hotelu Černý kůň chtěl ubytovat Paganini, musel majitel hotelu sehnat zvlášť dlouhou postel. Německý kancléř Metternich bydlel Na poříčí v hotelu Atlantik. Ten hotel se dřív jmenoval U zeleného vola.

Z pražské nemocnice

V bitvě na Bílé hoře si mniši řádu Milosrdných bratří získali přízeň rakouského císaře, protože obětavě ošetřovali jeho vojáky. Dokonce jeden z nich vyléčil císaři Ferdinandovi II. ruku, kterou mu už jiný lékař chtěl amputovat. Proto jim císař daroval starou pražskou nemocnici. Byl to vlastně levný dárek: konfiskát po českých bratrech.

Mniši nemocnici rozšířili z 12 lůžek na 90. Také péči o nemocné zlepšili. V 18. století zde prof. Arnold zřídil chirurgickou ambulanci. Operovalo se tu zdarma, bezplatná byla i výuka studentů. V polovině 19. století zde dr. Opitz provedl i první narkózu v Rakousku- Uhersku. Dnes je tam známá nemocnice Na Františku, kam odvážejí pacienty s těžkým infarktem, s těžkými úrazy a pod.

Z pražské dopravy

První Křižíkova elektrická tramvaj vyjela roku 1891 na trať dlouhou 760 metrů. Jízda trvala 2 minuty. Byla to atrakce Jubilejní výstavy. Později se tramvaj stala běžným dopravním prostředkem. V roce 1926 vznikla o ní píseň:

Co mě v Praze těší, co má úspěch veliký,
to jsou naše světoznámé elektrické podniky.
Jeden vůz ti obyčejně jako naschvál ujede,
druhý vůz pak zase hlásí, že už se dál nejede,
třetí taky ihned zmizí, obrací prý do remízy,

... Zkrátka některé písničky prostě nestárnou, jsou to evergreeny.

Pověst o Libuši

Podle staré pověsti byla Libuše dcerou knížete Kroka. Po jeho smrti se stala sama kněžnou. Jednou mezi dvěma velkými rody vypukl spor o půdu. Jeden z nich nebyl spokojen s tím, jak Libuše spor rozsoudila a zvolal:"Dlouhé vlasy - krátký rozum! Hanba mužům, kterým žena vládne."

Libuše proto rozhodla, aby si muži z jejího rodu zvolili knížete, kterého ona si potom vezme za muže.

Muži ji požádali, aby jim poradila, koho mají zvolit. Kněžna jim dala radu, aby následovali jejího koně, který je dovede tam, kde najdou svého knížete.

Šli tři dny, až došli k vesnici Stadice, kde budoucí kníže Přemysl oral pole. Muži mu odevzdali knížecí oblek i vládu nad českou zemí.

Kronikář Kosmas ve 12. století k tomu říká, že kůň tu cestu nejednou šlapal a dobře ji znal.

Přemysl si prý vzal s sebou na Vyšehrad své "lýčené" střevíce a mošnu. Tyto rekvizity skutečně existovaly. Je doloženo, že při korunovaci Karla IV. v r. 1347 při vznešeném průvodu z Pražského hradu na Vyšehrad měl císař Karel tuto mošnu přes rameno a střevíce svého prapředka držel v rukou. (Tyto rekvizity byly v pokladnici knížete Vratislava asi r. 1070. Ale těžko to mohly být ty původní).

Libuše měla zvláštní schopnost předvídat budoucnost. Jednou, když jela s Přemyslem a jeho družinou, zastavila se nad strmým břehem Vltavy, podívala se nad lesy za řekou a řekla:"Vidím město veliké, jehož sláva hvězd se dotýká." Knížecí družina jela do míst, která Libuše označila. V hlubokém lese našli muže, který otesával práh domu. Na Libušino přání tam vystavěli hrad a nazvali ho Prahou.

Bedřich Smetana složil na motivy téhle pověsti operu Libuše, která se uvádí při slavnostních příležitostech. Víte, kdo byli Antonín Dvořák, Leoš Janáček, Bohuslav Martinů?

Doplňte do vět správné tvary sloves vědět a znát.
......., že pražská Karlova univerzita byla založena roku 1348? ....Královskou cestu? ...., proč se tak jmenuje? ...., že sochy na Karlově mostě jsou z konce l7. a začátku l8. století? ....historku o krásné lazebnici Zuzaně, která pomohla uprchnout králi Vaclavu IV. z vězení? ....,že reliéfy poloobnažené ženy na staroměstské Mostecké věži zobrazují tu historku? ...., jak Švédové dobyli Malou Stranu? ....dobře Prahu? ...., kde je ulice Na příkopě? ...., co znamená česky "příkop"? ...., proč se ta ulice tak jmenuje?

Jak byl hrad Karlštejn prodán americkému milionáři.

Stalo se to skutečně v roce 1934. Prodal ho Harry Jelínek (pro podvodníka jeho formátu se křestní jméno Josef nehodilo). Byl to Čech z Vlašimi, který při večírku na lobkovickém zámečku se seznámil s americkým žvýkačkovým magnátem. Ten vyslovil přání koupit si v Evropě starý hrad a dát si ho převézt do Ameriky. Harry mu pohotově nabídl Karlštejn a pozval ho na prohlídku. Podplatil karlštejnského kustoda, najal hradní trubače, objednal si dívky v historických kostýmech. Bohatý Američan byl nadšený a vyplatil Harrymu zálohu 100.000 dolarů. Podvodník byl brzy odhalen, ale žvýkačkový magnát raději mlčel, protože by měl ještě větší ostudu.

A cizinci se divili...

Bylo to asi v roce l971. Po příchodu sovětských vojsk a po stranických prověrkách mnoho kvalifikovaných lidí ztratilo práci, změnilo zaměstnání, atd. Na jedné z hlavních ulic Prahy stojí velký dům, kde je v podzemí kino, v přízemí obchody, pak jsou tam také různé úřady a instituce, nahoře pak i soukromé byty. Dům má několik vchodů, několik schodišť, zkrátka je to hotové bludiště. A až nahoře je stará prádelna, kde jsou dva kotle na uhlí, dřevěné necky a několik starých malých praček. V prádelně pracuje žena, která má na sobě montérky, na nohou gumové holínky, ve vlasech natáčky a na hlavě šátek. V prádelně je plno páry, protože se tam vyváří prádlo. Někdo klepe na dveře, žena volá dále! Ve dveřích se objeví dvě elegantní dámy a podávají té pradleně lístek s adresou. Ta to nemůže přečíst a ptá se: "Koho hledáte!" Dámy jenom krčí rameny, protože nerozumějí česky. Pradlena se ptá znovu, tentokrát rusky:"Vy govoritě po-russki?" Pradlena to zkouší znovu: "Parlez-vous francais?" Teď už dámy rozumějí, ale mluvit francouzsky neumějí. "Sprechen Sie deutsch?" Zkouší to pradlena znovu. "Nein, nein." " Do you speak English?" - to je další pokus. "Oh yes, oh yes, we are looking for .....". "Well, you should use the lift, get to the first floor, turn to the left, use the other staircase .....". Dámy jsou zcela překvapené, protože tohle nečekaly. I poděkovat zapomněly, stále se ohlížejí. Zdá se jim, že je to divná země, to Československo. Pradlena tu mluví několika cizími jazyky..... .

O Janu Werichovi

Živého Jana Wericha z masa a kostí jsem v soukromí spatřil pouze dvakrát. Poprvé, někdy v r. 1965, když jsem si šel ke Štorchům na Staroměstské náměstí dát podepsat čerstvě zakoupený svazek hry Osel a stín. Werich se na mě podíval a pravil: "Komu to bude?"

Mě to zcela šokovalo, protože jinak při autogramiádě Mistr pouze cosi brumlal pod vousy a s lidmi, tísnícími se v dlouhé frontě, příliš nekomunikoval A tak jsem stačil vyhrknout tu nejhloupější odpověď: "Mně...".

A Werich, aniž pocítil potřebu mou hloupost komentovat, mi do knihy skutečně vepsal - jako věčný pomník mé nepohotovosti -: "Mně..., Jan Werich, 12.5. 1965."

Říkám si dnes, s odstupem čtvrtstoletí, že on musel být také v té chvíli již unavený a nepohotový, neboť kdyby byl klaunsky důsledný jako kdykoli na jevišti, jistě by po napsání "Mně ... Jan Werich" knížku zaklapl a schoval do aktovky. A já bych přišel o knížku, ale mohl mě na druhé straně hřát pocit, že jsem vedl s veleklaunem minidialog. Takto mám v knize pouze - na věčné časy - nesmysl.

Ze vzpomínek Vladimíra Justa na Jana Wericha(upraveno).

O Janu Masarykovi

Muzika, kamaráde? Nikdy jí nemůže být na světě dost. Já aspoň bych bez muziky nemohl žít. Vzdělaný člověk by měl cítit potřebu poslouchat dobrou hudbu, stejně jako cítí potřebu jíst a dýchat. Mělo by mu to být tak samozřejmé jako to, že si myje ruce a čistí zuby. On, kamaráde, člověk se musí očistit taky tuhle, uvnitř. A nic vám nevydrhne srdce líp než dobrá muzika."

....

"Lenin jednou řekl, že musel přestat poslouchat Beethovena, protože ho to prý nutilo k tomu, aby měl lidi příliš rád. Bál se, že by pak byl příliš měkký na to, aby mohl dělat revoluci. V tomhle máte celého Lenina.Revoluce mu byla důležitější, než mít rád lidi. Ale s tou muzikou měl pravdu. Takový Beethoven vás opravdu odtrhne od země. Dá vám zapomenout na moc věcí. Poví vám něco, naač nejsou slova v žádné řeči na světě. A opravdá vás to přinutí k tomu, abyste měl rád lidi. Ale to je právě ono, proč člověk má poslouchat velkou muziku. ...Kdybych byl na čtrnáct dní diktátotem, tak bych vydal zákon a nařídil bych, že každý mužský a ženská ve věku mezi osmi a osmdesáti musí poslouchat třikrát denně, k snídani, k obědu a k večeři Mozarta. To byste koukal, jak by to lidi změnilo. Jak můžete chystat válku, když vám zní v uších Mozart? Jak můžete vraždit, krást a loupit, když posloucháte Chopina? Jen to, kamaráde, zkuste! Jestli je na světě nějaká medicina proti všemu zlému, tak je to muzika."

....

"Víte, člověk vlastně nepotřebuje moc ke štěstí. Chce mít domov, chleba s máslem, tu a tam sklenici piva, ženu, kterou má rád a která má ráda jeho, děcka, nějakou tu práci, kterou dělá rád a která je užitečná, a zdraví. To je všechno.... Člověk nemusí být zahraničním ministrem, aby byl šťastný. Ale nejvíc ze všeho člověk potřebuje svobodu. Chce volně dýchat. Je nešťastný, když se s ním oře, když si nemůže okopávat zahrádku, jak on sám chce, když nad ním někdo stojí s rákoskou - nebo s kanónem - a hlídá ho na každém kroku. Já mám pochybnosti o tom, že by totalitní režimy dokázaly zvýšit životní standard po hmotné stránce. A i kdyby dokázaly dát každému soukromý bazén a vlastní helikoptéru, nikdy osobní svobodu."

Viktor Fischl: Hovory s Janem Masarykem(upraveno a zkráceno).

Aktivní odpočinek

Vědci tvrdí, že bychom se měli aspoň hodinku denně věnovat sportu. Dále má člověk strávit hodinu nad stránkami krásné literatury. Navíc je vhodné věnovat se taky nějakému povznášejícímu koníčku.

To už máme dohromady tři hodiny denně.

Psychologové usoudili, že nám prospívá společenský styk. Doporučují, abychom se neuzavírali v bytech, ale navštěvovali přátele, známé, kamarády. Připočtěme další dvě hodiny.

Pro citový vývoj jednotlivce je také důležité, abychom chodili do divadla, do kina, na koncerty, na výstavy. Řekněme, že zajdu na dvouhodinové představení do divadla. Celkem jsem spotřeboval už sedm hodin, abych vyhověl poznatkům vědy o správném způsobu aktivního odpočinku.

To jsme ještě ani malíčkem nesáhli na žádnou z domácích prací, které představují specifickou formu relaxace.

Pro tělo i duši je nezbytný pobyt v přírodě. Zvláště se doporučují procházky po lese. Než Pražan pronikne někam do zeleného, uplyne spousta času. Řekněme, že bych to zvládl za tři hodiny - byť bych do lesa jen dorazil, otočil se a hned putoval zpátky.

Už jsem spotřeboval 11 hodin.

Rád bych vyhověl i těm oprávněným poznatkům, které nabádají, aby členové rodiny spolu porozprávěli aspoň hodinu každý den.

Blahodárný vliv na rozvoj člověka má údajně domácí kutilství, které rozšiřuje technický obzor každého z nás. Řekněme, že budu hodinu denně kutit.

Dohromady je to už 13 hodin.

Připočtěme ještě zájmovou uměleckou činnost:, například hru na housle nebo hru Naši furianti, ve které jako ochotníci účinkujeme. To také stojí nějaký čas. Dejme tomu dvě hodiny

V přestávkách mezi jednotlivými aktivními odpočinky, které nám věda doporučuje, je nezbytné jíst a občas si umýt ruce... Dohromady je to další hodina, takže už máme 16 hodin.

Podle názoru lékařů máme spát 8 hodin denně.

Výsledek?

Jestliže mám žít kulturně, zdravě a všestranně, nezbyde mi na práci ani minuta.

Podle Rudolfa Křesťana: Slepičí krok.

Víla hospodyňka.

Ve smutné náladě, se zdviženým límcem kabátu a rukama v kapsách, vydal se pan Spytihněv Stravílek na procházku po nábřeží. Byl studený podzimní večer. Nábřeží bylo prázdné.

Nad Vltavou ležela mlha. Pan Spytihněv zpozoroval, že u kamenného zábradlí stojí nějaká postava. Jak přišel blíž, chystala se právě přelézt zábradlí a skočit do temných vln.

Pan Stravílek se rozběhl a doslova v poslední chvíli zabránil tragédii. "Co vás to jen napadlo, slečno!?" pravil káravě. "Taková mlha a voda je v tomhle počasí hrozně studená!"snažil se o uklidňující, trochu humorný tón.

Nešťastnice vzdychle. "Kdybyste věděl, jak jsem opuštěná, jak je mi smutno a nemám už nikoho na světě. Než takhle dál žít, to raději skočit do vody."

Pan Stravílek byl člověk dobrosrdečný, citlivý a také trochu opuštěný. Paní Stravílková s dcerou Anežkou byly totiž na měsíc v Mariánských Lázních.

"To nesmíte udělat, slečno. Vy, tak mladá a krásná! Máte přece celý život před sebou! Já to nedopustím...!

Podívala se na něj vděčně, přitiskla se k němu a začala plakat. Pan Spytihněv pocítil ještě silněji porozumění pro bezbrannou opuštěnou dívku. "Jmenuji se Spytihněv Stravílek a jsem podnikatel," představil se.

Potom šli po nábřeží. Pan Stravílek slečnu podpíral a ona se k němu tiskla jako opuštěné ptáče. Ani nevěděli jak, a zabočili na Staré Město, kde pan Stravílek bydlel. Domlouval jí, aby zapomněla na všechny ty černé myšlenky, protože svět a život je krásný, i když je člověk úplně sám. Vyprávěl jí několik dramatických příběhů ze života a dívka se na něj dívala důvěřivě velkýma šedomodrýma očima.

"Celá se chvějete zimou," řekl pan Spytihněv a nabídl Slávince(tak se mu představila), aby s ním strávila zbytek toho mlhavého večera a přijala malé pohoštění. Cestou koupil ve vinárně láhev vína, u uzenáře šunku a v trafice cigarety.

"Budu vám na chvíli dělat hospodyňku," řekla Slávinka s neodolatelným úsměvem. Prostřela stůl, připravila sklenky a připravila rychlou večeři. Vykouřili společně několik cigaret, pili sladké víno a připili si na věčné přátelství. Srdce pana Spytihněva přetékalo láskou k tak mladé a už životem tak zklamané dívce.

Druhého dne se Spytihněv probudil až k jedenácté. Bolela ho pekelně hlava. "Nebyl to všechno jen sen?" Pokoušel se vzpomenout, protože krásná hospodyňka už v bytě nebyla. Odešla - a vzala si s sebou na památku nejenom všechny peníze z jeho náprsní tašky, ale také pečlivě prohledala všechny zásuvky a vzala si i šperky paní Stravílkové. Bylo toho za 40 000 korun.

Podle povídky z knihy Pražské pitavaly od Jaroslava Kopše.

Aforismy

Žena má vždy vypadat jako dívka, vystupovat jako dáma, myslet jako muž a dřít jako kůň. *Carolina Simonová*

Štěstí - to je vysvětlení pro úspěch druhých. *Dorothy Thompsonová*

Neříkej hop, ani když přeskočíš. Nejdřív se podívej, do čeho jsi skočil. *Julian Tuwim*

Kde jedí, tam jez, a kde dělají, tam nepřekážej. *Polské přísloví.*

Měl co dělat, aby dělal, jako že dělá. *Alf Scorell*

Ze všech lásek nejupřímnější je láska k jídlu. *G.B. Shaw*

Představte si to ticho, kdyby lidé říkali jen to, co vědí. *Karel Čapek*

Nemusíš říkat vše, co víš, ale musíš vědět vše, co říkáš. *Matthias Claudius*

Z knihy Václava Duška: Veselý aforistikon.

Naučte se také nějaké české písničky.

Já jsem z Kutný Hory

Já jsem z Kutný Hory
 koudelníkův syn.
Já mám v Praze tři domy,
až je koupím, budou mý.
Já jsem z Kutný Hory
koudelníkův syn.

Okolo Hradce

Okolo Hradce v malé zahrádce
rostou tam tři růže.
Jedna je červená, druhá je bílá,
třetí kvete modře.

Kobylka malá, kovat se nedá,
kováři nechce stát.
Tak jako má milá,
když se na mě hněvá,
hubičku nechce dát.

Kobylka malá, kovat se dala,
kováři postála.
Tak jako má milá,
když se udobřila,
hubičku mi dala.

Kdyby byl Bavorov

Kdyby byl Bavorov, co jsou Vodňany,
dal bych ti hubičku na obě strany.
Ale že je za vodou, za vodičkou studenou,
nedám ti, má milá, ani jedinou.

Kdyby byl Bavorov co Prachatice,
dal bych ti hubiček na sta tisíce.
Ale že je za vodou, za vodičkou studenou,
 nedám ti, má milá, ani jedinou.

Texty k poslechovým cvičením:

Lekce 2, cvičení 16:
- Pojďte dál a posaďte se. Jak se jmenujete?
- David Smith.
- Odkud jste?
- Z Kalifornie. Jsem Američan.
- Co děláte? Jaké je vaše povolání?
- Jsem učitel angličtiny.
- Jste ženatý?
- Ne, nejsem.

Pamela je Angličanka. Je novinářka. Je svobodná.

- Ahoj! Jak se jmenuješ?
- Thorsten.
- Jsi ženatý?
- Ano, jsem.
- Ty jsi Němec?
- Ano.
- Co děláš?
- Jsem kuchař.

Jsem inženýr. Jmenuji se Pavel Novák. Jsem Čech. Jsem rozvedený.

Je Francouz. Jmenuje se Jean. Je svobodný.

Dobrý den. Jmenuji se Monika. Jsem Rumunka, jsem vdaná a jsem v domácnosti.

Lekce 2, cvičení 18

a/ Zapisujte hlásky, které uslyšíte:
ká, há, á, é, pé, er, es, cé, čé, í, ú, zet, té, eš, eř, em, en, chá, jé, žet, dé, ef, gé, ó, vé, tvrdé i, iks, dvojité vé, bé.
b/ Zapisujte jména, která uslyšíte:
velké há, o, en, zet, a, velké té, er, o, jé, a, en(Honza Trojan); velké jé, i, eř, dlouhé měkké í, velké té, er, en, ká, a (Jiří Trnka).

Lekce 3, cvičení 21

Zapisujte číslovky, které uslyšíte: 25, 44, 58, 94, 88, 16, 5, 172, 1, 97, 14, 6, 19, 269, 7, 543, 18, 699, 1000.

Lekce 6, cičení *38*

Vyslechněte nahrávku a vyplňte tabulku:
- Kde teď bydlíš, Moniko?
Bydlím v Ostravě, bohužel už ne v Praze. Mám jednopokojový byt bez koupelny, což je strašné, ale to víš, je to starý dům. A telefon samozřejmě nemám.
- A kolik platíš měsíčně?
- Jenom 180 Kčs. Ale k tomu ještě za plyn, za elektriku a za vodu, dohromady je to 455 Kčs.
- To jde.

Ivana bydlí s rodiči na plzeňském sídlišti. v hezkém čtyřpokojovém bytě s balkónem a s garáží. Činže je tam vysoká, platí 1645 Kčs měsíčně. Mají skupinový telefon.

- Ahoj, Aleši! Co děláš v Praze?
- Já tady studuji medicinu.
- A bydlíš v koleji?
- Ne, bydlím u tety, mám tam pěkný velký pokoj, a hlavně - neplatím žádnou činži.
- Tak to je fajn. A máš telefon?
- Ano. Já ti dám číslo: 453 90 26. Máš to?
- Jo. 4 5 3 9 0 2 6. Tak já ti někdy zavolám.
- Prima. Tak ahoj!
- Čau!

- No tak, co chcete vědět? Jmenuju se Smetana, jsem vdovec, žiju ve vlastní vilce, kde mám dvoupokojový byt s kuchyní, se záchodem a s koupelnou. Bydlím v malém městě Tišnově nedaleko Brna. Telefon mám, ale nikdo mi nevolá.

SLOVNÍ ČEK

Teacher's instructions - Translation into English

Cvičení - Exercise
Čtěte otázky a odpovědi ve dvojicích! - Read the questions and answers in pairs
domácí úkol - homework
Doplňujte! - Fill in
Doplňte správné tvary podle smyslu! - Fill in the correct forms
Doplňte vhodná adjektiva! - Choose the appropriate adjectives
formální / neformální dialog - formal / informal dialogue
Hádejte! - Guess
Hláskujte! - Spell
Inscenujte rozhovory! - Set the dialogues!
Jaký je rozdíl...? - What is the difference...
měnit se - to be changed
Nahrazujte! - Substitute
Najděte...! - Try to find
Nakreslete rodokmen! - Draw a family-tree
následující - following
Obměňujte slovní spojení! - Change the sentences
Odpovídejte kladně nebo záporně! - Answer in positive or in negative
Odpovídejte na otázku! - Answer the question!
Odpovídejte písemně podle svých jazykových dovedností! - Answer in written form using your language skills.
Odpovídejte stručně! - Give a short answer
Opakujte! - Repeat!
Oslovujte se! - Address each other!
Pamatuj/ pamatujte si! - Remember!
podle daného vzoru - using the model structure
podle obrázku - using the picture
podobně - similarly
Pokračujeme a vystřídáme národnosti/ povolání. - Go on and change the nationalities/ occupations
Pokračujte dále! - Go on
Podle vzoru úvodního textu A se vzájemně představte! - Introduce yourselves using the model phrases in lesson 1 A
Pokračujte tak dlouho, dokud si pamatujete....! - Go on until you are unable to remember....
Popište!- Describe
Použijte ...! - Use!
Studenti se ptají jeden druhého na jména svých spolužáků. - Students ask each other about the names of their classmates
Používejte ....! - Use
Použijte v cvičení ......! - Use in the exercise....
Používejte slovní spojení...! - Use the phrases....
Povstaň/te! - Get up!
Požádejte kamaráda! - Ask your friend!
Pracujte ve dvojicích! - Work in pairs
Pracujte jako u vzoru .....Go on as in the model....
pravopisný rozdíl - difference in spelling
Přečtěte! - Read
Přidejte něco! - Add something!
příklad - example
Přineste ... - Bring !
Připravte si panáčky z přílohy! - Get the pictures in the inset ready!
Ptejte se na svoje věci - Ask about each other's possessions
Ptejte se na význam! - Ask about the meaning
Ptejte se na různá místa ve městě! - Ask about local places
Ptejte se na věci, které kupujete! - Ask about things you buy
Reprodukujte ve dvojicích dialog/ rozhovor! - Repeat the dialogues in pairs

Reprodukujte text ve skupinách - Repeat the dialogues in groups
rozdíl - difference
Rozdáme obrázky známých osob a studenti se ptají jeden druhého, kdo to je. - The teacher passes pictures of famous people to the class, getting the students to ask each other who they are.
Rozdáme kartičky s názvy povolání a studenti mají za úkol zjistit povolání svých spolužáků. _ The teacher passes cards with the names of different occupations to each student and their task is to learn the occupations of the other students.
Rozdáme obrázky známých osob s studenti se ptají jeden druhého... - The teacher passes cards with the pictures of famous personalities and they ask each other about their names
rozkaz - order
Rozvíjejte vyprávění - Expound upon the story!
Říkejte,..! - Say
Sestavte plán! - Make a plan
Spojte výrazy, které patří k sobě! - Join expressions that belong together.
Srovnej! - Compare
Střídejte kladné a záporné odpovědi! - Mix affirmative and negative answers
Studenti mají/musí také rozlišit, zda se ptají muže nebo ženy - Students should learn the difference in addressing male and female persons
Studenti vstanou, chodí po třídě a reprodukují ve dvojicích... - Students move from their seats and find a partner to repeat the dialogues in pairs
Tvořte dialogy k obrázkům! - Make-up dialogues for the pictures
Tvořte podobně - Form in a similar way
Tykáte - You are using an informal way of addressing people
Tykejte! - Address people in an informal way
Udělejte tabulku! - Draw a table!
Už ívejte výrazy, uvedené u vzoru ....! - Use expressions in model....
Vstanou všichni posluchači a představují se vzájemně/ navzájem i učiteli. - All the students get up and introduce themselves to each other and the teacher
Vstaňte! - Get up
Všimli jste si něčeho zvláš tního? - Have you noticed anything extraordinary?
Vyberte vhodná adjektiva! - Choose suitable adjectives
Vyjádřete opak! - Use the opposite
Vykejte! - Address people in a polite formal way
Vymyslete...! Think out...
vynechávat - omit
Vyplňte tabulku! - Fill in the table
Vyslechněte nahrávku! - Listen to the recording
Vyslovujte! - Pronounce
Vyslovujeme stejně - We pronounce in the same way
Využ ívejte ...! - Use
Začíná učitel../ začíná první student....- The teacher starts.../ first student starts...
Zapisujte hlásky, které uslyš íte z kazety - Listen to the recording and write down the letters you hear
Zapište zjištěné údaje! - Write down what you have learned
Zatrhněte v kolonce správný údaj - Tick the appropriate answer in each column
závorky - bracket
zdvořilá forma - formal way / polite form of addressing people
Zeptejte se na tytéž údaje tří svých spolužáků - Ask three of your classmates the same questions
Změňte program! - Change the programme
Zopakujte cvičení ..../ podle tohoto vzoru...- Repeat the exercise using this model
zpravidla - usually

Gramatické termíny: List of grammatical expressions used in this exercisebook

abeceda - alphabet
adjektivum - adjective
akusativ / 4. pád - accusative
čárka - comma
čas: minulý, přítomný, budoucí - tense:past, present, future
částice - particle
číslovka řadová /základní / sudá, lichá- numerals / ordinal / cardinal / even, odd
dativ / 3. pád - dative
děj dokončený, nedokončený - action: finished, unfinished
genitiv / 2. pád - genitive
gramatika/mluvnice - grammar
háček - hook (graphical mark used in Czech alphabet)
hláska - phonetic sound
imperativ - imperative
infinitiv - infinitive
instrumentál / 7. pád - instrumental
kladný - affirmative
koncovka - ending
konjugace / časování - conjugation
konsonant / souhláska - consonant
kroužek - circle (graphical mark used in Czech alphabet to denote long u)
lokál / 6. pád - locative
maskulinum /mužský rod - masculine form
měkký / tvrdý / obojetný - soft /hard/ ambiguous (three groups of Czech consonants)
měkký vzor - model for declension of nouns or adjectives with soft endings
název: názvy (států) - names (of countries)
neutrum /střední rod - neuter
neživotný - inanimate
nominativ / 1. pád - nominative
osobní zájmeno - personal pronoun
oslovení - addressing form
otázka - question
oznamovací věta - statement
označovat /označující - denote / denoting
plural /pl./ množ né číslo - plural
pomocné sloveso - auxiliary verb
prézens / přítomný čas - present tense
předložka - preposition
přízvučný - stressed
přízvuk - stress
přechylování - forming of parallel female nouns (student - studentka: male student - female student)
přejatý : přejatá slova - loan words
příjmení - surname
reflexivní / zvratný - reflexive
samohláska - vowel
sloveso: dokonavé, nedokonavé - verb; perfective, imperfective
singular /sg./ jednotné číslo - singular
skloňovat - decline
slovní spojení - verbal unit
substantivum /podstatné jméno - noun
tečka - full stop
tykat - use informal way of addressing people
tvar - form
tvrdý vzor - model for declension of nouns with hard endings
vid - aspect
vokativ / 5. pád -addressing form of a noun
vykat - use formal way of addressing people
vzor model (for declension, conjugation or for an exercise,
zájmeno - pronoun
zakončit: zakončený - ended
zápor/ záporný - negative
životný - animate

Vocabulary

The vocabulary contains two parts:
a/the summaries to each lesson;
b/ the wider choice of words that have appeared in the lessons .

If not all the words given in this list are the ones you have chosen to learn, it will not hinder you from following the course. Some of them have been used only in pronounciation drills.

Remember: * in front of verbs denotes a perfective verb.

A

a	and
abych řekla pravdu	to tell the truth
adresa f.	address
Ahoj!	Hi!
Albánec m.; Albánka f.	Albanian /male, female
ale	but
alergie f.;alergický adj.	allergy;allergic
Američan m.; Američanka f.	American /male ,female
ananas m.; ananasový adj.	pineapple
angina f.	tonsillitis
Angličan m.; Angličanka f.	English /male, female
angličtina f.	English language
ani	neither
ano	yes
antibiotikum n.	antibiotic
Arab m.; Arabka f.	Arabian /male, female
asi	maybe, perhaps
aspirin m.	aspirin
Australan.; Australanka f.	Australian /male, female
auto n.; autíčko n.	car; toy-car
autobus m.	bus
automat m.	snack-bar
až	when, as far as

B

babička f.	grandmother
balík m., balíček m.	parcel
balkón m.	balcony
banán m.	banana
banka f.	bank
barokní adj.	baroque
barva f.; barevný adj.	colour
bavit se /bavím, bavíš	enjoy oneself
bavlna f.; bavlněný adj.	cotton
bazén m.: plavecký bazén	swimming pool
běhat/běhám, běháš	run
během (+ genitiv)	during
becherovka f.	Becher's liquer
bez (+ genitiv)	without
bezmasý adj.	meatless, vegetarian
bílý adj.	white
bláto n.	mud
bledý adj.	pale
bluza f.	blouse
bod m.	point
bohatý adj.	rich
bojler m.	electric heater
bolení n.;bolest f.	ache; pain
bolet: bolí	hurt
bota f.; pl. boty, bot	shoe
brát si /beru, bereš	take
bratr m.	brother
bratranec m.	cousin
broskev f.; broskvový adj.	peach
brzy /brzo	soon
břicho n.	belly
buchta f.	cake
budova f.	building

budu, budeš, bude,...	I will be, you will....
Buď zdráv!	Hi! Bye!
budík m.	alarm clock
bufet m.	buffet, refreshment room
Bulhar m.; Bulharka f.	Bulgarian /male, female
bunda f.	jacket, anorack
bydlet /bydlím, bydlíš	live
bylina f.;bylinka f.; -ový	herb; herbal
byt m.	flat, apartment
být /jsem, jsi, je,	to be /I am, you are, he is,
jsme, jste, jsou	we are, you are, they are

C

cesta f.	road, trip
celer m.	celery
celý: celá rodina	the whole family
centrum n.	centre
citrón m.; citrónový adj.	lemon
cizina f.; cizí adj.	foreign country;foreign
cizinec m.; cizinka f.	foreigner/male, female
Co je to?	What is it?
cukr m.	sugar
cukrárna f.	sweetshop
cvalík m.	fat child

Č

čaj m.	tea
čajník m.	teapot
čas m.	time
časopis m.	journal
často	often
Čau!	Bye!(colloquial)
Čech m.; Češka f.	Czech /male, female
čekat/čekám, čekáš	wait
čepice f.	cap
černý adj.	black
čerstvý adj.	fresh
červený adj.	red
Československo n.	Czechoslovakia
český adj.	Czech
česnek m.	garlic
čeština f.	Czech language
čevabčiči n.	chevabchichi
čí	whose
Číňan m.; Číňanka f.	Chinese /male, female
čím	(instr. co)
činže f.	rent
číslo n.	number
čisticí adj.;čisticí prostředek	for cleaning; cleanser
čistý adj.	clean
článek m.	article
čokoláda f.; čokoládový adj.	chocolate
čtenář m.	reader
čtvrtka f.	quarter
čtyřpokojový adj.	four-room

D

dále	then
daleko	far away
další adj.	next, further
dámský adj.	for ladies
Dán m.; Dánka f.	Danish /male, female
dárek m.	present
*dát /dám, dáš; dát si	give; have /I will have
datum n.	date
dávat,/dávám, dáváš(dárek)	give
dávno	long ago
dcera f.	daughter
dědeček m.	grandfather
defenzíva f.	defensive
deka f.	blanket

Dej mi pokoj!	Do not disturb me!
Děkuji!/Děkuju!	Thank you!/ colloquial
Děkuju pěkně!	Thank you very much!
dělat/Co tady děláte?	What are you doing here?
Dělej rychle!	Hurry up!
dělník m.; dělnice f.	worker/male, female
den m.	day
deník ČST	Czechoslovak TV news
denně	daily
deska f.(gramofonová)	record
déšť m.	rain
dětský adj.	child's, children's
děvče n.; děvčata pl.	girl
dezert m.	dessert
dialog m.	dialogue
dieta f.	diet
dík m.	thanks
diktátor m.	dictator
diplomat m.	diplomat
díra f.	hole
dirigent m.	conductor
disko n.	discoteque
diskuse f.	discussion
dítě n. /děti pl.	child/children
dívat se /dívám, díváš	watch, look at
divadlo n.	theatre
dívka f.	girl
dlouhý adj.; dlouho	long; for a long time
Dobrou noc!	Good night!
Dobrou chuť! Nápodobně!	(Bon apetit! - The same to you!)
dobrý adj.	good
Dobrý den!	Hello!
dobře adv.	fine, well
docela	quite
dohromady	together
doktor m.; doktorka f.	doctor /male, female
dolar m.	dollar
dolů	down
doma; domů	at home; home
domácnost f.	household
dopis m.	letter
dort m.	cake
*dosáhnout/ dosáhnu, - eš	achieve
dospělý adj.	grown up
dost	enough
*dostat /dostanu, dostaneš	get
*dovolat se/dovolám,-áš	get through
dovolená f.	holiday
*dovolit/dovolím, dovolíš:	allow; let
dovolte, abych	let me ...
drahý adj.	expensive, dear
drobné pl.	change
droga f.	drug
drogérie f.	drugstore
druhý	second; the other
dřevo n.;dřevěný adj.	wood; wooden
důkladný adj.	proper
důležitý adj.	important
dům m.	house, block of flats
Dům módy	House of fashions
dvacetník m.; dvacetníček m.	twenty heller(coin) /colloquial
dvakrát	twice
dveře pl.	door
dvoje	two pairs of
dvoulůžkový adj.	double-bedded
dvůr m.	yard
dýchat/dýchám, -áš	breathe
dýka f.	dagger
džezový adj.	jazz
džíny/džínsy pl.	jeans
džus m.	juice

E

ekonom m.	economist
elektřina f.;elektrický	electric power
emancipace f.	emancipation
energický adj.	resolute
eskymácký adj.	Eskimoan
Evropa f.; evropský	Europe; European
exkurse f.	excursion

F

fajn (hov.)	O.K.
fakulta f.	faculty
fax m.	fax
festival m.	festival
filé n.	fillet
film m.	film;movie
filolog m.	philologist
filozofie f.; filozofický adj.	philosophy; philosophical
Fin m.; Finka f.	Finn /male, female
firma f.	firm
formulář m.	form
fotbal m./kopaná f.	football
fotoaparát m.	camera
fotograf m.; fotografka f.	photographer /male, female
fotografie f.	photograph
fotopotřeby pl.	photo-equipment
Francouz m.; Francouzka f.	French
frank m.	franc
fronta f.	line, queue

G

galantérie f.	fancy goods
galerie f.	gallery
garáž f.	garage
gauč m.	bed settee
generál m.	general
geolog m.	geologist
gong m.	gong
gramofon m.	record-player
gramofonový adj.; g. deska	record
granát m.	garnet
grep m.	grapefruit
grog m.	grog
guláš m.	goulash
guma f.;gumový adj.	rubber
gymnastika f.	gymnastics
gymnázium n.	grammar school

H

had m.	snake
hádka f.	quarrel
hala f.	hall
harfa f.: Na harfě	harp; a local place in Prague
herec m.; herečka f.	actor; actress
hezký adj.	nice, pretty, fine
hlad m.: mám hlad	I am hungry
hlasovat/hlasuji, -eš	vote
hlava f.	head
hlávkový adj.:h-ý salát	lettuce salad
hlavní adj.; hlavně	main;mainly
hledat/hledám, hledáš	look for
hlídač m.	night-watchman
hloupý adj.; hloupě	stupid; in a stupid way
hned	in a moment, just now
hnědý adj.	brown
hoch m.	boy
hodina f.	hour
hodinky pl.	watch
hodně	much, many, a lot of

hřeben m.	comb
holčička f.	little girl
holínky pl.	boots
holka f.	girl
hořčice f.	mustard
hořet/hoří	be on fire
horečka f.	fever
horko; je mi horko	heat; I am hot
horor m.	horror
hospoda f.	pub
hotel m.	hotel
hotový adj.:prodej za hotové	cash sale
houska f.	roll
houskový adj.: h-é knedlíky	dumplings with cut white bread
hračka f.	toy
hrad m.	castle
hrách m.;hrachový	peas
hranolky pl.	chipped potatoes; chips
hrášek m.	green peas
hrozný adj.	terrible
hruška f.; hruškový adj.	pear
hřiště n.	playground
hudba f., hudební adj.	music; musical
hůl f.	stick
husa f.	goose
hygiena f.	hygiene
hymna f.	anthem

CH

chata f.	weekend house
chlapec m.	boy
chléb m.; chleba	bread
chlebíček m.	open sandwich
chodba f.	corridor
chodit/chodím, chodíš	go, walk
chodník m.	sidewalk, pavement
chřipka f.	flu
chrám m.	cathedral
chtít /chci, chceš	want
chuť f.: mám chuť na zmrzlinu	I feel like having an icecream
chvíle f.	moment
chyba f.	mistake
chybět; kdo chybí?	be absent;miss;
co ti chybí?	what's wrong with you?
*chytit/chytím,-íš	catch
chytrý adj.	cleverl

I

i	and; also
informace f.; informační adj.	information
informovat/informuji,-ješ	inform
injekce f.	injection
instrukce f.	instruction
inteligentní adj.	intelligent
internacionální adj.	international
invalida m.	invalid
investiční adj.	investment
inzerát m.	advertisement
inženýr m.; inženýrka f.	engineer /male, female
Ir m.; Irka f.	Irish /male, female
ischias m.	schiatica
Ital m.; Italka f.	Italian /male, female

J

já	I
jablko n.	apple
jahoda f.; jahodový	strawberry
Jak se jmenuje....?	What is the name of....?
Jak se to píše?	How do you spell it?
Jak se řekne...?	What is the (Czech...).. for... ?
Jak se máte? /Jak se máš?	How are you?/informal

Jaké máte číslo bot?	What size are your shoes?
jako	as, like
jaký? jaká? jaké?	what (is it) like?
Japonec m.; Japonka f.	Japanese /male, female
jaro n.; jarní adj.	spring
jasný ad.;jasně	clear; clearly; surely
jazyk m.; jazykový adj.	language
jeden	one
jedině	merely
jednání n.	action, business
jednat se: jedná se o čem;	be on the agenda
o co se jedná	what's the matter?
jednobarevný adj.	plain
jednolůžkový adj.	single-bedded
jednou	once
jedny	one pair
jeho	his
její	her
jejich	their
jelen m.	stag
jen; jenom	only
ještě	still, yet
jet /jedu,jedeš	go
jezdit /jezdím, jezdíš	go
jídlo n.	dish, meal
jídelní adj.: j-í lístek	menu-card
jih m.; jižní adj.	South; southern
jinak	otherwise
jindy	other times, next time
jiný	another, some other, different
jíst/jím, jíš	eat
jistě	sure, surely, certainly
jít/ jdu,jdeš	go
jitro n.; dobré jitro!	good morning!
jízdní adj.: jízdní řád	time-table
jízdenka f.	travel ticket
jmenovat se: jmenuji se ...	My name is ...
jo, jó (hov.)	yeah, yep

K

k (+ dativ)	to
kabát m.	coat
kabelka f.	handbag
kabina f.	fitting room
kachna f.	duck
kakao n.; kakaový adj.	cocoa
kalendář m.	calendar
kalhoty pl.	trousers
Kam pojedete?	Where will you go?
kamarád m., kamarádka f.	boyfriend, girlfriend
kámen m.; kamenný adj.	stone
Kanaďan m.; Kanaďanka f.	Canadian /male, female
kancelář f.	office
kantýna f.	canteen
kapacita f.	capacity
kapesník m.	handkerchief
kapky pl.	drops
kapr m.	carp
kapsa f.	pocket
karamel m.	caramel
karbanátek m.	hamburger
kaše f.	puree
kašel m.; kašlat/kašlu,-eš	cough
karta f.:peněžní k.	credit card
kartáč m.	brush
káva f.	coffee
kavárna f.	coffee bar
každý	everybody, each
kde/Kde bydlíte?	where/Where do you live?
kdo	who
kdy?	when?
když	when, if
kedlubna f.	kohlrabi

kilo n.; kilogram m.	kilogram
kino n.	cinema
kiosek m.	kiosk, stall
klasický adj.	classic
klášter m.	monastery
klid m.	rest
klinika f.	clinic
klobouk m.	hat
kloktadlo n.;kloktat/kloktám,-áš	gargle
klub m.	club
kluk m.	boy
knedlík m.	dumpling
kniha f.	book
knihovna f.	book case
koho; koho hledáte?	whom; Who are you looking for?
kohoutek m.:vodovodní k.	tab
koka-kola f	coca-cola
koláč m.	cake
kolínský adj.:kolínská voda	eau de Cologne
koňak m.	cognac
kolega m.	colleague
Kolik to stojí?	How much is it?
Kolik je hodin?	What's the time?
kolik	how much, how many
kolo n.	bicycle
komedie f.	comedy
koncert m.	concert
končit/končím, končíš	end, finish
konec m.	end
konečně	at last
konečný adj.; konečná stanice	terminal
konfekce f.	ready-made clothes
konference f.	conference
koníček m.	hobby
kontrola f.	examination
kopaná f.	football
kopr m.; koprový	dill
koruna f.	crown
kost f.	bone
kostel m.	church
kostka f.	cube
košile f	shirt
kotník m.;vymknutý k.	sprained ankle
koulování n.	snowball fighting
kouřit/kouřím,-íš; kuř! kuřte!	smoke
koupelna f.	bathroom
*koupit/koupím,-íš; kup! kupte!	buy; buy!
kousek m. (dortu)	piece (of cake)
kousek m.: pěkný k. pěšky	it's pretty far away
kout m.	corner
kožený adj.	leather
krádež f.	theft
kraj m.	region
krájet/krájím, -íš	cut
král m.	king
krásný adj.	nice, beautiful
krátký adj.	short
krém m.	cream
krev f.	blood
kriminální adj.	criminal
krk m.: bolí mě v krku	neck; I've a sore throat
krokodýl m.	crocodile
kronika f.:černá k.	crime and accident column
křen m.	horseradish
křeslo n.	armchair
křestní adj.: křestní jméno	Christian name, first name
křída f.	chalk
křižovatka f.	crossing
který	which
Kubánec m.; Kubánka f.	Cuban /male, female
kudy?	Which way?
kuchař m.; kuchařka f.	cook /male, female
kufr m.	suitcase
kuchyně n.	kitchen

kultura f.; kulturní adj.	culture; cultural
kupé n.	compartment
kupovat /kupuji,-eš	buy
kurs m.	(money) rate; (English) course, class
kuře n.	chicken
kůže f.; kožený	leather
květák m.; květákový adj.	cauliflower
květina f.; kytka f.	flower
kým	(instrum. kdo)
kytara f.	guitar

L

laciný adj.	cheap
láhev f.	bottle
lanovka f.	funicular
láska f.	love
laskavý adj.	kind
latinský adj.	Latin
léčit se; léčím, léčíš	cure
léčivý adj.	curative
led m.	ice
lednička f.	fridge
ledviny pl.	kidneys
lék m.	medicine
lékař m.; lékařka f.	doctor, general practitioner
lékárna f.	pharmacy
lektor m.	teacher
les m.	forest
letadlo n.	airplane
letět /letím, letíš	fly
letiště n.	airport
léto n.; letní adj.	summer
lev m.	lion
levný adj.	cheap
ležet/ležím, ležíš	lie
líbat/líbám, líbáš	kiss
líbit se: to se mi líbí	like; I like it
libra f.	pound
limonáda f.	flavoured soda water
linka f.: kuchyňská l.	kitchen unit
lipový adj.:lipový čaj	linden infusion
loď f.	ship
ložnice f.	bedroom
lux m.; luxovat/luxuji,-eš	hoover, vacuum cleaner
lyže pl; lyžařský adj.	skis
lyžovat/lyžuji, lyžuješ	ski

M

Maďar m.; Maďarka f.	Hungarian /male, female
magistr m.; magistra f.	pharmacist/male,female
magnetofon m.	tape-recorder
majonéza f.	mayonnaise
mák m.; makový adj.	poppy seeds
makaróny pl.	macaroni
málem	nearly
malíř m.	painter
malovat si/maluji,-eš	draw, paint
malý adj.	small, little
Mám se dobře.	I'm fine.
maminka f.;maminčin	mummy;mummy's
manažer m.; manažerka f.	manager /male, female
manžel m.; manželka f.	husband, wife
marka f.	mark
masáž f.	massage
máslo n.	butter
maso n.	meat
masožravý adj.	carnivorous
máta f.; mátový	mint
Máte vybráno?	Have you made a choice?
matka f., maminka, máma	mother, mummy
med m.	honey

medicina f.	medicine
medvěd m.;medvídek m.	bear; teddy-bear
mechanický adj.	mechanical
Měj se dobře/ hezky! /Měj se!	Have a good time! /colloquial short
menší adj.	smaller
meruňka f.;meruňkový	apricot
měřit si/ měřím, měříš	measure
měsíčně	monthly
město n.	town
metro n.	underground;subway;metro
mezinárodní adj.	international
míč m.	ball
miláček m.	sweetheart
milionářka f.	millionaire
milovat /miluji, miluješ	like, love
milý adj.	dear
mimo (+ gen; + akuzativ)	out of
mimo nebezpečí	out of danger
minerálka f.	mineral water
ministr m.	minister; Secretary of State for
místenka f.; místenkový	seat reservation
místo n.	place; job
mistr m.; mistrová f.	master/ male, female
mistrovství n.	championship
mít / mám, máš	have
mít rád /mám rád, máš rád	like
mladší adj.	younger
mladý adj.	young
mlčet/mlčím, mlčíš	be silent
mléko n.; mléčný adj.	milk
mlha f.	fog
mluvit/mluvím, mluvíš	speak
moc	much, many, a lot of; to much
moci/můžu, můžeš	can
mockrát: mockrát děkuji	Many thanks! Thank you very much!
modrý adj.	blue
mokrý adj.	wet
moment m.	moment
montáž f.	construction works
moravský adj.:m-ý vrabec	roasted pork meat
moře n.; mořský adj.	sea
most m.	bridge
motor m.	engine
motorka f.	motor-bike
moučník m.	dessert
moucha f.	fly
mráz m.	frost
mrkev f.	carrots
mrtvý adj.	dead
mrzet: mrzí mě to	I'm sorry
můj, moje	my; mine
muset/musím, musíš	have to; must
muzeum n.	museum
muž m.	man, husband
my	we
mýdlo n.	soap
myslet /myslím, myslíš	think
mýt (se, si)/myji, myješ	wash

N

na (+ akuzativ; + lokál)	on, at, to
Na shledanou!	Good bye!
nabídnout/nabídnu, nabídneš	offer
nábřeží n.	embankment
nábytek m.	furniture
nádherný adj.	beautiful, fascinating
nádivka f.	stuffing
nádobí n.	dishes
nádraží n.	train station
nadšený čím adj.	fascinated, enthusiastic about stg.
náhoda f.; náhodou	chance; by chance
nahoru	up

*nachladit se/nachladím,-š	catch a cold
*najíst se /najím, najíš	eat
náklaďák m.(hov.)	lorry, truck
nakládat/nakládám, nakládáš	load
*nakoupit/nakoupím,-íš	do shopping
*nakrájet/nakrájím, nakrájíš	cut
nákup m.; nákupní adj.	shopping
nakupovat /nakupuji,-eš	do shopping
nám	to us
náměstí n.	square
nápad m.	idea
nápis m.	inscription, sign
*napít se /napiji, napiješ	have a drink, drink
nápoj m.	drink
naposledy	last time
naproti (+ dativ)	opposite
napřed	first of all
*napsat/napíšu, napíšeš	write
národ m.; národní adj.	nation; national
*narodit se/	
narodil jsem se,....	to be born / I was born
narozeniny pl.	birthday
náručí n.:vzít do náručí	embrace
*nastoupit/nastoupím,-íš;	get on
nastupovat/nastupuji,-eš	get on
nástroj m.	instrument
nástupiště n.	platform
*nastydnout/se)/nastydnu, -eš	catch a cold
náš, naše	our
naštěstí	fortunately
návštěva f.	visit
navštěvovat/navštěvuji,-eš	visit
*navštívit/navštívím, navštívíš	visit
Nazdar!	Hi!
názor m.	opinion
ne	no
nebo	or
neboj/te se!	Do'nt be afraid; do'nt worry
něco	something
neděle f.	Sunday
*nechat si:Drobné si nechte!	Keep the change!
nechávat/nechávám, -áš	leave; let
nějaký	some, any
nejhorší adj.	the worst
nejlépe	best
nejraději: mám nejraději	I like best
někam	somewhere, anywhere
někde	somewhere, anywhere
někdo	somebody
někdy	sometimes
některý	some; one (of them)
nekuřák m.	nonsmoker
Němec m.; Němka f.	German/male, female
nedá se nic dělat	nothing can be done
nemoc f.; nemocný adj.	disease; ill
nemocnice f.	hospital
nenávidět/nenávidím, -íš	hate
Není zač!	Don't mention it.
nepořádek m.	mess
Nerozumím česky.	I don't understand Czech.
neschopenka f.	sick note
nesprávný adj.	uncorrect
nést /nesu, neseš	carry
Nevíte, čí je ...?	Do you know who this belongs to?
než	before
nezaměstnaný adj.	unemployed
nic	nothing
nikde	nowhere
nikdo	nobody
nikdy	never
noha f.; nožička f.	foot, leg
Nor m.; Norka f.	Norwegian /male, female
normální adj.;normálně	normal; normally
nos m.; nosní adj.	nose
novinář m.; novinářka f.	journalist /male, female
noviny pl.	newspaper
nový adj.	new
nudný adj.	boring
nůž m.	knife

O

o (+ lokál)	about
obálka f.	envelope
obchod m.; obchodní dům	shop; department store
obchodník m.	businessman
oběd m.;obědvat/obědvám,-áš	
*objednat/objednám,-áš	order
objednávat/objednávám,-áš	order
objednávka f.:jídla na o-u	meals made to order
obklad m.	compress
*obléci (se)/obleču,-eš	get dressed
oblékat/oblékám	get dressed
oblíbený adj.	favourite
obloha f. (jídlo)	veg salad
*obout se/obuji, obuješ	put shoes on
obouvat se/obouvám,-áš	put shoes on
obraz m.	picture
obsazeno (v telefonu)	number engaged
obuv f.	footwear
obyčejně	usually
obývací adj.; obývací pokoj	living room
od (+ genitiv)	from
odborník m.	expert
oddělení n.	section
*odemknout/odemknu,-eš	unlock
odjezd m.	departure
odkud	from where
*odložit si/odložím,-íš; odložte si!	take off (your coat)
*odnést/odnesu,-eš	take away
odpoledne	afternoon
odpovídat /odpovídám,-áš	answer
*odpustit/odpustím,-íš	pardon
odtažení n. /auto je odtažené	tow-away/the car has been towed away
odtud	from here/from there
okamžik m.	moment
okno n.	window
oko n.; oči pl.	eye
okurka f.; okurkový adj.	cucumber
olympijský adj.	Olympic
omáčka f.	sauce
omeleta f.	omelet
omlouvat se /omlouvám,-áš	apologise
*omluvit se/omluvím,-íš	apologise
omyl m.(v telefonu)	wrong number
on; ona; ono; oni	he; she; it; they
*onemocnět/onemocním,-íš	fall ill
opakovat /opakuji,-eš	repeat
opalovací adj.; o. krém	sunbathing cream
opatrný adj.; opatrně	careful; carefully
opera f.	opera
opice f.	monkey
opilý adj.	drunken
opravdu	really
*opravit/opravím, -íš	repair, check
opravovat/opravuji,-eš	repair
orloj m.	tower clock
oříšek m.; oříškový adj.	nut
osoba f.	person
osobní adj.: osobní vlak	passenger train
ostatní	the others
ostrov m.	island
ošklivý adj.	ugly
otázka f.	question
otec m.,tatínek m., táta m.	father, daddy
*otevřít/otevřu, otevřeš	open

otvírat,/otvírám	open	podnikatel m.; podnikatelka f.	entrepreneur/male, female
ovoce n.; ovocný	fruit	podpis m.	signature
		podrobný adj.	detailed
P		pohár m.:zmrzlinový p.	cup;sundae
		pohled m.	postcard; view
pa! (hov.)	bye!	pohodlný adj.	comfortable
pak	then	pohotovost f.	emergency
palác m.	palace	pohyb m.	movement
paluba f.	board	pohyblivý adj.: p-é schody	escalator
památka f.	monument	pojď/te!	come!
pamatovat/ pamatuji,-eš	remember	pojedu, pojedeš; pojeď/te!	I'll go; let's go!
paměť f.	memory	pokladna f.	cash desk
pamětihodnost f.	sight	pokoj m.	room
pan m.; pán m.	Mr.; gentleman	pokračovat/pokračuji,-ješ	go on
panenka f.	doll	pokuta f.	fine
paní f.	Mrs., lady, woman	Polák m.; Polka f.	Pole /male, female
pánský adj.	for gentlemen	politik m.	politician
papír m.; papírový	paper	politika f.; politický adj.	politics; political
papírnictví n.	stationary	*položit/ položím, položíš	put down
papoušek m.	parrot	Položte sluchátko!	Replace the receiver.
paprika f.	red pepper	pomáhat/pomáhám,-áš	help
párek m.	sausage	pomalu	slowly
parfumérie f.	scent-shop	pomeranč m.	orange
park m.	park	pomník m.	monument
parkování n.	parking	pomoc f.	help
parlament m.	parliament	*pomoci/pomůžu, pomůžeš	help
parník m.	steamer	ponožky pl.	socks
parta f.	company	poplatek m.	fee
partner m.:obchodní partner	business partner	*popovídat si/popovídám,-áš	have a chat
pas m.	passport	poprvé	for the first time
pasta f.	paste	*poradit/poradím, poradíš	advise
patro n.	floor	porce f.	portion
pečeně f.; pečený adj.	roast meat; roasted	pořad m.	programme
pečlivý adj.; pečlivě	careful; carefully	pořád; stále	always
pěkný adj.	fine, nice	pořádek m.: v pořádku	in order
peněženka f.	purse	pořádný adj.: pořádná(angina)	thorough
peníze pl.	money	*posadit se/posadím,-íš	sit down
penze f.	pension	posaď/te se!	sit down!
pero n.	pen	poschodí n.	floor
pes m.	dog	posílat/posílám,-áš	send
pěšky: jít pěšky	on foot; walk	poslanec m.	deputy
petržel f.	parsley	*poslat /pošlu, pošleš	send
pilný adj.;pilně	hardworking; dilligently	*poslechnout/poslechnu, -neš	listen to
pilot m.	pilot	poslední adj.	last
pilulka f.	pill	poslouchat/poslouchám,-áš	listen to
píseň f.;písnička f.	song	*pospíšit si/pospíším,-íš	hurry up
písemný adj.	written	*postarat se o co/	take care about stg,;
pistácie f.; pistácový adj.	pistachio	postarám, -áš	look after stg.
pít /piji, piješ	drink	*postavit se /postavím, -íš	stand; get up
pivo n.	beer	postel f.	bed
pláč m.	crying	pošta f.	post office
plakat/pláču, pláčeš	cry	potichu	noiselessly
plán m.	plan	potom	then
plat m.	salary, wage	potraviny pl.	foodstuffs
platit/ platím, platíš	pay	potřebovat /potřebuji,-eš	need
platný adj.	valid	*použít/použiji, použiješ	use
plést/pletu, pleteš	knit	používat/používám,-áš	use
plíce pl.	lungs	*pověsit(si)/pověsím,-íš	hang
plocha f.	territory	povídat/povídám,-áš	say, tell
plyn m.; plynový adj.	gas	povídka f.	short story
plyšový adj.	plush	pozdě	late
plzeňský adj.:p-é pivo	Pilzner beer	pozdrav m.	greetings
pneumatika f.	tyre	pozdravovat/:pozdravuji,-eš	give regards
po (+ lokál)	after	pozdravuj!	give my best regards to...
pocit m.	feeling	*poznat/poznám,-áš	recognise
počasí n.	weather	pozor m.;dávat pozor	attention; pay attention
počítač m.	computer	pozvání n.	invitation
*počkat /počkám, -áš /počkej!	wait; wait!	*pozvat/pozvu, pozveš	invite
pod (+ instr., + akuzativ)	under	požár m.	fire
*poděkovat /poděkuji,-eš	say thanks	práce f.	work; job
*podívat se/podívám, podíváš	look at	prací adj.:p. prášek	washing powder
podlaha f.	floor	pracovat /pracuji,-eš	work
podmínka f.	condition	pracovní adj.:-í zařazení	position in job
podnájem m.	lodging	pracovník m.; pracovnice f.	employee

pračka f.	washing machine	přijíždět /přijíždím,-íš	come (by bus)
prádlo n.	underwear	příjmení n.	surname
prach m.	dust	příkop m.	ditch
prakticky	practically	*přiletět /přiletím, přiletíš	come (by plane)
praní n.: prášek na praní	washing powder	příležitost f.	chance
prášek m.(lék)	pill	příloha f.(jídlo)	potatoes, rice, dumplings,.
právě	just now	přímý adj.	direct
pravda f.: to máte pravdu	truth;you are right	*přinést/přinesu, přineseš	bring
pravidelně	regularly	*připít si /připiji, připiješ	drink to someone's health; toast
pravidlo n.	rule	*připravit/připravím,-íš	prepare
právnický adj./p-á fakulta	faculty of law	připravovat se /připravuji,-eš	get prepared
pravý adj.:pravé české jídlo	right; real Czech meal	příště	next time
pražský adj.	of Prague	příslušenství n.	bathroom and lavatory
prezident m.; prezidentka f.	president /male, female	příslušnost f.: státní p.	nationality, citizenship
prima	fine	přístroj m.	device, instrument
pro (+ akuzativ)	for	přítel m.; přítelkyně f.	boyfriend, girlfriend
problém m.	problem	přízemí n.	ground-floor
proč	why	psací adj. :psací stůl	desk
*prodat/prodám, prodáš	sell	psací adj.: psací stroj	typewriter
prodavač m.; prodavačka f.	shop assistant/male, female	psát /píšu, píšeš	write
prodávat / prodávám, prodáváš sell		PSČ	post-code
prodej m.	sale	pstruh m.	trout
prodejna f.	shop	psychologický adj.	psychological
profesor m.; profesorka f.	professor /male, female	ptát se/ptám, ptáš	ask
program m.	programme	*půjčit/půjčím , půjčíš	lend
procházka f.:jít na procházku	go for a walk	půjčovat/půjčuji,-eš	lend
Promiňte! / Promiň!	Excuse me!/ informal	půjčka f.	loan
prosím	please; here you are;	půjdu, půjdeš; pojď/te!	I'll go/walk; let's go
	beg your pardon?	půl , půlka	one half
prostě	simply	punčocháče pl.	tights
protestovat/protestuji, -eš	protest	punčochy pl.	stockings
proti (+ dativ)	opposite to; against	pustý adj.	desolate
proto	that is why...		
protože	because	**R**	
pršet/prší	rain		
prstýnek m.	ring	rád, ráda: jsem rád/a	I'm glad
průjem m.	diarrhoea	rád bych	I'd like
průkaz m.:občanský p.	identity card	rád přijdu	I will be glad to come
řidičský p.	driving licence	rada f.	advice, a piece of advice
průvodce m.	guide; guide book	raději: mám raději	I like better; I prefer
první	first	raději: dám si raději	rather, better:I would rather have
prý	it is said	rádio n.	radio
pryč	away	radnice f.	town hall
přání n.	wish	radost f.: mám radost	I'm glad
přát si /přeji, přeješ	wish	rajče n.; rajčata pl.; rajský adj.	tomato
přece	but; Oh!	Rakušan m.; Rakušanka f.	Austrian /male female
*přečíst/přečtu, přečteš	read	rána f.	wound
před (+ acc.; + instr.)	in front of; before	ráno n.	morning
*předklonit se/předkloním,-íš	bend forward	recept m.	prescription
přednáška f.	lecture	referovat/referuji/-eš	refer
přednost f.	advantage	reklama f.	advertisement
předpis m.	prescription	rekreace f.	recreation
předpověď f.	forecast	rentgen m.	X-ray apparatus
předsíň f.	hall	reportáž f.	report; talk
*představit/představím,-íš	introduce	restaurace f.	restaurant
předtím	before	rezoluce f.	resolution
přecházet/přecházím,-íš	cross	rizoto n.	risotto
*přejít/přejdu,přejdeš	cross	rodiče pl.	parents
překladatel m.; -telka f.	translator	rodina f.	family
přepadení n.	assault	roh m.	corner
přes (+ akuzativ)	across	rohlík m.	roll
přesně	exactly	rok m.; roční	year
*přestat /přestanu, přestaneš	stop	román m.	novel
*přestěhovat se /přestěhuji,-eš move		rovně	straight away
*přestoupit/přestoupím,-íš	change (for a bus)	*rozbít/rozbiji, rozbiješ	break
přestupovat/přestupuji,-eš	change	rozbor m.;rozbor krve	analysis
přezouvat se/přezouvám, áš	change shoes(for slippers)	*rozepnout si/rozepnu,-neš	unfasten
při(+ lokál): při vaření	while cooking	rozhovor m.	dialogue
příběh m.	story	*rozloučit se/rozloučím,-íš	say goodbye; take leave
přihláška f.	application	*rozsvítit/rozsvítím,-íš	switch on (the light)
příjemný adj.	pleasant	rozumět/rozumím,-íš,..	
*přijet /přijedu, přijedeš	come (by car)	rozumějí	understand
příjezd m.	arrival	rozvedený adj.	divorced
*přijít /přijdu, přijdeš	come (walking)	rubl m.	rouble

ručník m.	towel
ruka f.	arm, hand
rukavice pl.	gloves
rum m.	rum
Rumun m.; Rumunka f.	Rumunian /male, female
Rus m.; Ruska f.	Russian /male, female
různý adj.	various
růže f.	rose
ryba f.	fish
rychle	quickly
rychlík m.	express train
rychlý adj.; rychle	fast
rýma f.	runny nose

Ř

řada f.	row
ředitel m.	director
ředkvička f.	radish
řeka f.	river
Řecko n.	Greece
*říct /řeknu, řekneš	tell, say
řídit/řídím, řídíš	drive
říjen m.	October
říkanka f.	children's rhymes
říkat / říkám, říkáš	say, tell
Řím m.	Rome

S

s (+ instumentál)	with
sako n.	jacket
salám m.	salami
samoobsluha f.	self-service shop
samozřejmě	of course
samý: samé knedlíky	only dumplings
sandály pl.	sandals
sanitka f.	ambulance
sáňkování n.	sledging
Sbohem!	Goodbye!
sbor m.: diplomatický s.	diplomatic corps
sedět / sedím, sedíš	sit
sedimentace f.	sedimentation (blood analysis)
*sednout si/sednu, sedneš	sit down
*sejít se s kým /sejdu, sejdeš	meet
sekaná f.	roasted minced meat
sekaný adj.:-ý řízek	minced steak
sekretářka f.	secretary
semafor m.	traffic lights
sestřenice f.	cousin /female
sestra f.	sister
sešit m.	notebook
setkání n.	meeting
sever m.; severní adj.	North; northern
*seznámit se/seznámím,-íš	meet; introduce
seznamovat se/seznamuji,-eš	meet; introduce
*sežrat/sežeru,sežereš (vulg.)	eat
schod m.	step
sídliště n.	suburb
silnice f.	highway
silný adj.	strong
síň f.	hall
sirup m.	syrup
skinhed m.	skinhead
skladba f.(hudební)	composition
skleník m.	glass-house
sklenice f.	glass(cup)
*skočit/skočím, skočíš	jump
skopový adj.;-é maso	mutton
skoro	almost
skříň f.	wardrobe
sladký adj.	sweet
sladit/sladím,-íš	sweeten, put sugar in
slaný adj.	salty

slavný adj.	famous
slečna f.	miss
*slíbit/slíbím, slíbíš	promise
slon m.	elephant
Slovák m.; Slovenka f.	Slovak /male, female
Slovinec m.; Slovinka f.	Slovenian /male, female
slovník m.	dictionary
slovo n.	word
složitý adj.	complicated
služební adj.;-í cesta	business trip
slyšet/slyším, slyšíš	hear
smažený adj.	fried
směr m.	direction
směrem k (+ dativ)	in the direction of
smět/smím, smíš	may
smetana f.;smetanový adj.	cream
smlouva f.	contract
snadno	easily
snažit se/snažím, snažíš	try hard
snídat/snídám,-áš; snídaně f.	have breakfast; breakfast
sníh m.	snow
*sníst /sním, sníš	eat
sodovka f.	soda water
socha f.	statue
solit/solím, solíš	put salt in
současný adj.	contemporary
soukromý adj.	private
spaní n.; spát (spím, spíš)	sleeping; sleep
spěchat /spěchám, spěcháš	to be in a hurry
speciální adj.	special
spisovatel m.; spisovatelka f.	writer /male, female
spokojený adj.	satisfied
společnost f.	society
spolu	together
spolupracovník m.	colleague
spolužák m.	schoolmate
sporák m.	stove
sportovec m.; sportovní adj.	sportsman; sportive
správce m.	custodian
*spravit/spravím,-íš	repair
sprcha f.	shower
stačit: to vám stačí	that is enough for you
stále	all the time, always
stanice f.	station
starat se o co /starám, staráš	look after
starý adj.; starší adj.	old; older
stát m.	state
státní poznávací značka	registration number
stav m.	marital status
stavebnice f.	construction set; lego
stáž f.	fellowship
stejný adj.	the same
stokoruna f.	one hundred crown banknote
stolička f.	stool
strom m.	tree
strop m.	ceiling
strýček m.	uncle
středisko n.	centre
střevo n.; zápal slepého -a	appendicitis
student m.; studentka f.	student/male, female
studený adj.	cold
studovat/studuji, studuješ	study
stůl m.	table
sukně f.	skirt
sůl f.	salt
sušit/suším, sušíš	dry
suterén m.	basement
suvenýr m.	souvenir
svačina f.	afternoon tea; mid-morning coffee
svatba f.	wedding
svátek m.	holiday
svatý adj.	saint
svět m.	world

světlo n.	light
svetr m.	sweater
svíčková pečeně	sirloin of beef
svítit/svítím,-íš	light, shine
svlékat se/si /svlékám, svlékáš	
svobodný adj.	single
svůj/svoje	(reflexive pronoun)
sympatický adj.	nice
syn m.	son
sýr m.	cheese

Š

šachy pl.	chess
šála/šálka f.	scarf
šampón m.	shampoo
šatna f.	cloakroom
šaty pl.	dress
šek m.	check
šilink m.	shilling
široký adj.	wide
šít/šiji, šiješ	sew
škoda f.; to je škoda	It's a pity
škola f.	school
školka f.	kindergarten
šlehačka f.	whipped cream
šofér m.	driver
Španěl m.; Španělka f.	Spaniard/male, female
španělský ptáček m.	fried stuffed beef fillet
špatný adj.;špatně	wrong; badly
špenát m.	spinach
špinavý adj.	dirty
šťastný; šťastnou cestu!	happy, lucky;Have a nice trip!
štěkat/štěká	bark
štíhlý adj.	slim
šunka f., šunkový adj.	ham
Švéd m.; Švédka f.	Swede /male, female
švestka f.; švestkový adj.	plum

T

tabletka f.	pill
tabule f.	blackboard
tady / tu	here
tak - jako	as - as
tak; takže	so
takový	such
taky; také	also, too
talíř m.	plate
tam; tamhle	there; over there
taška f.	bag
tatarský adj.:-á omáčka	tartar sauce
tavený adj.: tavený sýr	processed cheese
taxi n.; taxík m.	taxi
taxikář m.	taxi-driver
taxislužba f.	taxi service
teď	now
technik m.	technician
téct/teče(voda)	run
telefon m.; telefonní adj.	telephone
telegram m.	wire
televize f.; televizní adj.	TV
televizor m.	TV set
tělo n.	body
ten, ta, to	the
tenhle, tahle, tohle	this
tenis m.	tennis
tenisky pl.	plimsolls, tennis shoes
teplota f.	temperature
teplý adj.; teplo n.;teple	warm; warmly
terasa f.	terrace
Těší mě!	How do you do!(reply)
těšit se na co / těším, těšíš	look forward to
teta f.	aunt

těžký adj.	heavy; difficult
textil m.	textiles
ti	to you; the(pl.)
ticho n.	silence
tichý adj.	quiet, silent undress, take off
tisícikoruna f.	one thousand crown banknote
tloustnout/tloustnu, tloustneš	get fat
tlumočník m.; tlumočnice f.	interpreter/male, female
tlustý adj.	fat
tmavý adj.	dark
to je	it is
To se píše takhle:	The spelling is ..
toaletní adj.:t-í papír	toilet paper
topení n.	heating
totiž	namely
tradice f.	tradition
trasa f.	track; line
trávit/trávím, trávíš	spend
trepky pl.	slippers
tričko n.	T-shirt
trochu	a little
troje	three pairs
trvat/trvá	last
tržnice f.	market
třeba: je třeba	it's necessary
třešně pl.	cherries
třída f.	class; fashionable street
tučný adj.	fat
tudy	this way
tulipán m.	tulip
tužka f.	pencil
tvaroh m.	cottage cheese
tvůj, tvoje	your; yours
ty	you
týden m.	week
tygr m.	tiger
typ m.	type

U

u (+ genitiv)	at, by, near to
ubrousek m.	napkin
učebnice f.	textbook
účet m.	bill, check; account
učit /učím, učíš	teach
učit se/učím, učíš	learn
učitel m.; učitelka f.	teacher/male, female
událost f.	event
*udeřit/udeřím, udeříš	strike
*udělat/udělám, uděláš	make; do
*uhodit/uhodím, uhodíš	strike
ucho n.;uši pl.	ear
Ujde to!	So-so. It is not bad.
*ujet/ujedu, ujedeš;	
ujede ti vlak	leave; you'll miss the train
*uklidit/uklidím, uklidíš	clean
*uklidnit se/uklidním, uklidníš	calm down
uklízečka f.	cleaning woman
úkol m.	task; homework
*ukrást/ukradnu,- neš;	
ukradený	steal; stolen
ulice f.; ulička	street; lane
umění n.	art
umět /umím, umíš	can, know how
unavený adj.	tired
univerzita /Karlova univerzita f.	Charles University
*upadnout/upadnu,-eš	fall down
úplně	quite
uprchlík m.	refugee
uprostřed	in the middle
určitě	certainly
úředník m.; úřednice f.	clerk/male, female
úsměv m.	smile
úspěch m.	success

ústa pl.	mouth
*ustanovit/ustanovím, -víš	set
ústřední adj.	central
*usušit/usuším, usušíš	dry
utíkat/utíkám,-áš	run
utírat (se)/utírám,-áš	dry
*utřít(se)/utřu, utřeš	dry
*uvařit/uvařím, uvaříš	cook
*uvidět/uvidím, uvidíš	see
uzený adj.; uzeniny pl.	smoked; smoked goods
úzký adj.	narrow
už	already, yet
užívat/užívám, užíváš	use; (medicine) take

V

v /ve (+ akuzativ; + lokál)	in
vadit: to mi vadí	I hate it
vagón m.	carriage
válka f.	war
vám	to you
vana f.	bath
vanilkový adj.	vanilla
vánoce pl.	Christmas
varovat/varuji, varuješ	warn
vaření n.	cooking
vařený adj.	boiled
vařič m.	cooker; electric plate
vařit /vařím, vaříš	cook
váš, vaše	your, yours
vcelku	in one piece
včas	in time
včera	yesterday
včetně	including
vdaná adj.	married (woman)
vdovec m.; vdova	widower; widow
ve stoje	standing/not sitting
věc f.	thing
večerníček m.	evening TV programme for children
večerník m.	evening news
večeře n.	dinner
večeřet /večeřím, večeříš	have dinner
věda f.	science
vědět /vím, víš, oni vědí	know
vedle (+ genitiv)	next to, by
vedlejší adj.: -í ulice	side street
vegetarián m.; vegetariánka f.	vegetarian/male, female
vekslák m.	illegal moneychanger
veletrh m.	fair
velikost f.	size; area
velký adj.	big, large
velmi	very
ven, venku	out
venkov	country
věřit/věřím, věříš	believe
vést/vedu, vedeš	take, lead, bring.
vedou tam schody	the staircase goes there
věšák m.	clothes rack
větší adj.	bigger, larger
většinou	mostly
věž f.	tower
vchod m.	entrance
viď! viďte!	(tag question)
vidět /vidím, vidíš	see
vídeňská adj.:-á káva	coffee with cream
vilka f.	bungalow
vinárna f.	wine bar
víno n.	wine
vítat/ vítám, vítáš	welcome
vítězství n.	victory
vláda f.	government
vlak m.; vláček m.	train; toy-train
vlast f.	country

vlastní adj.	private
vlasy pl.	hair
vlažný adj.	lukewarm
vlevo	left;to the left
*vlézt/vlezu, vlezeš	get in
vlk m.	wolf
vlněný adj.	woollen
vnuk m.; vnučka f	grandson, granddaughter
voda f.	water
vodit/vodím, vodíš	lead
vodka f.	vodka
voják m.	soldier
volat /volám, voláš	call
volby pl.	elections
volný adj.	free
vpředu	in front
vpravo	right; to the right
vracet se /vracím, vracíš	come back, return
*vrátit se/vrátím,-íš; vraťte se!	come back, return
vražda f.; vraždit	murder
vrchní m.	waiter; head waiter
vrtět/vrtím,-íš:vrtět hlavou	shake head over stg.
*vstát. vstanu, vstaneš	get up
vstávat /vstávám,-áš	get up
však	but, however
všední adj.:-í den	work day
všechno	everything
všichni	all
vůz m.	car; carriage
vy	you (for pl. or formal adressing)
všude	everywhere
výběr m.	choice
vybírat/vybírám,-áš	choose
výborný adj.; výborně	excellent
*vybrat /Máte vybráno?	choose; Have you made a choice?
výdej m.	issue
vyhlídka f.	view
*vyhnout se/vyhnu,-eš	get away from, avoid seeing
vyhýbat se/vyhýbám,-áš	get away from, avoid seeing
východ m.1*	exit
východ m.2*; východní	East; eastern
vykání n.; vykat	formal way of addressing people
*vyléčit(se)/vyléčím,-íš	cure
výlet m.	trip, hike, excursion
vypadat: to vypadá na ...	it looks like ..
*vypláznout/ vypláznu,-eš(jazyk)	stick out (the tongue)
*vyplnit /vyplním, vyplníš	fill in
*vypnout/vypnu, vypneš	switch off
*vyprat/vyperu, vypereš	wash out
vyprávět/vyprávím,-íš	tell
vyprodaný adj.	sold out
výrobek m.	product
výročí n.	anniversary
*vyřídit/ vyřídím, vyřídíš	give the message
výsledek m.	result
vyslovovat/vyslovuji,-eš	pronounce
vysoký adj.	tall, high
výstava f.	exhibition
*vystoupit/vystoupím,-íš!	get off
vystupovat /vystupuji,-eš	get off(the bus)
vyšetření n.	examination
*vyšetřit/vyšetřím,-íš (pacienta)	
vyšetřovat/vyšetřuji,-eš	examine
výtah m.	lift
*vytočit/vytočím,-íš (číslo)	dial
vyučování n.	classes
vývar m.:hovězí v.	bouillon
*vyvézt/vyvezu, vyvezeš	deport
*vyžehlit/vyžehlím,-íš	iron
vzadu in	the back
vzdělání n.:	education
v. základní; střední	basic, secondary ed.
v. vysokoškolské	higher ed.

*vzít/ vezmu, vezmeš; vezmi! — take
vzkaz m. — message
vzor m. — design
vzpomínat /vzpomínám, -áš — remember
vždy/vždycky — always
vždyť — Oh!

Z

z / ze (+ genitiv) — from, of
za: za deset minut — in: in ten minutes
za (+ akuzativ; + instrum.) — for; behind
*zabít/zabiji, zabiješ — kill
začátek m. — beginning
začínat/začínám,-áš — start, begin
*začít/začnu,-eš; začni/ začněte! — start; begin
záda pl. — back
zahajovací adj. — opening
*zahnout /zahnu, zahneš — turn
zahrada f. — garden
zahraniční adj. — foreign
záchod m. — lavatory, bathroom
zájem: mít z. o (+ akuzativ) — be interested in
zájezd m. — trip, journey
zajímat se o co/zajímám,-áš — be interested in
zajímavý adj. — interesting
*zakašlat/zakašlu,-eš — cough
zákaz m.; zákaz parkování — prohibition; no parking
zákazník m. — customer
základní adj. — basic
zákon m. — law
*zakouřit si/zakouřím,-íš — have a smoke
zákusek m. — dessert
zámek m.1 — lock
zámek m. 2; zámecký — castle
zaměstnání n. — occupation
zaměstnavatel m. — employer
zaměstnanec m. — employee
*zamknout/zamknu,-eš — lock
zamykat/zamykám,-áš — lock
zánět m.; zápal m. — inflammation
zapomínat/zapomínám,-áš — forget; leave behind
západ m.; západní — West; western
*zaparkovat/zaparkuji,.-eš (car) — park
*záplavat si/zaplavu,-eš — have a swim
*zapnout/zapnu, zapneš (coat) — fasten;(radio) switch on
zařazení n.: pracovní zařazení — position in job
září n. — September
zařízený adj. — furnished
zase — again
zastávka f. — stop
*zastavit(se)/zastavím, -víš — stop
zastavovat se /zastavuji,-eš — stop
*zastřelit/zastřelím, zastřelíš — shoot
zástupce m. : z. firmy — representative
zastupitelství n.: obchodní z. — agency
zatím — in the meantime
zavařenina f. — marmelade
*zavázat/zavážu, zavážeš — wrap; cover
zavazadlo n. — luggage
*zavěsit/zavěsím,-íš; zavěste! — Put the receiver down!
*zavolat / zavolám, zavoláš — ring up;(a waiter) call
*zazpívat si /zazpívám,-áš — sing
*zbavit se/zbavím, zbavíš — get rid of
zboží n. — goods
zbytečný adj. — useless
zde — here
zdraví n.: na zdraví — health; Cheers!
zdravý adj. — healthy
zdvořilý adj. — polite
zelenina f./zeleninový adj. — vegetables
zelený adj. — green
zelí n.; zelný — cabbage

země f. — earth, floor
*zeptat se/zeptám,zeptáš — ask
zhluboka (dýchat) — take a deep breath
zhasínat/zhasínám,-áš· — switch the light off
*zhasnout/zhasnu, zhasneš — switch the light off
zima f.; zimní adj.; je mi zima — winter; I am cold
*zjistit/zjistím,-íš — find out
zjišťovat/zjišťuji, zjišťuješ — find out
zkoušet si /zkouším,-íš — try on
*zkusit si/ zkusím,-íš — try on
zlato n.; zlatý adj. — gold; golden
zloděj m. — thief
zlomený adj. — broken
*změřit(si)/změřím, změříš — measure
zmrazený adj.; -é potraviny — frozen foofstuffs
zmrzlina f., zmrzlinový adj. — ice cream
známka f. — stamp
známý adj. — famous
znát /znám, znáš — know
znovu — again
zoo n. — zoo
zpáteční adj.:zpáteční lístek — return ticket
zpátky: taky máte zpátky — here is your change
zpěv m. — singing
zpěvák m.; zpěvačka f. — singer /male, female
zpívat /zpívám, zpíváš — sing
zpoždění n. — delay
zpráva f. — message
zpravodajství n. — news
zralý adj. — ripe
zrcadlo n. — mirror
zrovna — just now
*ztratit /ztratilo se mi auto — lose; my car has been stolen
zub m. ; zubní adj. — tooth
zvát/zvu, zveš — invite
zvedat/zvedám,-áš — lift;put up
*zvednout/zvednu,-eš — lift, put up
zvlášť — separately
zvonit /zvoní telefon — ring/the phone is ringing
zvyk m. — custom
zvykat si/zvykám,-áš — get used to
*zvyknout si/zvyknu, -eš — get used to
zvýšený adj.:zvýšená teplota — fever

Ž

žádný — none, no
žák m.; žačka f. — schoolboy, schoolgirl
žaludek m. — stomach
žampion m. — champignon
že — that
žehlička f. — iron
Ženeva f. — Geneva
žehlit/žehlím, žehlíš — iron
žena f.; žena v domácnosti f. — woman; wife; housewife
ženatý adj. — married
židle n. — chair
žirafa f. — giraffe
žít /žiji, žiješ — live
živočišný adj.; živočišné uhlí — medicinal charcoal
život m. — life
živý adj. — alive
žízeň f. — thirst
žlučník m. — gall bladder
žlutý adj. — yellow

TABULKY

DECLENSION
SINGULAR
MASCULINE
NOUNS

NOM.	GEN.	DAT.	ACC.	LOC	INSTR.	VOC.
pán	----a	---*ovi/-u	---a	---*ovi/-u	---em	---e/-*u
hrad	----u/*a	---u	----	---*u/-*e/-ě	---em	
muž	---e	---i/-ovi	---e	---i/-ovi	---em	---i
stroj	---e	---i	-----	---i	---em	

*GEN.: **- A** all the names of months(but listopad- listopadu) and most names of towns and countries + **A**
*DAT. + LOC.: if there are several animate nouns with hard model of declination following, only the last one has the ending **-OVI**; doktoru Janu Novákovi.
*VOC.: g, k, ch, h + **U**
*LOC: **- U** with loan words and names of foreign cities and countries: v klubu, ve Washingtonu, v Pakistánu.
*LOC: - E after consonants L, S, Z: na stole, v lese, na obraze.

ADJECTIVES

NOM.	GEN.	DAT.	ACC.	LOC	INSTR.
dobrý	---ého	---ému	---*ého/-ý	---ém	---ým
moderní	---ího	---ímu	--*-ího/-í	---ím	---ím

ACC.: - ÉHO /ÍHO with masc. animate nouns

PRONOUNS

NOM.	GEN.	DAT.	ACC.	LOC	INSTR.
ten	toho	tomu	ten/*toho	tom	tím
můj	mého	mému	můj/*mého	mém	mým
tvůj	tvého	tvému	tvůj/*tvého	tvém	tvým
jeho	jeho	jeho	jeho	jeho	jeho
její	jejího	jejímu	její/*jejího	jejím	jejím
náš	našeho	našemu	náš/*našeho	našem	naším
váš	vašeho	vašemu	váš/*vašeho	vašem	vaším
jejich	jejich	jejich	jejich	jejich	jejich
svůj	svého	svému	svůj*/svého	svém	svým
on	*jeho,ho, jej, něj	jemu/mu/němu	*jeho/ho/jej/něj	něm	jím/ním

*Look for explanation in § 61, Lesson 9.

DECLENSION
SINGULAR
FEMININE
NOUNS

NOM.	GEN.	DAT.	ACC.	LOC	INSTR.	VOC.
žena	---y	--*ě/-*e	---u	---*ě/-*e	---ou	---o!
růže	---e	---i	---i	---i	---í	---e!
píseň	---ě	---i	----	---i	---í	
kost	---i	---i	----	---i	---í	

*DAT. + LOC. : ha> ze, cha > še, ka > ce, ra >ře: Praha - v Praze, sprcha - ve sprše, taška - v tašce, hora - na hoře.
   : - E when following the consonants L, S, Z : ke škole, k huse, na váze

ADJECTIVES

NOM.	GEN.	DAT.	ACC.	LOC	INSTR.	VOC.
dobrá	----é	---é	---ou	---é	---ou	
moderní	---í	---í	---í	---í	---í	

PRONOUNS

NOM.	GEN.	DAT.	ACC.	LOC	INSTR.	VOC.
ta	té	té	tu	té	tou	
*moje/má	mé/mojí	mé/mojí	mou/moji	mé/mojí	mou/mojí	
*tvoje/tvá	tvé/tvojí	tvé/tvojí	tvou/tvoji	tvé/tvojí	tvou/tvojí	
jeho	jeho	jeho	jeho	jeho	jeho	
její	její	její	její	její	její	
naše	naší	naší	naši	naší	naší	
vaše	vaší	vaší	vaši	vaší	vaší	
jejich	jejich	jejich	jejich	jejich	jejich	
svoje	své/svojí	své/svojí	svou/svoji	své/svojí	svou/svojí	
ona	*jí/ní	*jí/ní	*ji/ni	ní	*jí/ní	

NOM.: **MOJE - MÁ, TVOJE - TVÁ** etc.:these are parallel forms, with no difference between them.
For difference between **JÍ - NÍ** look for explanation in § 61, Lesson 9.

DECLENSION
SINGULAR
NEUTER
NOUNS

NOM.	GEN.	DAT.	ACC.	LOC	INSTR.	VOC.
město	---a	----u	---o	---ě/*e/*u	---em	
moře	---e	---i	---e	---i	---em	
nádraží	---í	---í	---í	---í	---ím	

LOC.: - U have all names of countries: na Slovensku, v Polsku, v Japonsku (if they have the ending -o).
-E can never follow the consonants **H, CH, K, R**: v mléku - v mléce, v jablku, v břiše.

ADJECTIVES

NOM.	GEN.	DAT.	ACC.	LOC	INSTR.	VOC.
dobré	---ého	---ému	---é	---ém	---ým	
moderní	---ího	---ímu	---í	---ím	---ím	

PRONOUNS

NOM.	GEN.	DAT.	ACC.	LOC	INSTR.	VOC.
to	toho	tomu	to	tom	tím	
*moje/mé	mého	mému	*moje/mé	mém	mým	
*tvoje/tvé	tvého	tvému	*tvoje/tvé	tvém	tvým	
jeho	jeho	jeho	jeho	jeho	jeho	
její	jejího	jejímu	její	jejím	jejím	
naše	našeho	našemu	naše	našem	naším	
jejich	jejich	jejich	jejich	jejich	jejich	
svoje/své	svého	svému	svoje/své	svém	svým	
ono *jeho/něho/ho/něj	jemu/mu		*ho/je	něm	jím/*ním	

* For the difference between the forms **jeho, něho, ho, jej** look at § 61, Lesson 9
* After prepositions forms starting with N are used: do něj, k němu, s ním; like with masculine and feminine pronouns.

DECLENSION
PLURAL
MASCULINE
NOUNS

NOM.	GEN.	DAT.	ACC.	LOC	INSTR.	VOC.
*páni/ové /(-é)	---ů	---ům	---y	---ech	---y	
*muži/ové (-é)	---ů	---ům	---e	---ích	---i	
hrady	---ů	---ům	---y	---ech/-*ích	---y	
stroje	---ů	---ům	---e	---ích	---i	

*NOM. PL.: - I ,- OVÉ are often paralel endings: páni - pánové; nouns ending wit suffix -AN, -TEL have -É: Američané, občané, obyvatelé, učitelé, přátelé.
*LOC.: nouns ending in K, G, H, CH have ending -ÍCH changing the consonant: o vojácích, o dělnících.

ADJECTIVES

NOM.	GEN.	DAT.	ACC.	LOC.	INSTR.	VOC.
* dobří	---ých	---ým	---é	---ých	---ými	
dobré	---ých	---ým	---é	---ých	---ými	
moderní	---ích	---ím	---í	---ích	---ími	

*NOM PL.: with animate nouns has soft endings with obligatory change of K > C, H > Z, R > Ř: hezký hoch> hezcí hoši, chytrý kluk > chytří kluci, dobrý doktor > dobří doktoři. The same way -CKÝ changes to -ČTÍ, -SKÝ to -ŠTÍ: ruský voják - ruští vojáci, německý inženýr - němečtí inženýři.

PRONOUNS

NOM.	GEN.	DAT.	ACC.	LOC	INSTR.	VOC.
*ti / ty	těch	těm	ty	těch	těmi	
my	nás	nám	nás	nás	námi	
vy	vás	vám	vás	vás	vámi	
oni	jich/nich	jim/nim	je/ně	nich	jimi/nimi	
*moji/mí	mých	mým	moje	mých	mými	
moje/mé	"	"	"	"	"	
*tvoji/tví	tvých	tvým	tvoje/tvé	tvých	tvými	
tvoje/tvé	"	"	"	"	"	
jeho	jeho	jeho	jeho	jeho	jeho	
její	jejích	jejím	její	jejích	jejími	
*naši/naše	našich	našim	naše	našich	našimi	
*vaši/vaše	vašich	vašim	vaše	vašich	vašimi	
jejich	jejich	jejich	jejich	jejich	jejich	

*NOM.PL.: TI is for animate masculins
*NOM.PL.: MOJI -MÍ, TVOJI - TVÍ etc. are parallel forms.
Forms like NICH, NĚ, NIM etc. are always used after prepositions.

DECLENSION
PLURAL
FEMININE
NOUNS

NOM.	GEN.	DAT.	ACC.	LOC	INSTR.	VOC.
ženy	---	ženám	---y	---ách	---ami	
růže	---í/ --	---ím	---e	---ích	---emi	
písně	---í	---ím	---ě	---ích	---ěmi	
kosti	---í	---em	---i	---ech	---mi	

ADJECTIVES

NOM.	GEN.	DAT.	ACC.	LOC	INSTR.	VOC.
dobré						
moderní						

Declension is the same as with masculine adjectives with inanimate nouns.

PRONOUNS

NOM.	GEN.	DAT.	ACC.	LOC	INSTR.	VOC.
ty						
moje						
tvoje						
jeho						
její						
naše						
vaše						
jejich						
svoje						
ony	Declension is the same as with the masculine pronouns with inanimate nouns					

DECLENSION
PLURAL
NEUTER
NOUNS

NOM.	GEN.	DAT.	ACC.	LOC	INSTR.	VOC.
města	---	---ům	---a	---ech	---y	
moře	---í	---ím	---e	---ích	---i	
nádraží	---í	---ím	---í	---ích	---ími	

ADJECTIVES

NOM.	GEN.	DAT.	ACC.	LOC	INSTR.	VOC.
dobrá						
moderní						

Declension is the same as with masculine forms with inanimate nouns.

PRONOUNS

NOM.	GEN.	DAT.	ACC.	LOC	INSTR.	VOC.
ta			ta			
ona			ona			

Declension is the same as with masculine forms with inanimate nouns.

NUMERALS:
Cardinal numerals are declinated the same way as adjectives.
Ordinal numerals: jeden, jedna, jedno - like ten, ta, to.

NOM.	GEN.	DAT.	ACC.	LOC	INSTR.	VOC.
dva/dvě	dvou	dvěma	dva/dvě	dvou	dvěma	
tři	tří	třem	tři	třech	třemi	
čtyři	čtyř	čtyřem	čtyři	čtyřech	čtyřmi	
pět	pěti	pěti	pět	pěti	pěti	

Numerals 6, 7, ...are declinated like the numeral 5. Sto, tisíc a milión like nouns.

CONJUGATION of verbs

Present tense:	dělat	prosit	opakovat	nést	psát
Singular:					
já	dělám	prosím	opakuji	nesu	píšu
ty	děláš	prosíš	opakuješ	neseš	píšeš
on					
ona	dělá	prosí	opakuje	nese	píše
ono					
Plural:					
my	děláme	prosíme	opakujeme	neseme	píšeme
vy	děláte	prosíte	opakujete	nesete	píšete
oni	dělají	prosí/*ejí	opakují	nesou	píšou

*The ending -ĚJÍ is with the verbs umějí, rozumějí.

IMPERATIV

Singular:					
ty	dělej!	pros!	opakuj!	nes!	piš!
on					
ona	ať dělá!	ať prosí!	ať opakuje!	ať nese!	ať píše!
ono					
Plural:					
my	dělejme!	prosme!	opakujme!	nesme!	pišme!
vy	dělejte!	proste!	opakujte!	neste!	pište!
oni	ať dělají!	ať prosí/*ejí!	ať opakují!	ať nesou!	ať píšou!

Past tense

Singular:					
já jsem	dělal/a	prosil/a	opakoval/a	nesl/a	psal/a
ty jsi	dělal/a	prosil/a	opakoval/a	nesl/a	psal/a
on	dělal	prosil	opakoval	nesl	psal
ona	dělala	prosila	opakovala	nesla	psala
ono	dělalo	prosilo	opakovalo	neslo	psalo
Plural:					
my jsme	dělali	prosili	opakovali	nesli	psali
vy jste	dělali	prosili	opakovali	nesli	psali
oni	dělali	prosili	opakovali	nesli	psali

With only female subjects in plural the ending -Y is being used, but there is no difference in pronouncing it.

With only neuter subjects in plural the ending -A should be used in literary Czech. However this rule is not followed in colloquial Czech: Auta jel**a** rychle (correct literary form) - Auta jel**y** -(used in colloquial Czech).

CONDITIONAL

Singular:					
já bych	dělal/a	prosil/a	opakoval/a	nesl/a	psal/a
ty bys	"	"	"	"	"
on by	dčlal	prosil	opakoval	nesl	psal
ona by	dělala	prosila	opakovala	nesla	psala
ono by	dělalo	prosilo	opakovalo	neslo	psalo
Plural:					
my bychom	dělali	prosili	opakovali	nesli	psali
vy byste	"	"	"	"	"
oni by	"	"	"	"	"

Pronunciation

I. All polysyllabical words are stressed on their initial syllables.

II. **Vowels:**

There are 5 vowels in Czech, a/á, e/é, i/í(y/ý), o/ó, u/ú(ů); each one has a short and long variant. The distinction between short and long vowels is very important, because it can completely change the meaning of a word. A long vowel is denoted by a "čárka"and is twice as long as the short one. (See tapescript for Lesson 1, § 1). Each vowel is always pronounced the same way; (there is no difference in pronouncing them in different positions).

Czech vowels sound different from the English ones.

a/á: **a** resembles the English *oo* in "*blood*"; **á** resembles the English *a* in *father*, but is longer.

e/é/ě: e resembles the English *e* in "*set*"; é is the same sound, but longer.

When written with a "háček" - **ě**, it is pronounced like the normal Czech short *e*, but it causes palatalisation of the preceding consonants **d, t, n - dě, tě, ně** (See also Lesson 2, § 7 and tapescript for Lesson 2, exercise 19); or adds sound **j** that resembles *y* in English "*yes*" after consonants **b, p, v, f - bě, pě, vě, fě**; or adds palatal **n** after **m - mě**. (See also tapescript for Lesson 5, exercise 30).

i/í::

y/ý: there is no difference in sound between the **i** and **y**, but **i** causes palatalisation of preceding consonants **d, t, n - di, ti, ni**. The short vowel resembles the English *i in "bit"*, the long vowel resembles the sound of *ee* in "*feel*". (See also tapescript for Lesson 4, exercise 28).

o/ó: the short vowel resembles the English *o* in "*dog*", but is less open; ó resembles *oo* in "*door*".

u/ú/ů: the short variant is pronounced like *u* in the English "*put*"; **ú/ů** resembles *u* in the English "*rude*"; both **ú** and **ů** denote long **u**; **ú** can be written only at the beginning of a word: **únor, úkol, úterý**; **ů** is written elsewhere.

III. **Diphthongs**:

There are three diphthongs in the Czech language: **au, eu, ou**.
Au and **eu** occur only in borrowed words, (**auto, automat**).
For pronouncing **ou** see tapescript for Lesson 1, § 1.

IV. **Consonants**:

1. None of them are aspirated.

2. The Czech consonants **v, f, m, n, z, s, b, d** resemble the English ones.

3. The Czech consonants **p, t, k** resemble the English ones, but have no aspiration.(See tapescript for Lesson 3, exercise 24); **l** resembles the English *l* in "*let*"; **g** is always pronounced like the English *g* in "*good*".

4. **ď, ť, ň** can be in the end of a word or when followed by a consonant (**pojďme! leťte!zažeňte! píseň, loď, leť!**); they can be also signalled by an **i, í,** or **ě** immediately following (**děti, ticho, peníze, Němec**). Their pronunciation may be difficult. Try to push the tip of the tongue against the lower front teeth. (See tapescript for Lesson 2, exercise 19 and for Lesson 4, exercise 28).
ň also appears after **m** when it is followed by **ě**: **město, země, měsíc**. (See tapescript for Lesson 5, exercise 30).

5. **š** sounds like the English *s* in "*sure*".
ž sounds like the English *s* in "*pleasure*".
c sounds like the English *ts* in "*pets*".
č sounds very similarly like the English *ch* in "*church*".
j sounds very similarly like the English *y* in "*yet*".
r is always pronounced like in the English "*run*", but is rolled and emphasised. (See the tapescript for Lesson 3, exercise 24).
ř is the most difficult Czech sound. The tip of the tongue vibrates behind the upper teeth and the lips are prepared for the articulation of **z**: **tři sta třicet tři stříbrných řek**. (See the tapescript for Lesson 2, exercise 19).

6. **h** resembles the English *h* in "*ahead*";
ch has no parallel in English. It slightly resembles *k* with aspiration in "*kind*". Remember, that this letter follows **h** in a Czech dictionary.

7. <u>At the end of a word only voiceless consonants can be pronounced.</u> This means that
b, v, d, ď, z, ž, g, h at the end of a word are pronounced like
p, f, t, ť, s, š, k, ch. (See Lesson 6, § 42 and tapescript to exercise 35).

8. If there is a vowel at the beginning of a word, it is preceded <u>by a glottal stop</u>: **v okně, v Americe, v Africe, pod oknem nad údolím.** (See also Lesson 6, tapescript to exercise 35).

9. <u>Monosyllabic prepositions take the stress from the following word</u>: **na stole - na velkém stole.** (See Lesson 8, tapescript to exercise 31).

10.<u>Imitation is the best way to master Czech pronunciation.</u>

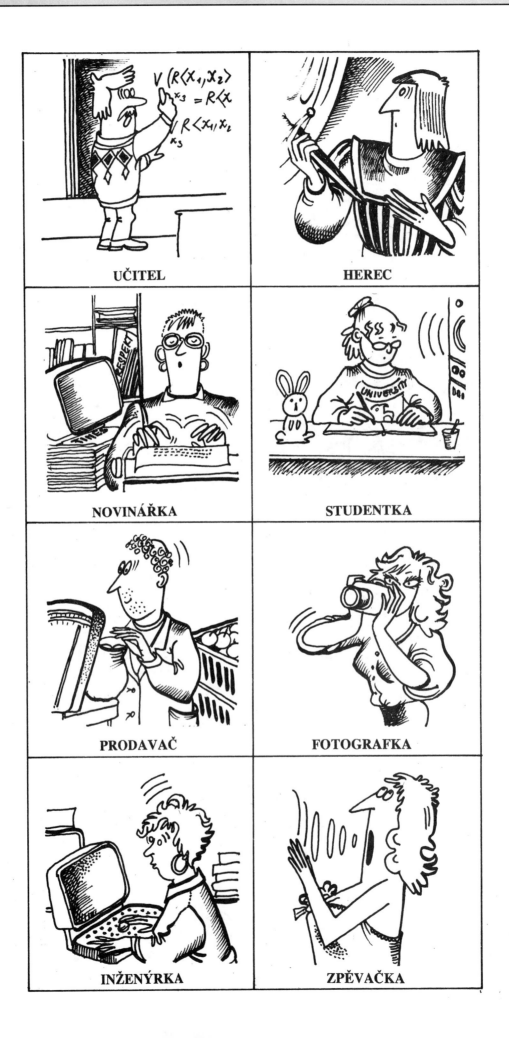

UČITELKA

FOTOGRAF

KUCHAŘ

DOKTOR

INŽENÝR

ZUBAŘKA

ZPĚVÁK

PRODAVAČKA

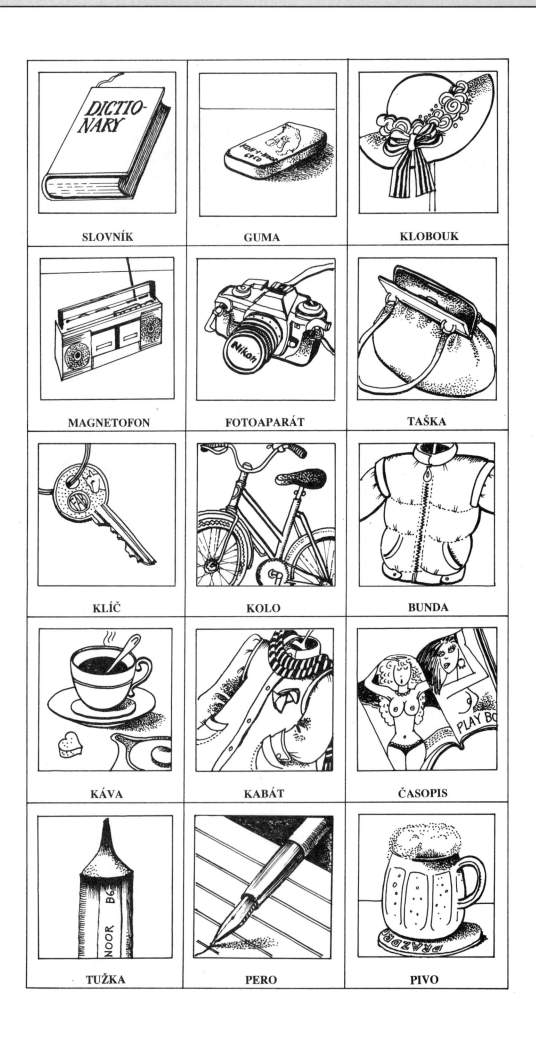

SLOVNÍK	GUMA	KLOBOUK
MAGNETOFON	FOTOAPARÁT	TAŠKA
KLÍČ	KOLO	BUNDA
KÁVA	KABÁT	ČASOPIS
TUŽKA	PERO	PIVO

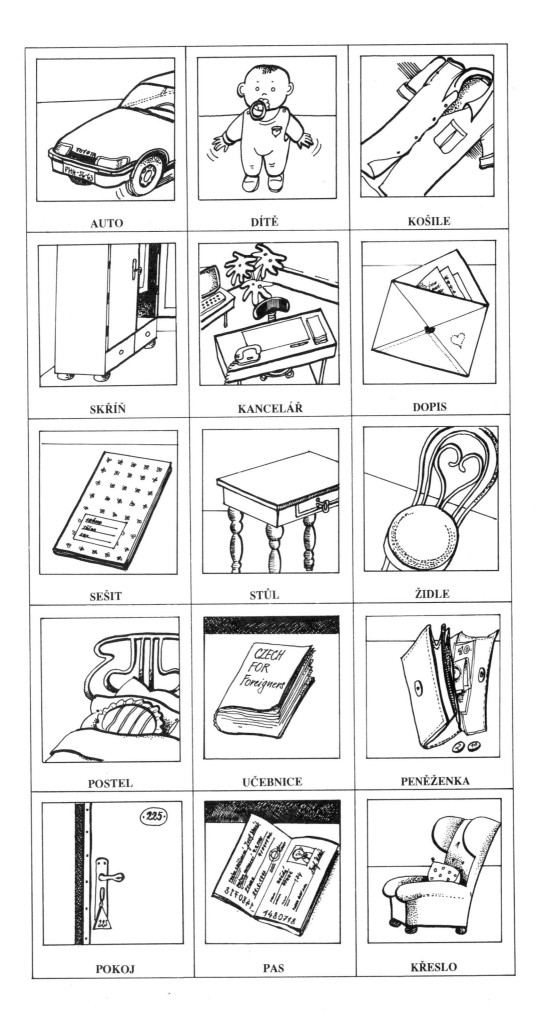

AUTO	DÍTĚ	KOŠILE
SKŘÍŇ	KANCELÁŘ	DOPIS
SEŠIT	STŮL	ŽIDLE
POSTEL	UČEBNICE	PENĚŽENKA
POKOJ	PAS	KŘESLO

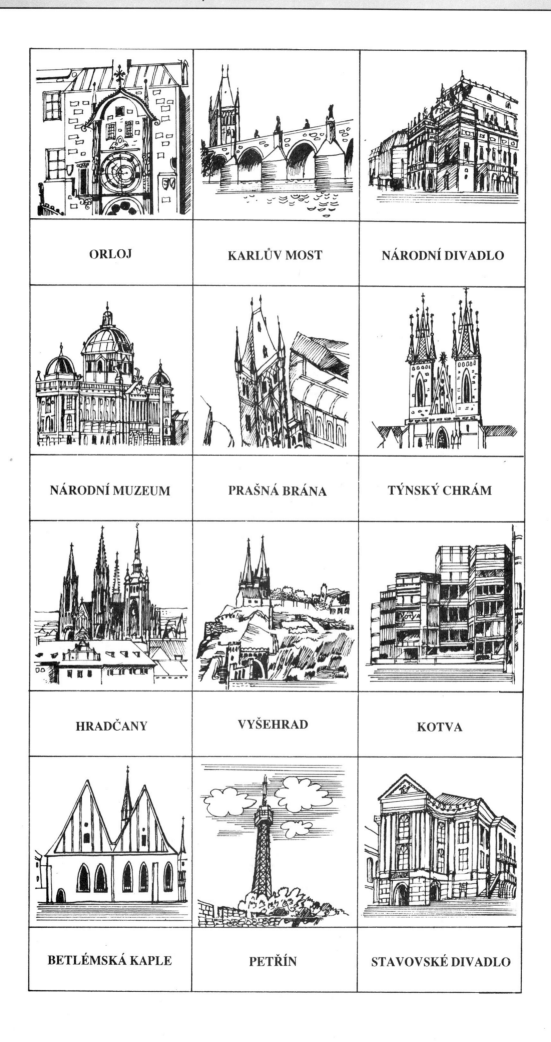

ORLOJ	**KARLŮV MOST**	**NÁRODNÍ DIVADLO**
NÁRODNÍ MUZEUM	**PRAŠNÁ BRÁNA**	**TÝNSKÝ CHRÁM**
HRADČANY	**VYŠEHRAD**	**KOTVA**
BETLÉMSKÁ KAPLE	**PETŘÍN**	**STAVOVSKÉ DIVADLO**

1 2

3 4

5 6

7 8

9 10

HOVĚZÍ POLÉVKA	HRACHOVÁ POLÉVKA	ZELENINOVÁ POLÉVKA
BRAMBOROVÁ POLÉVKA	SLEPIČÍ POLÉVKA	VEPŘOVÝ ŘÍZEK
HOVĚZÍ MASO S RAJSKOU OMÁČKOU	PEČENÁ HUSA	PEČENÁ KACHNA
PEČENÉ KUŘE	PSTRUH	SVÍČKOVÁ PEČENĚ NA SMETANĚ
VEPŘOVÁ PEČENĚ S KNEDLÍKEM A ZELÍ	DUŠENÉ HOVĚZÍ S RÝŽÍ	GULÁŠ S KNEDLÍKEM

ŠVESTKOVÉ KNEDLÍKY	MÍCHANÁ ZELENINA S BRAMBOREM	HOUSKOVÉ KNEDLÍKY
BRAMBORY	HRANOLKY	RÝŽE
BRAMBOROVÝ SALÁT	ŠPAGETY	OBLOHA
DORT	KOLÁČ	PUDING
PALAČINKA	ZMRZLINOVÝ POHÁR	JAHODOVÝ KOMPOT

MERUŇKOVÝ KOMPOT	ŠVESTKOVÝ KOMPOT	TŘEŠŇOVÝ KOMPOT
ANANASOVÝ KOMPOT	MÍCHANÝ KOMPOT	HLÁVKOVÝ SALÁT
OKURKOVÝ SALÁT	RAJČATOVÝ SALÁT	ZELNÝ SALÁT
PIVO	LIMONÁDA	COCA - COLA
DŽUS	VÍNO	MINERÁLKA

PRAČKA	VANA	UMYVADLO
ZRCADLO	JÍDELNÍ STŮL	DŘEZ
SPORÁK	KUCHYŇSKÁ LINKA	LEDNIČKA
KBELÍK	NĚKOLIK ŽIDLÍ	MANŽELSKÉ POSTELE
DVĚ KŘESLA	KONFERENČNÍ STOLEK	KNIHOVNA

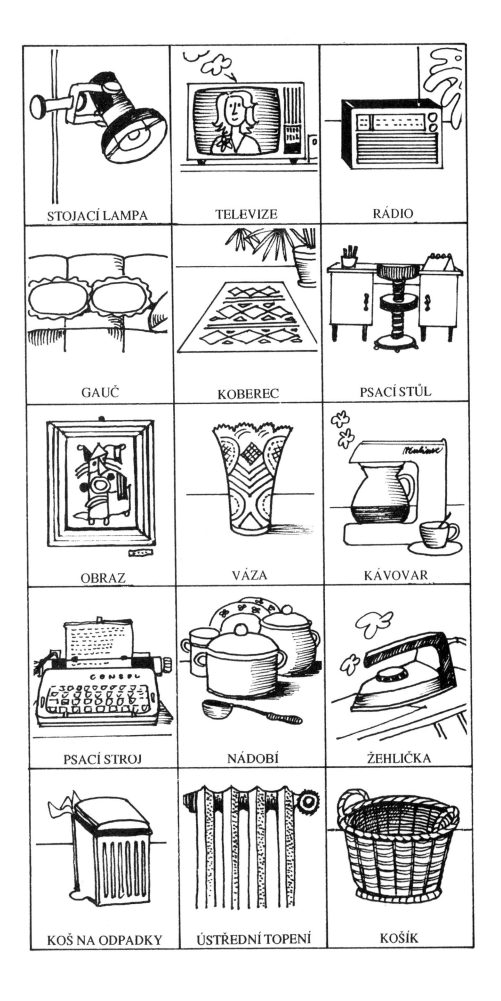

STOJACÍ LAMPA	TELEVIZE	RÁDIO
GAUČ	KOBEREC	PSACÍ STŮL
OBRAZ	VÁZA	KÁVOVAR
PSACÍ STROJ	NÁDOBÍ	ŽEHLIČKA
KOŠ NA ODPADKY	ÚSTŘEDNÍ TOPENÍ	KOŠÍK

MÝDLO	ZUBNÍ PASTA	KARTÁČEK NA ZUBY
ŠAMPÓN	PRACÍ PRÁŠEK	KARTÁČ NA VLASY
HŘEBEN	UBROUSKY	PAPÍROVÉ KAPESNÍČKY
TOALETNÍ PAPÍR	MLÉKO	MÁSLO
SÝR	VEJCE	MOUKA

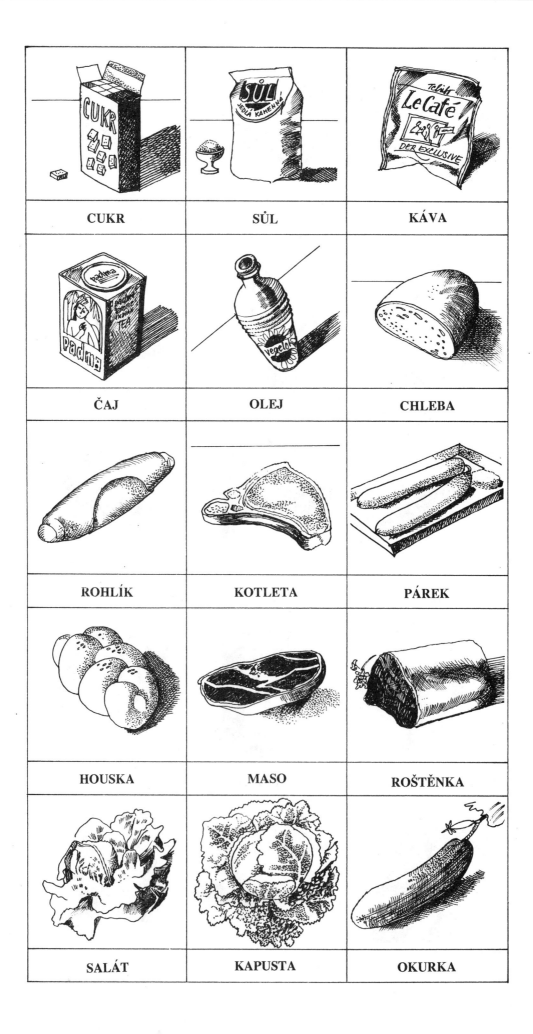

CUKR	SŮL	KÁVA
ČAJ	OLEJ	CHLEBA
ROHLÍK	KOTLETA	PÁREK
HOUSKA	MASO	ROŠTĚNKA
SALÁT	KAPUSTA	OKURKA

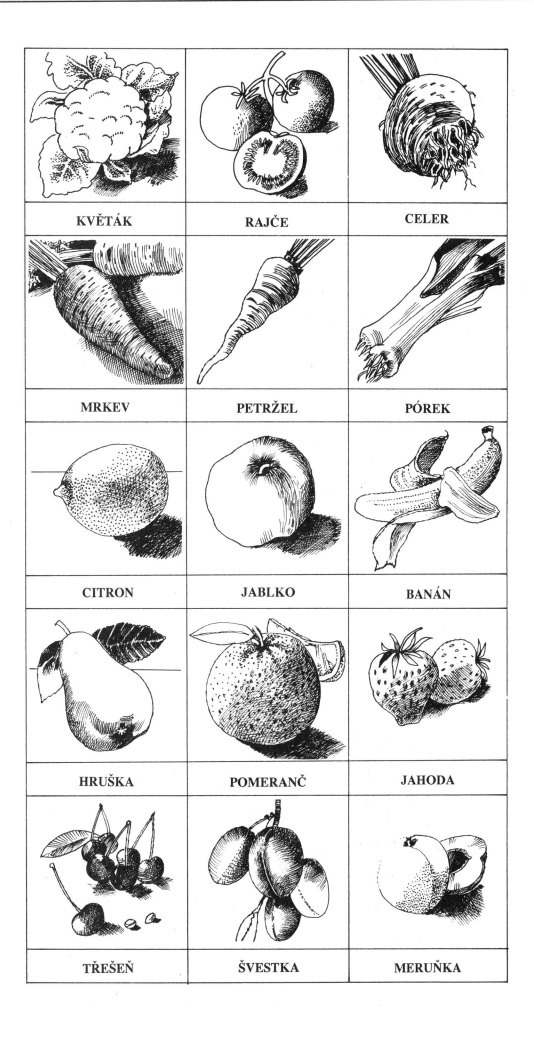

KVĚTÁK	RAJČE	CELER
MRKEV	PETRŽEL	PÓREK
CITRON	JABLKO	BANÁN
HRUŠKA	POMERANČ	JAHODA
TŘEŠEŇ	ŠVESTKA	MERUŇKA

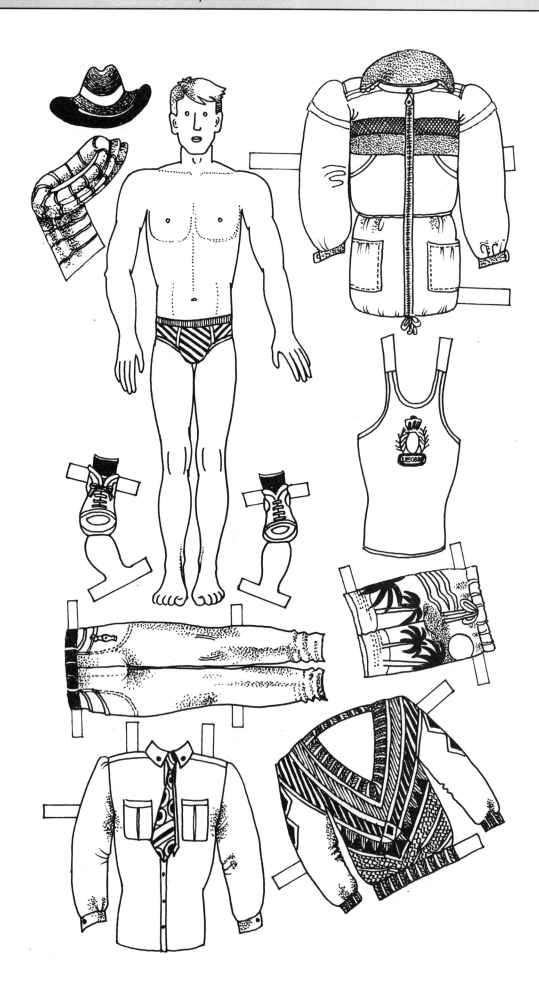

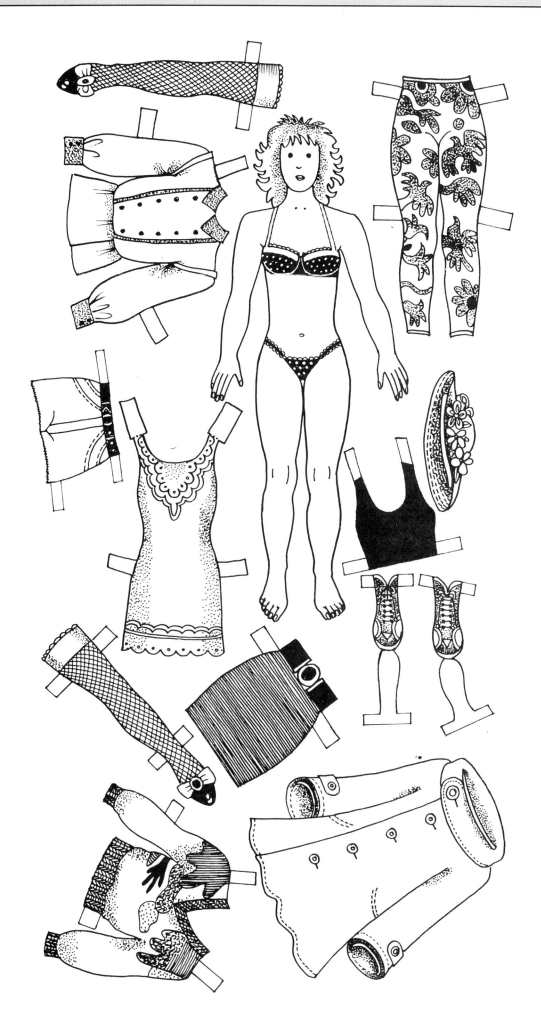

ŠKOLA

ORDINACE LÉKAŘE

V LÉKÁRNĚ

V OBCHODĚ

V DIVADLE

V KINĚ

NA VÝSTAVĚ

NA POŠTĚ

NA LETIŠTI

V HOTELU

NA NÁDRAŽÍ

NA ULICI

V BANCE

V NEMOCNICI

V RESTAURACI

VE VINÁRNĚ

Key to exercises
Lekce 1

Str. 9, cvičení 13

1. Pavel není student. Je **učitel**. 2. John **není** učitel, **je** manažer. 3. Ty **jsi** student? - **Nejsem** student, jsem **inženýr** (**fotograf, ...**).4. Já **jsem** učitel a maminka je taky **učitelka**. 5. Adam je inženýr a Eva **je** taky **inženýrka**. 6. Václav je **Čech** a jeho manželka je taky **Češka**. 7. Jan není Polák a jeho žena taky **není Polka**.

Str. 9, cvičení 14

a/- **Dobrý** den! Já **jsem** Josef Novák.
 - **Těší** mě. Já **jsem** Richard Wagner.
 - Vy j**ste** Ital, pane **Wagnere**?
 - Ne, **nejsem**. A vy, **pane** Nováku?

b/- Ahoj! Já **jsem** Tomáš.
 - Nazdar, **Tomáši(Pavle, Karle, Richarde, Aleši, Petře, Jane**)! Já **jsem** Dana.
 - Ty **jsi** Češka, **Dano (Heleno, Moniko, Lucie, Julie, Aleno**)?
 - Ano. A ty, **Tomáši (Pavle,...**)?

Lekce 2

Str. 15, cvičení 4

Prosím vás,	ta hnědá taška je vaše?	- Ano, ta je moje.
	to modré pero je vaše?	- Ano, to je moje.
	to plzeňské pivo je vaše?	- Ano, to je moje.
	to moderní tričko je vaše?	- Ano, to je moje.
	ta červená peněženka je vaše?	- Ano, ta je moje.
	ten český slovník je váš?	- Ano, ten je můj.
	to černé auto je vaše?	- Ano, to je moje.
	ten malý klíč je váš?	- Ano, ten je můj.
	ta hezká fotografie je vaše?	- Ano, ta je moje.

Str. 17, cvičení 11

Je tvůj otec mladý?	- Ne, je starý.	Je tvůj dědeček mrtvý?	- Ne, je živý.
Je tvůj syn ženatý?	- Ne, je svobodný.	Je tvoje sestra svobodná?	- Ne, je vdaná.
Je tvůj kufr nový?	- Ne, je starý.	Je tvoje taška velká?	- Ne, je malá.
Je tvůj byt velký?	- Ne, je malý.	Je tvůj pokoj hezký?	- Ne, je ošklivý.
Je tvoje káva špatná?	- Ne, je dobrá.	Je tvůj kabát nový?	- Ne, je starý.
Je tvoje bunda bílá?	- Ne, je černá.	Je tvoje košile nová?	- Ne, je stará.
Je tvoje kniha velká?	- Ne, je malá.	Je tvůj slovník dobrý?	- Ne je špatný.

Str. 17, cvičení 12

Je to počasí ošklivé?	- Ne, je hezké.	Je ta košile velká?	- Ne, je malá.
Je to pivo špatné?	- Ne, je dobré.	Je ta holka svobodná?	- Ne, je vdaná.
Je to kolo nové?	- Ne, je staré.	Je ta učitelka mladá?	- Ne, je stará.
Je to auto moderní?	- Ne, je nemoderní.	Je to město hezké?	- Ne, je ošklivé.
Je ta bunda moderní?	- Ne, je nemoderní.	Je ta tabule malá?	- Ne, je velká.

Str. 19, cvičení 16, viz str. 132

Str. 19, cvičení 18, viz str. 132

Str. 20, cvičení 23

John je Američan. Je z **Ameriky**. Sophi je Angličanka. Je z **Anglie.** Pan Wagner je Němec. Je z **Německa.** Paní Zemanová je Češka. Je z **Čech**. Pedro je Ital. Je z **Itálie**. Okinoko je Japonka. Je z **Japonska**. Mohamed je Íránec. Je z **Íránu.**

Str. 20, cvičení 24

1. Prosím tě, to je tvůj kufr? - Ne, není, můj kufr je tenhle. 2. Prosím tě, to je tvoje bunda? - Ano, je. 3. Prosím vás, to je váš slovník? - Ne, není. 4. Je jeho sestra ještě svobodná? - Ne, už je vdaná. 5. Je to jeho babička? - Ano, je. 6. Je to její muž? - Ne to není její muž, to je její bratr.

Lekce 3

Str. 26, cvičení 5

Tylovo divadlo, Dvořákův koncert, prezidentova fotografie, tatínkovo auto, maminčin dopis, Petrův kabát, Pavlovo sako, Helenina taška, bratrova žena, sestřin muž, Evina kamarádka, profesorova učebnice, kamarádův byt, učitelova mapa.

Str. 26, cvičení 6

a/ **Máš** kamarádku, (sestru, bratra, byt, přítele, dědečka, svetr, babičku, motorku, radost, starost, jízdenku, adresu, rádio, telefon, lístek, holku, dceru, slovník, muže, ženu, syna, pas, klíč, peněženku, učebnici, práci)?

b/ **Chceš** kufr, (sako, byt, deštník, slovník, fotoaparát, auto, tričko, kolo, rádio, bundu, knihu, jízdenku, kávu, zmrzlinu, minerálku, tašku, tužku, fotografii, učebnici, židli, košili, svetr, pivo, víno, vodku, čaj, mapu, místo, sešit, klobouk, učitelku, učebnici, práci, smetanu)?

c/ **Znáš** Alenu, (Petra, Moniku, Karla, Pavla, Julii, Lucii, Richarda, Roberta, Marii, Tomáše, Aleše)?

Str. 27, cvičení 9

Měl jsi velkou radost, (barevný televizor, černou kávu, dobrou mapu, nové auto, plzeňské pivo, anglického učitele, citrónovou limonádu, studenou minerálku, bílé víno, českého kamaráda, dobré kolo, českou učitelku, velkou starost, zajímavou práci, anglický slovník, hezký byt, teplou bundu)?

Str. 27, cvičení 10

Mám chuť na víno.	- Na jaké?	- Na červené.
Mám chuť na pivo.	- Na jaké?	- Na plzeňské.
Mám chuť na limonádu.	- Na jakou?	- Na citrónovou.
Mám chuť na kávu.	- Na jakou?	- Na vídeňskou.

Str. 27, cvičení 11

Chceš tu čokoládovou zmrzlinu (ten český slovník, to americké kolo, tu černou kávu, tu bílou košili, to plzeňské pivo, tu moderní učebnici, ten zimní kabát, oříškovou čokoládu, koženou peněženku, velkou mapu, ruskou vodku, zajímavou práci, dobrý plat, dobrou židli, českou knihu, dobrou sekretářku)?

Str. 27-28, cvičení 12

Prosím tě, neznáš tu starou dámu, (toho mladého muže, tu malou holku, toho velkého kluka, toho starého pána, toho českého učitele, toho amerického spisovatele, toho mladého zpěváka, tu českou herečku, tu mladou sekretářku, toho českého studenta; paní Wágnerovou, pana Nováka, pana doktora Zemana, Tomáše, Helenu Filipovou, Lídu Beránkovou, Ivanku Malou, Tomáše Veselého, českého spisovatele Bohumila Hrabala)?

Str. 29, cvičení 21, viz str. 132

Str. 30, cvičení 28

1/ **Promiňte,** prosím vás, **kde** je Karlův **most (pomník, portrét,...)**? - Nerozumím **česky,** jsem **cizinec.**
2/ **Promiňte,** nevíte, kde **je** Národní **třída (divadlo, muzeum,...)**? - To **bohužel** nevím.
3/ Prosím **vás, jak se jmenuje** tohle náměstí? - To je Václavské **náměstí.** - **Moc (mockrát)** děkuju. - **Není** zač.

Str. 31, cvičení 30

Prosím vás,	ztratila se mi bunda.	- Jaká byla vaše bunda?	- Byla fialová.
	ztratila se mi taška.	- Jaká byla vaše taška?	- Byla černá.
	ztratil se mi kufr.	- Jaký byl váš kufr?	- Byl hnědý.
	ztratil se mi fotoaparát.	- Jaký byl váš fotoaparát?	- Byl japonský.
	ztratilo se mi auto.	- Jaké bylo vaše auto?	- Bylo italské.
	ztratil se mi slovník.	- Jaký byl váš slovník?	- Byl anglický.
	ztratila se mi peněženka.	- Jaká byla vaše peněženka?	- Byla kožená.
	ztratilo se mi pero.	- Jaké bylo vaše pero?	- Bylo modré.
	ztratila se mi učebnice.	- Jaká byla vaše učebnice?	- Byla česká.
	ztratila se mi mapa.	- Jaká byla vaše mapa?	- Byla německá.

Str. 31, cvičení 33

Chtějí **čokoládovou zmrzlinu**. Helena má **starší vdanou sestru**. Pavel má **mladšího ženatého bratra**. Petr nezná **českého spisovatele Karla Čapka**. Chceme **černou kávu**. Neměla jsem černou tašku, ale **hnědou tašku**. Neznala jsem **to číslo**, ale znala jsem **tu ulici**.

Str. 31, cvičení 34

(Check it with text 2, page 21).

Lekce 4

Str. 38, cvičení 1

dva knedlíky, obědy, saláty, rohlíky, kompoty, stoly, domy, kufry, autobusy, hotely, chlebíčky, čaje, džusy, zákusky, klíče, pokoje;
dvě zmrzliny, polévky, kávy, limonády, koka-koly, restaurace, holky, kamarádky, židle, tabule, třídy, učitelky, láhve, porce, sklenice, skříně, košile;
dvě piva, pera, křesla, okna, divadla, kina, jídla, auta, trička, jména, letiště, nádraží, místa.

Str. 38, cvičení 2 a/

jeden smažený řízek - dva smažené řízky, jeden dobrý oběd - dva dobré obědy, jedna zeleninová polévka - dvě zeleninové polévky, jedno velké pivo - dvě velká piva, jedno bezmasé jídlo - dvě bezmasá jídla, jeden zmrzlinový pohár - dva zmrzlinové poháry, jedna vanilková zmrzlina - dvě vanilkové zmrzliny, jeden jídelní lístek - dva jídelní lístky, jedna dobrá restaurace - dvě dobré restaurace, jeden moderní hotel - dva moderní hotely, jedna česká hospoda - dvě české hospody, jedno volné místo - dvě volná místa, jedno telefonní číslo - dvě telefonní čísla, jedno modré pero - dvě modrá pera, jedno nové kolo - dvě nová kola, jeden šunkový chlebíček - dva šunkové chlebíčky, jeden anglický slovník - dva anglické slovníky, jedna česká učebnice - dvě české učebnice, jedno německé slovo - dvě německá slova, jedno velké okno - dvě velká okna.

Str. 38, cvičení 2 b/

moje velké kufry, tvoje hezké pokoje, jeho nové klíče, naše moderní počítače, její velké tašky, naše české sekretářky, moje čisté košile, tvoje teplé svetry, jejich americká auta, naše české motorky, její anglické kamarádky.

Str. 38, cvičení 3

Ty chceš minerálku, (oříškovou zmrzlinu, sodovku, pistáciovou zmrzlinu, plzeňské pivo, koka-kolu, hovězí polévku, omeletu se zavařeninou, vepřový řízek, okurkový salát, vepřovou pečeni, párek s rohlíkem, zmrzlinový pohár, grilované kuře, skopové maso na česneku, omeletu s hráškem, pečenou husu, smaženého kapra, pečeného pstruha, dušenou rýži, bramborovou kaši)?

Str. 39, cvičení 6

Můžu si dát někde pivo?	- Samozřejmě, můžeš. Pojď naproti do hospody.
Můžu si dát někde víno?	- Samozřejmě, můžeš. Pojď naproti do vinárny.
Můžu si dát někde chlebíčky?	- Samozřejmě, můžeš. Pojď naproti do bufetu.
Můžu si dát někde čaj?	- Samozřejmě, můžeš. Pojď naproti do kavárny.

Můžu si dát někde zmrzlinu?   - Samozřejmě, můžeš. Pojď naproti do cukrárny.
Můžu si dát někde kuře?   - Samozřejmě, můžeš. Pojď naproti do restaurace.

Str. 39, cvičení 7

Linda má strašný hlad.   - Tak může jít na snídani do bufetu.
Karel a Brigitta mají strašný hlad. - Tak můžou jít na oběd do hospody.
David má strašný hlad.   - Tak může jít na svačinu do cukrárny.
Klára a Monika mají strašný hlad.   - Tak můžou jít na večeři do restaurace.

Str. 40, cvičení 9a/

Dám si hlávkový salát, dušené hovězí maso, houskové knedlíky, dušenou rýži, hovězí pečeni, hrachovou polévku, grilované kuře, kakaovou zmrzlinu, černou kávu, meruňkový kompot, vaječnou omeletu, vídeňský guláš, pečenou husu, rybí filé, citrónovou limonádu.

Str. 40, cvičení 10a/

Nedáte si kávu?   - Ne, dáme si raději čaj.   Nedáte si víno?   - Ne, dáme si raději pivo.

    vodku?   -   becherovku.   minerálku? -   sodovku.

    džus?   -   limonádu.   koka-kolu? -   tonik.

Str. 40, cvičení 12

Richarde, máš rád černou kávu?   - Ne, mám raději bílou.
Vašku, máš rád popovické pivo?   - Ne, mám raději plzeňské.
Lucie, máš ráda citrónovou limonádu?   - Ne, mám raději pomerančovou.
Tomáši, máš rád hovězí polévku?   - Ne, mám raději zeleninovou.
Lindo, máš ráda omeletu se zavařeninou? - Ne, mám raději s hráškem.
Moniko, máš ráda pečeného pstruha?   - Ne, mám raději grilovaného.
Pavle, máš rád smažený květák?   - Ne, mám raději vařený.
Věro, máš ráda kapra na másle?   - Ne, mám raději smaženého.

Str. 40, cvičení 15

Dám si **pečenou husu**. Nedáte si **bramborovou polévku**? Mají tam **plzeňské pivo**? Veronika chce **vanilkovou zmrzlinu**. Máte **grilované kuře**? Jan a Tomáš chtějí **vídeňský guláš** a **rýži**. Michal chce raději **smaženého kapra**. Máš chuť na **pečenou kachnu** nebo **pečeného pstruha**?

Str. 41, cvičení 16

1. Petře, **chceš** šunkové chlebíčky? - Ne, **nechci** jsou moc drahé. 2. Co **chce** Helena? - **Chce** zavolat domů. 3. Tomáš a Eva mají žízeň, **chtějí** se napít. 4. **Chcete** jít na oběd, pane Wagnere? - Děkuji, **nechci**, nemám hlad. - Ale my **chceme** jít do restaurace. Kdo **chce** jít taky?

Str. 41, cvičení 17a/

a/ **Jím rád** hovězí polévku (omeletu s hráškem, dušenou zeleninu, vepřovou pečeni, švestkový kompot, dušenou rýži, smažené hranolky, pečenou husu, okurkový salát, grilované kuře, pečeného kapra).

Str. 41, cvičení 19

do hospody - na přednášky; na návštěvu - do školy; do divadla - do práce; do kina - do hotelu; na oběd - do kanceláře; na procházku - na kurs češtiny.

Str. 42, cvičení 24

1. Pavel **jde** do **hospody** na pivo. 2. Ivano a Petře, **jdete** do **kavárny**? - Ne, **jdeme** do **cukrárny**. 3. Kam **jde** Olga? - Do **divadla**. 4. Heleno, **jdeš** do **bufetu**? - Ne, **jdu** do **restaurace**. 5. Kdo **jde** do **práce**? 6. Tom a Pavel **jdou** do **kanceláře**.

Str. 42, cvičení 25

Milý Tomáši, posílám Ti pozdrav z Prahy. Jak se **máš**? Já se **mám** moc dobře. **Mám** pěkný program, ale také **mám** hodně práce. Každý den **mám** ve škole vyučování, proto **musím** každý den brzo vstávat. Odpoledne se **musím** učit nová slova a novou gramatiku. **Mám** zajímavou českou učebnici. Ale večer **máme** všichni volno. Můžeme chodit na procházky. **Máme** dobrou partu a chodíme taky na koncerty. A často taky chodíme do hospody nebo do vinárny. **Musíme** se naučit dobře česky, protože chceme vědět, co si lidé povídají. Teď **musím** končit, protože můj kamarád tady **má** holku a jdeme všichni na koncert. **Měj** se hezky a **musíš** mi taky brzy napsat.

Lekce 5

Str. 51, cvičení 6

Byl/a jsem v kavárně (v hotelu, v pokoji, ve vinárně, v bufetu, na hradě, na obědě, v Anglii, v Polsku, na večeři, v Americe, v Kanadě, v kině, na koncertě, v divadle, na letišti, na výstavě).

Str. 52, cvičení 8

v dobrém hotelu, ve starém chrámu, v barokním kostele, v teplém svetru, v moderním kabátě, v českém slovníku, v hezkém pokoji, ve velkém obchodním domě, v anglické učebnici, v klasické hudbě, ve Zlaté uličce, ve vedlejší ulici, ve staré věži, ve známém městě, v pražské kavárně, v Národním muzeu, v naší třídě, v našem městě, v našem hotelu, v naší škole, ve vašem bytě, ve vašem pokoji, ve vaší zemi, v její posteli, v jeho hnědém saku, v jejím pasu/e, v její koupelně, v tvé/tvojí černé peněžence, v mé/mojí kožené kabelce, v naší krásné zlaté Praze, ve vaší české knize, v jejich velké rodině.

Str. 52, cvičení 9

na pražském letišti, na novém sídlišti, na dětském hřišti, na zahajovacím koncertě, na brněnském veletrhu, na jídelním stole, na hlavní poště, na Národní třídě, na Hlavním nádraží, na Václavském náměstí, na Staroměstském náměstí, na Malé Straně, na Staroměstské radnici, na hlavní ulici, na její posteli, na jejím stole, na její židli, na mé/mojí skříni, na mém psacím stole, na zajímavé výstavě.

Str. 52, cvičení 10

v tom mém bytě, v tom mém pokoji, v té mé/mojí kanceláři, v té mé/mojí kabelce, v té mé/mojí peněžence, v té mé/mojí učebnici, v tom mém slovníku, v té mé/mojí knize, v té mé/mojí třídě, v té mé/mojí práci, v tom mém domácím úkolu, v tom mém novém programu, v tom mém starém pasu/e, v tom mém novém autě, v tom mém starém tričku, v té mé/mojí staré košili, v té mé/mojí fialové bundě, v té mé/mojí moderní chatě, v té mé/mojí staré škole, v tom mém velkém domě.

Str. 53, cvičení 13

v Kolíně, v Brně, v Bratislavě, v Ostravě, v Opavě, ve Varšavě, v Moskvě, v Sofii, ve Vladivostoku, v San Franciscu, v Pekingu, v Tokiu, v Torontu, v Kalifornii, v Texasu, v Paříži, v Praze.

Str. 53, cvičení 14

v Austrálii, v Indii, v Singapuru, v Japonsku, v Norsku, ve Švédsku, v Dánsku, ve Finsku, v Řecku, v Itálii, v Belgii, ve Francii, ve Švýcarsku, v Rakousku, v Anglii.

Str. 53, cvičení 17

v hovězí polévce, v černé kávě, v limonádě, v hovězí pečeni, v čaji, v plzeňském pivě, v koláči, v salámu, v párku, ve zmrzlině, v čokoládě, v kompotu/ě, ve smaženém řízku, v zeleninové polévce, v pečeném mase, v pečeném pstruhovi, v rizotu/ě, v okurkovém salátu/ě, ve víně, v kakau, v mléce, ve zmrzlinovém poháru.

Str. 54, cvičení 19a/

Protože mám dnes narozeniny, půjdu do restaurace.
Protože nemám byt, musím bydlet v hotelu.
Protože neznám jeho adresu, nemůžu mu poslat dopis.
Protože nemám drobné, nemůžu zaplatit za šatnu.
Protože se mi ztratilo auto, musím jít na policii.
Protože mám moc práce, nemůžu jít na pivo.
Protože nemám práci, nemám peníze.

Str. 54, cvičení 20

a/   Chtěli jsme si zakouřit, ale neměli jsme cigaretu.
Chtěli jsme jít na koncert, ale neměli jsme lístky.
Chtěli jsme jít do restaurace, ale neměli jsme peníze.
Chtěli jsme jít na návštěvu, ale neměli jsme adresu.
Chtěli jsme jít na výstavu, ale neměli jsme čas.
Chtěli jsme napsat dopis, ale neměli jsme pero a dopisní papír.
Chtěli jsme poslat dopis, ale neměli jsme známku.

Str. 54, cvičení 21

a/ Kde jste byl/a   v pondělí?   - Byl/a jsem na zahajovacím koncertě.
                    v úterý?   - Byl/a jsem na brněnském veletrhu.
                    ve středu?   - Byl/a jsem na zajímavé přednášce.
                    ve čtvrtek?   - Byl/a jsem na služební cestě.
                    v pátek?   - Byl/a jsem na velkém nákupu.
                    v sobotu?   - Byl/a jsem na Hlavní poště.
                    v neděli?   - Byl/a jsem na pražském letišti.
                    včera?   - Byl/a jsem na hradě Karlštejně.
                    dnes?   - Byl/a jsem v práci.
                    odpoledne?   - Byl/a jsem na dlouhé procházce.
                    večer?   - Byl/a jsem na zajímavé návštěvě.
                    minulý týden?   - Byl/a jsem na služební cestě.
                    vloni?   - Byl/a jsem v Jižní Americe.
                    letos?   - Byl/a jsem v severní Itálii.
                    dnes dopoledne?   - Byl/a jsem na Staroměstském náměstí.

Str. 54, cvičení 22

a/ Kam jsi šel/šla ráno?   - Šel/šla jsem na nákup.
                    v poledne?   - Šel/šla jsem na oběd.
                    dopoledne?   - Šel/šla jsem na výstavu.
                    ve 4 hodiny? - Šel/šla jsem na procházku.
                    večer?   - Šel/šla jsem na koncert.
                    večer v 7 hodin? - Šel/šla jsem na večeři.
                    odpoledne?   - Šel/šla jsem na návštěvu.
                    dnes v 8.30? - Šel/šla jsem do jazykové školy.
                    v 11 hodin v noci? - Šel/šla jsem do postele.

Str. 54, cvičení 23

a/ Kdy přijdete, pane Wagnere?   V pondělí v deset hodin dopoledne. V úterý v jednu hodinu odpoledne.
Ve středu ve dvě hodiny odpoledne. Ve čtvrtek ve tři hodiny odpoledne.
V pátek v pět hodin odpoledne. V sobotu v šest hodin večer.
V neděli ve dvě hodiny odpoledne. Zítra v osm hodin večer.

Str.55, cvičení 25

a/ Kam půjdeš   po snídani?   - Po snídani půjdu do práce.
                po svačině?   - Po svačině půjdu do školy.
                po obědě?   - Po obědě půjdu na procházku.
                po práci?   - Po práci půjdu do kina.
                po škole?   - Po škole půjdu do divadla.
                po koncertě/u?   - Po koncertě/u půjdu do hotelu.
                po večeři?   - Po večeři půjdu do pokoje.
                po divadle?   - Po divadle půjdu do vinárny.
                po přednášce?   - Po přednášce půjdu do kanceláře.

Str. 55, cvičení 27

Už jste někdy byla v Bratislavě, (v Brně, v Plzni, v Paříži, ve Vídni, v Moskvě, v Kyjevě, v Polsku, v Bukurešti, v Budapešti, v Tiraně, v Záhřebu, ve Varšavě, v Berlíně, v Londýně)?

Str. 56, cvičení 28

jet na kole, **jít** po schodech, **jet** taxíkem, **jít** pěšky, **jít** na procházku,**jet/jít** na výlet, **jít** do koupelny, **jet** do Ostravy, **jít** na výstavu, **jít** na záchod, **jít** do vinárny, **jet** do ciziny, **jít** do postele, **jít** na pivo, **jít** do pokoje, **jet** vlakem, **jít** do cukrárny, **jít** do muzea, **jít** do hospody.

Str. 56, cvičení 29

a/ Petr **jede** na kole do školy. Monika **jde** pěšky. Po silnici **jede** autobus. Kamarádky **jdou** dnes do kina. Já **jdu** taky, protože dávají hezký film. Teď **jdu** do bufetu na svačinu. Eva **jde** do koupelny a dává si sprchu. Zítra **jedu** na výlet na zámek Konopiště. Je to asi 50 km, tak **jedu** vlakem. Karel **nejede**, ten **jde** raději do hospody na pivo. Zuzana **jede** ráno do Bratislavy, protože tam má sestru.

b/ Po silnici **jelo** auto. **Jelo** hodně rychle. Po ulici **šla** stará babička. Vedle babičky **šlo** malé dítě. Zuzanka **šla** večer do divadla. My jsme **šli** po Karlově mostě. Po nábřeží **jela** tramvaj. **Šli** jsme po starých zámeckých schodech na Hradčany. V zoo jsme také **jeli** lanovkou.

Str. 56, cvičení 32

a/ **Vítám vás u nás** v České republice, (na chatě, v Brně, v Ostravě, v Bratislavě, v našem novém bytě, v naší škole, v našem městě).

Str. 56, cvičení 33

a/ Prosím tě,	vidíš mě?	- Ano, vidím tě.
	posloucháš mě?	- Ano, poslouchám tě.
	představíš mě?	- Ano, představím tě.
	máš mě rád?	- Ano, mám tě rád.
	chceš mě navštívit?	- Ano, chci tě navštívit
	pozveš mě?	- Ano, pozvu tě.

Lekce 6

Str. 65, cvičení 2

s tím naším kamarádem, s tím tvým bytem, s tím tvým autem, s tou tvou/tvojí taškou, s tou tvou/tvojí učebnicí, s tím tvým slovníkem, s tím tvým pokojem, s tím tvým perem, s tím tvým čajníkem, s tím tvým synem, s tou tvou/tvojí dcerou, s tou jeho kamarádkou, s tím jejím mužem, s tím jejím pasem, s tou její postelí, s tou její bundou, s tím jejím tričkem, s tím jejím úkolem, s tou její kamarádkou, s tou její maminkou, s tou naší učitelkou, s tím naším ředitelem, s tím vaším profesorem, s tím naším prezidentem, s tím jejich novinářem, s tím jejím přítelem, s tou jeho přítelkyní.

Str. 65, cvičení 3

s tvým novým fotoaparátem, s tvým novým bytem, s jeho starým klíčem, s jejím novým učitelem, s naší českou učitelkou, s jeho sympatickou kamarádkou, s její mladší sestrou, s jejím starším bratrem, s jejím novým autem, s jejím americkým pasem, s tvým řidičským průkazem, s vaším občanským průkazem, s jejím anglickým slovníkem, s jejím novým českým přítelem, s naším novým profesorem, s jejich novým prezidentem, s naší novou ředitelkou, s naším Národním divadlem, s jeho novým místem, s jeho novou prací, s jeho bílou košilí, s mým domácím úkolem, s mou/mojí nákupní taškou, s naším starým kolem, s naším starým přítelem, s vaším mladším synem.

Str. 65, cvičení 4

před tím stolem, před tím domem, před tou židlí, před tím gaučem, před tím křeslem, před tím topením, před tím hřištěm, před tím parkovištěm, před tou ledničkou, před tou kuchyní, před tou stanicí, před tou postelí, před tím náměstím, před tím divadlem, před tou řekou, před tím nádražím, před tím mostem, před tím kinem, před tou tabulí.

Str. 65, cvičení 5

a/ Kde je moje tužka? - Pod tou žlutou židlí. Kde je můj slovník? - Pod tím širokým oknem. Kde je moje učebnice? - Pod tou černou taškou. Kde je můj klíč? - Pod tím cizím časopisem. Kde je moje peněženka - Pod tím modrým tričkem. Kde je můj kalendář? - Pod tím červeným svetrem. Kde je můj sešit? - Pod tím německým slovníkem. Kde je moje křída? - Pod tou malou tabulí. Kde je můj kufr? - Pod tou hnědou postelí.

b/ Kde je ta fotografie? - Nad tou velkou knihovnou. Kde je ta lampa? - Nad tím psacím stolem. Kde je to zrcadlo? - Nad tím bílým umyvadlem. Kde je ten kalendář? - Nad tím barevným televizorem. Kde je ta mapa? - Nad tou černou tabulí. Kde je ten portrét? - Nad tou malou skříní.

Str. 65, cvičení 6

a/ Před hlavním vchodem, (Národním divadlem, restaurací, vaším hotelem, naším domem, vaší školou, stanicí metra, Hlavním nádražím, Obecním domem, Prašnou branou, Hlavní poštou, šatnou).

Str. 67, cvičení 9

s Monikou, s dcerou, s Věrou, s Karlem, s Tomášem, s Michalem, s Alešem, s Olgou, s Jarkou, s Marií, s Lucií, s Julií, s babičkou, s panem prezidentem; s tvojí/tvou ženou, s tvojí/tvou přítelkyní, s tvým mužem, s tvým bratrem, s tvým otcem, s tvým učitelem, s tvojí/tvou učitelkou, s tvojí/tvou babičkou, s tvým šéfem, s tvojí/tvou maminkou, s tvojí/tvou sestrou, s naší sekretářkou, s jejím bratrem.

Str. 67, cvičení 10

s panem Novákem, s panem ředitelem, s doktorem Havránkem, s paní Čápovou, se slečnou Alexovou, s doktorkou Řezáčovou, s paní profesorkou Bláhovou, s paní ředitelkou, s paní doktorkou Váchovou.

Str. 67, cvičení 11

Dáš si   husu s houskovým knedlíkem nebo s bramborem?
uzené maso s bramborou kaší nebo s hráškem?
chlebíčky se sýrem nebo se šunkou?
vepřovou pečeni se zelím nebo se špenátem?
biftek s oblohou nebo s vejcem?
řízek se salátem nebo s bramborem?
nové brambory se špenátem nebo s tvarohem?

Str. 67, cvičení 12

s hořčicí, s křenem, s houskou, s rohlíkem;
se šunkou, se sýrem, se salámem, s vejcem;
s cukrem, s citrónem, s medem, s rumem;
s citrónem, s ledem;
se šlehačkou, s karamelem, s vaječným koňakem.

Str. 67, cvičení 13

Hledám byt s pěkným balkónem (s velkou terasou, s ústředním topením, s velkou halou, s velkou kuchyní, s elektřinou, s plynem, s výtahem, s nábytkem, s telefonem).

Str. 67, cvičení 14

Chci pokoj s vyhlídkou na moře (s vyhlídkou na Hradčany, s oknem do dvora, s oknem do ulice, s oknem do parku, s telefonem, s televizorem, se sprchovým koutem, s koupelnou).

Str. 67, cvičení 15

1. nožem 2. perem 3. lampou 4. žehličkou 5. cukrem 6. klíčem 7. ručníkem

Str. 67, cvičení 16

Pojedu autem (autobusem, tramvají, vlakem, taxíkem).

Str. 68, cvičení 17

a/ ve druhém (ve třetím, ve čtvrtém, v pátém, v šestém, v sedmém, v osmém, v devátém, v desátém) roce.
b/ ve druhé (ve třetí, ve čtvrté, v páté, v šesté, v sedmé, v osmé, v deváté, v desáté) řadě.
c/ na druhém (na třetím, na čtvrtém, na pátém, na šestém, na sedmém, na osmém, na devátém, na desátém) místě.

Str. 68, cvičení 18

Nebydlím v prvním patře, ale ve druhém patře. - Nebydlím ve druhém patře, ale ve třetím patře. - Nebydlím ve třetím patře, ale ve čtvrtém patře.- Nebydlím ve čtvrtém patře, ale v pátém patře. - Nebydlím v pátém patře, ale v šestém patře. - Nebydlím v šestém patře, ale v sedmém patře. - Nebydlím v sedmém patře, ale v osmém patře. - Nebydlím v osmém patře, ale v devátém patře. - Nebydlím v devátém patře, ale v desátém patře. - Nebydlím v desátém patře, ale v jedenáctém patře. - Nebydlím v jedenáctém patře, ale ve dvanáctém patře.

Str. 68, cvičení 19

třetího května, čtvrtého února, šestého srpna, sedmého října, dvanáctého března, druhého června, pátého července, osmého prosince, třetího září, dvacátého prvního listopadu, dvacátého osmého října, dvacátého třetího prosince, patnáctého září.

Str. 68, cvičení 21

a/ Máme jen druhou (třetí, čtvrtou, pátou, šestou, sedmou, osmou, devátou, desátou, jedenáctou, dvanáctou, třináctou, čtrnáctou, patnáctou, šestnáctou, sedmnáctou, osmnáctou, devatenáctou, dvacátou) řadu.

Str. 68, cvičení 22

Je půl druhé (třetí, čtvrté, páté, šesté, sedmé, osmé, deváté, desáté, jedenácté, dvanácté).

Str. 69, cvičení 27a/

bez jídelního lístku, bez dobrého oběda, bez plzeňského piva, bez černé kávy, bez silného čaje, bez anglického slovníku, bez řidičského průkazu, bez platného pasu, bez platné jízdenky, bez dobré mapy, bez investiční banky, bez základního kapitálu, bez zahraniční pomoci, bez ústředního topení, bez teplé vody, bez cukru, bez ovoce a zeleniny.

Str. 69, cvičení 27b/

bez toho vašeho kulturního programu, bez toho jejího zeleninového salátu, bez té vaší dobré zprávy, bez té naší velké mapy, bez toho tvého nového auta, bez toho jejího sportovního kola, bez toho jejího starého křesla, bez toho jeho moderního gauče, bez té jejich krátké postele, bez toho mého nového čajníku, bez toho tvého japonského fotoaparátu, bez toho tvého černého kufru, bez té vaší nové sekretářky, bez toho vašeho nového ředitele, bez tvojí/tvé pomoci, bez její rady.

Str. 69, cvičení 27c/

chrám svatého Mikuláše; projev českého prezidenta; byt mého dobrého přítele; okno mého pokoje; manžel mojí/mé kamarádky; fotografie mojí/mé maminky; sestra mojí/mé babičky; manžel mojí/mé sestry; sekretářka našeho ředitele; kurs jazykové školy; budova českého ministerstva; politika naší české vlády; román toho amerického spisovatele; program Stavovského divadla; pořad slovenského rozhlasu; ředitel české televize; schůze českého parlamentu; koncert Pražského jara; opera Bedřicha Smetany; skladba Antonína Dvořáka; hudba Leoše Janáčka; tradice slovenského národa; socha svatého Václava.

Str. 71, cvičení 31

a/ Znáte moji/mou adresu (mého bratra, naši učitelku, jejich profesorku, jeho syna, mého přítele, jejího kamaráda, jejího tatínka, její maminku, její sestru)?

b/ Petr nezná moji/mou novou adresu (moje telefonní číslo, našeho profesora, nového ředitele, tvého otce, naši školu, Prahu, českou gramatiku).

Str. 71, cvičení 33

Znám, vím; znáš, víš; znáš, víš; zná, ví; známe, víme; znáte, víte; znají, znají, nevědí.

Str. 72, cvičení 34

a/ Byl jsem nadšený tím Anežským klášterem (tím Svatovítským chrámem, tím Staroměstským orlojem, tím Staroměstským náměstím, tím Karlovým mostem, tím chrámem svatého Mikuláše, tou Loretou, tou Zlatou uličkou, tím Vyšehradem, tím Karlštejnem, tím Konopištěm, tím Národním divadlem, tím Formanovým filmem, tím Brnem, tou Tatranskou Lomnicí).

b/ Byl jsem spokojený s tou procházkou, (s tou přednáškou, s tou návštěvou, s tou výstavou, s tou exkurzí, s tím bytem, s tím pokojem, s tím kursem češtiny).

c/ Jsem spokojený s tou ubytovnou, (s tím hotelem, s tím bytem, s tím pokojem, s tím výletem, s tím kursem, s tím zaměstnáním, s tím nábytkem, s tou kanceláří, s tím programem).

Str. 72, cvičení 36

1. Dobrý, vás, dál. 2. den, Prosím, mluvit, Bohužel, vyřídit. 3. chceš, kina, sejdeme, před. 4. ti, nadšená. 5. volné, jednolůžkový. 6. sprchou. 7. prvním (druhém, třetím, čtvrtém,....). 8. Kterou, první (druhou, třetí, čtvrtou, ...).

Str. 72, cvičení 37

1. si 2. si, se 3. se, se 4. si, si 5. si, si 6. se, se 7. si, si 8. se, se 9. se, se 10. se 11. ses, se.

Lekce 7

Str. 82, cvičení 5

jeden ministr - všichni ministři, jedna úřednice - všechny úřednice, jedna prodavačka - všechny prodavačky, jeden cizinec - všichni cizinci, jeden Nor - všichni Norové, jeden Rus - všichni Rusové, jedna Angličanka - všechny Angličanky, jeden Američan - všichni Američané, jeden autobus - všechny autobusy, jeden vlak - všechny vlaky, jeden taxík - všechny taxíky, jeden tygr - všichni tygři, jeden hotel - všechny hotely, jeden lístek - všechny lístky, jedna holka - všechny holky, jeden kluk - všichni kluci, jedna kavárna - všechny kavárny, jedna láhev - všechny láhve, jedna postel - všechny postele, jedna silnice - všechny silnice, jedna růže - všechny růže, jeden míč - všechny míče, jedna skříň - všechny skříně, jedna postel - všechny postele, jedna třída - všechny třídy, jedna židle - všechny židle, jeden doktor - všichni doktoři, jedna doktorka - všechny doktorky, jedna chyba - všechny chyby, jedna košile - všechny košile, jedna limonáda - všechny limonády, jeden džus - všechny džusy, jedno jídlo - všechna jídla, jedno zrcadlo - všechna zrcadla, jedno umyvadlo - všechna umyvadla, jedno hřiště - všechna hřiště, jedno nádraží - všechna nádraží.

Str. 82, cvičení 6

a/ To jsou ti naši studenti (partneři, chlapci, profesoři, učitelé, přátelé).

b/ Bydlí tam čeští obchodníci (němečtí partneři, dobří zákazníci, američtí lékaři, nějací cizinci, olympijští sportovci, zahraniční novináři, známí zpěváci).

c/ Anglicky se učí moji starší bratři (pražští prodavači, čeští technici, švédští studenti, italští obchodníci, mladí číšníci).

d/ Angličtí, němečtí, italští, rumunští, řečtí, švédští, norští, ruští, albánští, angolští; studenti, manažeři, obchodníci.

Str. 83, cvičení 9

a/ Slyšel/a jsem známé spisovatelky (americké novinářky, džezové zpěváky, české poslance, švédské novináře).

b/ medvědy, slony, jeleny, lvy, žirafy, antilopy, opice, vlky, lišky, papoušky, krokodýly.

Str. 83, cvičení 10

a/ Čekám na své kamarády (přátele, učitele, dcery, syny, české studenty, obchodní partnery, zahraniční zákazníky, staré spolužáky, americké zpěváky, francouzské herce).

Str. 83, cvičení 12

k tomu pravému plzeňskému pivu, k tomu našemu novému českému učiteli, k tomu jejich velkému bytu, k tomu jejich zeleninovému jídlu, k tomu tvému dlouhému dopisu, k tomu jejímu domácímu úkolu, k tomu tvému staršímu bratrovi, k tomu jejímu českému kamarádovi, k tomu vašemu stolu, k tomu tvému muži, k tomu jejímu obývacímu pokoji, k tomu našemu modrému koberci.

Str. 84, cvičení 14

a/ k vídeňské kávě, k odpolední svačině, k velké radosti, k nové paní doktorce, k nové učitelce, ke staré pražské vinárně, k Mostecké věži, k Prašné bráně, k nové výstavě, k české kamarádce, k první stanici, k velké drogerii, k moderní cukrárně.

Str. 84, cvičení 15

a/ v sobotu - ke svému staršímu bratrovi, v pátek - ke svému kamarádu Michalovi, ve středu - ke svému dědečkovi, v neděli - k našemu novému učiteli, v pondělí - k tomu známému českému spisovateli, v úterý - k Václavu Hrabalovi, příští týden - ke svojí/své kamarádce Věře, zítra ráno - k naší české učitelce, ve čtvrtek - k paní profesorce.

Str. 84, cvičení 16

Dej to své sestře Vlastě (Marii, Lucii, Jarce, Zuzaně, Evě, Pavlovi, Vladimírovi, Tomášovi, Alešovi, tatínkovi, svojí/své mamince, svojí/své babičce, její mladší sestře, jejímu mladšímu bratrovi, jejímu muži, jejímu synovi, jejímu šéfovi, jejich panu učiteli, jejich paní učitelce, jejich řediteli).

Str. 84, cvičení 17

Tomu českému nápisu, tomu dlouhému dopisu, tomu prvnímu článku, tomu poslednímu cvičení, tomu novému stroji, tomu českému jídelnímu lístku, tomu televiznímu programu, té české instrukci, té nové politice, tomu latinskému slovu, té staré české knize, tomu jízdnímu řádu, té moderní hudbě.

Str. 84, cvičení 18

k jazykové škole, k obchodnímu domu Máj, k Václavskému náměstí, k Dětskému domu, k Prašné bráně, k Obecnímu domu, ke Staroměstskému náměstí, ke staroměstskému orloji, k Týnskému chrámu, k hotelu Intercontinental, k právnické fakultě, k filozofické fakultě, k Mostecké věži, k soše císaře Karla IV.(Čtvrtého), ke starému kamennému mostu, k Pražskému hradu.

Str. 85, cvičení 19

K paní Ivance Dvořákové, k paní Jiřině Navrátilové, k paní Lídě Malé, k paní Vidě Zelené, k panu ministrovi, k panu Novákovi, k panu Šťastnému, k panu Veselému, k panu prezidentovi, k slavnému džezovému zpěvákovi, k americkému milionáři, k anglické královně, k známé filmové herečce, k slavnému italskému malíři.

Str. 85, cvičení 20

a/ do hospody - k manželce, do kavárny - k sestře, do vinárny - ke kamarádce, do cukrárny - k babičce, do práce - k doktorovi, na procházku - k příteli, k Viktorovi - k Pavlovi, k panu Soukupovi - k panu Táborskému, k panu Rakušanovi - k panu Novému.

Str. 85, cvičení 21

za tím mostem, za tou školou, za tím divadlem, za tím hotelem, za tou známou pražskou kavárnou, za tou výbornou čínskou restaurací, za tou moderní samoobsluhou, za tou starou tržnicí, za tou křižovatkou, za tím malým náměstím, za Hlavním nádražím, za rohem.

Str. 85, cvičení.22

Proti hotelu Evropa, proti kinu Blaník, proti soše svatého Václava, proti Národnímu muzeu, proti českému parlamentu, proti Domu potravin, proti stanici metra.

Str. 85, cvičení 23

k té velké křižovatce, k tomu semaforu, k tomu novému hotelu, k té staré vinárně, k té nové galerii, k tomu baroknímu kostelu, k tomu vysokému stromu, k tomu červenému autu.

Str. 85, cvičení 25

a/ v sedm (hodin)- v osm (hodin); v půl páté - ve čtyři (hodiny); v půl jedné - v jednu (hodinu); v deset (hodin) - v půl jedenácté; v půl druhé - ve dvě (hodiny); v jedenáct (hodin) - v půl dvanácté.

b/ do kanceláře, do školy, do banky, do hotelu, na letiště, domů, do divadla, do práce, na výstavu, na koncert, do restaurace, na konferenci, na nádraží.

Str. 85, cvičení 27

b/ Prosím vás, jak se dostanu k hotelu Diplomat? - Jeďte autobusem, jsou to čtyři stanice.

jak se dostanu k Václavskému náměstí? - Jeďte metrem, jsou to tři stanice.
jak se dostanu k Národnímu divadlu? - Jeďte tramvají, je to jedna stanice.
jak se dostanu k Paláci kultury? - Jeďte metrem, je to příští stanice.
jak se dostanu k zoologické zahradě? - Jeďte autobusem, je to konečná stanice.

Str. 87, cvičení 30

po víně, po sladkém dortu, po těžké práci, po dlouhém výletě, po špatném jídle, po televizi.

Str. 87, cvičení 35

Drazí přátelé! Moji kamarádi se dívají na televizi. Do Prahy přijedou američtí studenti Naši polští obchodní partneři odjeli včera do Varšavy. Vaši zákazníci jsou už v Praze. To jsou naši dobří přátelé. V televizi mluvili čeští poslanci. Jste Češi nebo Slováci? Kdy přijedou ty anglické učitelky? Neznám tvé kamarády. Vzpomínáme na své profesory. Viděl jsi živé medvědy? Znáte dobře ty švédské inženýry? Vidíš ty krásné vysoké budovy? Pozdravuj ty hezké české holky. Čekám na francouzské obchodníky.

Str. 88, cvičení 38

přestupte, vystupte, nekuřte, přijď, zavolej, nastupte, řekněte, jeďte, vystupte, přijeďte, pozdravujte.

Lekce 8

Str. 95, cvičení 8

mnoho sekretářek, schodů, obchodů, prášků, nástrojů, magnetofonů, mýdel, skříní, zrcadel, knih, sešitů, učebnic, slov, slovníků, učitelek, učitelů, vojáků, známek, pohledů, filmů, map, jízdenek, vagónů, autobusů, tramvají, aut, kluků, holek, letišť, sídlišť, ulic, skříní, starostí, radostí, jablek, housek, rohlíků, knedlíků, pomerančů.

Str. 95, cvičení 10

všechny psací stroje	hodně psacích strojů
všechny moderní počítače	hodně moderních počítačů
všechny cizí výrobky	hodně cizích výrobků
všechny zahraniční firmy	hodně zahraničních firem,
všechny velké investice	hodně velkých investic
všichni čeští poslanci	hodně českých poslanců,
všichni ruští vojáci	hodně ruských vojáků
všichni albánští uprchlíci	hodně albánských uprchlíků
všechny krásné parky	hodně krásných parků
všechny staré hrady	hodně starých hradů
všechny barokní kostely	hodně barokních kostelů

Str. 96, cvičení 12

Kup dvě kila pomerančů, tři kila jablek, půl kila rajčat, pět kil(o) brambor, kilo paprik, tři kila švestek, jedno a půl kila třešní, kilo jahod.

Str. 96, cvičení 13

Je tam bohatý výběr zimních kabátů (levných bot, vlněných sak, dětských ponožek, dámských punčoch, pánských kalhot, sportovních košil, moderních bluz, bavlněných triček, nealkoholických nápojů, dietních jídel, tavených sýrů, zmrazených potravin, různých uzenin, mléčných výrobků).

Str. 96, cvičení 14

a/ Přece od těch mých kamarádů (studentů, zákazníků, kamarádek, žáků, obchodníků, partnerů).

Str. 96, cvičení 15

Nevidím ji. Nemám je rád. Nechci ho vidět. Nenavštěvuji je. Neslyším ji. Nepozvu ho.

Str. 96, cvičení 16

Ano, navštěvoval jsem je; znal jsem ho; poslouchal jsem ho; viděl jsem je; slyšel jsem ji; koupil jsem ho; jedl jsem ji; pil jsem ho.

Str. 96, cvičení 17

Alena není tak hezká jako Jana. Citrony nejsou tak drahé jako pomeranče. Maso není tak zdravé jako zelenina. Petr není tak vysoký jako Pavel. Český počítač není tak dobrý jako japonský. Obchodní dům Máj není tak velký jako Kotva. Hotel Flora není tak drahý jako Palace hotel.

Str. 96, cvičení 18

Američané, kteří; koncert, který; boty, které; dívka, kterou; holky, od kterých; šaty,které; místo, o které; cizinec, se kterým; oddělení, ve kterém; schody, které; dům, ve kterém... .

Str. 97, cvičení 21

c/ Proč nekupujete víc ovoce? Kupujte ... ! Proč nenakupujete v samoobsluze? Nakupujte ... ! Proč nenastupujete rychle? Nastupujte ... ! Proč nevystupujete opatrně? Vystupujte ... ! Proč neopakujete to slovo? Opakujte ... ! Proč neopravujete chyby? Opravujte ... ! Proč nepracujete pilně? Pracujte ... ! Proč nestudujete každý den? Studujte ... ! Proč nepozdravujete všechny přátele? Pozdravujte ... ! Proč nepoděkujete za radu? Poděkujte ... ! Proč se neseznamujete s Prahou? Seznamujte se ... ! Proč nevyslovujete správně? Vyslovujte ... ! Proč nediskutujete o politice? Diskutujte ... !

Str. 98, cvičení 29

toaletního papíru; papírové kapesníky; žlutých banánů; letních jablek; troje; jedny; dietních párků; housek; zahraničních studentů a studentek; starých krásných paláců, věží a barokních kostelů. (*Ask your teacher, when to use* jedny, dvoje, troje, čtvery, patery, šestery).

Str. 98, cvičení 30

Potřebuji pohodlné boty. Nastupuje do tramvaje. Miluje svého muže. Pracuji jako fotograf. Rádi studujeme češtinu. Paní profesorka opravuje naše chyby. Potřebují barevné filmy. Telefonuje svému příteli. Proč si kupuješ sandály? Kde nakupuješ? Komu telefonuje?

Lekce 9

Str. 105, cvičení 3

se studenty, s kluky, s novináři, s cizinci, s úředníky, s obchodníky, s delegáty, s ekonomy, s Rusy, s Němci, s Angličany, s Iry, s inženýry, s Čechy, s poslanci, s herci; s kamarádkami, s holkami, s cizinkami, s novinářkami, s úřednicemi, se sekretářkami, s Ruskami, s Češkami, s Američankami, s Italkami, s Irkami, se studentkami, s dětmi, s lidmi, s přáteli.

Str. 105, cvičení 5

V Británii se platí librami a pencemi. V USA se platí dolary a centy. V České republice se platí korunami a haléři. Ve Francii se platí franky. V Rakousku se platí šilinky. V Rusku se platí rubly. V Kanadě se platí kanadskými dolary. V Itálii se platí lirami. V Maďarsku se platí forinty.

Str. 105, cvičení 6

a/ **Lidé cestují s** pasy (s taškami, se zavazadly, s batohy, s přáteli, s rodinami, s dětmi, se psy, se šeky, s cestovními kancelářemi).

b/ **Lidé cestují** letadly (autobusy, vlaky, mezinárodními rychlíky, tramvajemi, parníky, taxíky).

c/ **Lidé se léčí** bylinkovými čaji (tabletkami, prášky, léčivými sirupy, vitaminy, obklady, vodními masážemi, léčivými minerálkami, rehabilitačními cviky).

d/ **Děti si hrají** s dřevěnými vláčky (s chodícími panenkami, s barevnými kostkami, s gumovými míči, s nafukovacími balónky, s plyšovými medvídky, s mechanickými hračkami, s moderními stavebnicemi).

Str. 106, cvičení 8

Ke svým rodičům, k našim kamarádům, k těm tvým kamarádkám, k českým studentům, k anglickým studentkám, ke kanadským přátelům, k jejím rodičům, ke svým dětem, k našim českým učitelům.

Str. 106, cvičení 9

Nerozumím těm složitým problémům, těm vašim názorům, těm písemným vzkazům, těm jejich otázkám, těm slovenským nápisům, těm obchodním jednáním, těm novým předpisům, těm gramatickým pravidlům, těm autobusovým jízdním řádům, těm jeho radám a instrukcím, těm českým jídelním lístkům, těm telefonním účtům, těm poplatkům za elektřinu.

Str. 106, cvičení 10

Vyhýbám se drogám, velkým dluhům, skinhedům, vekslákům, špinavým restauracím, autům, opilcům, zlodějům, zbytečným hádkám, nudným lidem, dlouhým diskusím, tmavým ulicím, zbytečným pokutám, vysokým daním.

Str. 107, cvičení 11

Blahopřeji spolupracovníkům k úspěchu, sportovcům k vítězství, rodičům k výročí svatby, dětem k narozeninám, kolegům k Novému roku, obchodním partnerům k vánocům, maminkám k svátku matek.

Str. 107, cvičení 13

Dávám přednost operám před balety, německým autům před francouzskými, japonským počítačům před americkými, románům před krátkými povídkami, komediím před psychologickými filmy, francouzským vínům před moravskými, houskovým knedlíkům před brambory, zeleninovým jídlům před masitými, českým restauracím před čínskými, výstavám před koncerty, procházkám před výlety.

Str. 107, cvičení 14

ho (jeho, něho/něj):

Slyšel jsi ho?	- Jeho? Ne, neslyšel jsem ho.
Poslouchal jsi ho?	- Jeho? Ne, neposlouchal jsem ho.
Viděl jsi ho v televizi?	- Jeho? Ne, neviděl jsem ho.
Poznal jsi ho na fotografii?	- Jeho? Ne, nepoznal jsem ho.
Hlasoval jsi pro něj?	- Pro něj? Ne, nehlasoval jsem pro něj.
Koupil jsi to pro něj?	- Pro něj? Ne, nekoupil jsem to pro něj.
Zaplatil jsi za něj?	- Za něj? Ne, nezaplatil jsem za něj.
Čekal jsi na něj?	- Na něj? Ne, nečekal jsem na něj.
Díval ses na něj?	- Na něj? Ne, nedíval jsem se na něj.
Bál ses o něj?	- O něj? Ne, nebál jsem se o něj.

Ji (ni):

Slyšel jsi ji?	- Ji? Ne, neslyšel jsem ji.
Poslouchal jsi ji?	- Ji? Ne, neposlouchal jsem ji.
Viděl jsi ji v televizi?	- Ji? Ne, neviděl jsem ji.
Poznal jsi ji na fotografii?	- Ji? Ne, nepoznal jsem ji.
Hlasoval jsi pro ni?	- Pro ni? Ne, nehlasoval jsem pro ni.
Koupil jsi to pro ni?	- Pro ni? Ne, nekoupil jsem to pro ni.
Zaplatil jsi za ni?	- Za ni? Ne, nezaplatil jsem za ni.
Čekal jsi na ni?	- Na ni? Ne, nečekal jsem na ni.
Díval ses na ni?	- Na ni? Ne, nedíval jsem se na ni.
Bál ses o ni?	- O ni? Ne, nebál jsem se o ni.

Je (ně):

Slyšel jsi je?	- Je? Ne, neslyšel jsem je.
Poslouchal jsi je?	- Je? Ne, neposlouchal jsem je.
Viděl jsi je v televizi?	- Je? Ne, neviděl jsem je.
Poznal jsi je na fotografii?	- Je? Ne, nepoznal jsem je.
Hlasoval jsi pro ně?	- Pro ně? Ne, nehlasoval jsem pro ně.
Koupil jsi to pro ně?	- Pro ně? Ne, nekoupil jsem to pro ně.
Zaplatil jsi za ně?	- Za ně? Ne, nezaplatil jsem za ně.
Čekal jsi na ně?	- Na ně? Ne, nečekal jsem na ně.

Díval ses na ně?   - Na ně? Ne, nedíval jsem se na ně.
Bál ses o ně?   - O ně? Ne, nebál jsem se o ně.

Str. 107, cvičení 15

Komu telefonoval?	Mně? (Jemu? Jí? Jim?)	Ne, tobě (jemu /jí /jim) netelefonoval.
Komu posílal pozdrav?	Mně? (Jemu? Jí? Jim?)	Ne, tobě (jemu /jí /jim) ho neposílal.
Komu blahopřál?	Mně? (Jemu? Jí? Jim?)	Ne, tobě (jemu /jí /jim) neblahopřál.
Komu poděkoval?	Mně? (Jemu? Jí? Jim?)	Ne, tobě (jemu /jí /jim) nepoděkoval.
Komu nechal vzkaz?	Mně? (Jemu? Jí? Jim?)	Ne, tobě (jemu /jí /jim) ho nenechal.
Komu dal pokutu?	Mně? (Jemu? Jí? Jim?)	Ne, tobě (jemu /jí /jim) ji nedal.
Ke komu šel na návštěvu?	Ke mně? (K němu/ ní/ nim?)	Ne, k tobě (němu /ní /nim) nešel.
Proti komu hlasoval?	Proti mně? (Proti němu/ní/nim?)	Ne, proti tobě (němu /ní /nim) nehlasoval.

Str. 107, cvičení 16

Ne, nepsali o nich, neinformovali o ní, nevyprávěli o něm, nehlasovali o ní, nereferovali o něm, nediskutovali o nich, nejednali o nich, nepsali o ní, nebyli v něm, nebydleli v něm, neseděli v ní, nepracovali v ní, nepsali na něm.

Str. 108, cvičení 18

Ty taky mluv potichu! Ty taky mluv pomalu! Ty taky oprav chyby! Ty to taky sprav! Ty se taky uč! Ty si taky připrav věci! Ty si taky pověs kabát! Ty taky vytoč číslo! Ty taky polož sluchátko! Ty taky zavěs! Ty taky uvař kávu! Ty se taky uč každý den! Ty si taky připrav věci! Ty se taky posaď! Ty si taky odlož kabát! Ty taky seď rovně! Ty taky choď na procházku! Ty taky poraď Petrovi! Ty taky vyplň přihlášku! Ty taky zaplať za lístek! Ty se taky uč česky! Ty taky mlč!

Str. 108, cvičení 19

c/ Proč nespěcháš?	Spěchej!	Proč se doma nepřezouváš?	Přezouvej se!
Proč rychle nesnídáš?	Snídej rychle!	Proč se teple neob ékáš?	Oblékej se teple!
Proč nepospícháš do školy?	Pospíchej!	Proč se nezeptáš učitele?	Zeptej se ho!
Proč neposloucháš rádio?	Poslouchej ho!	Proč nehledáš klíče?	Hledej je!
Proč neříkáš pravdu?	Říkej ji!	Proč neutíkáš?	Utíkej!
Proč se nedíváš na televizi?	Dívej se na ni!	Proč nevoláš o pomoc?	Volej o ni!
Proč správně neodpovídáš?	Odpovídej správně!	Proč nečekáš u vchodu?	Čekej u něj!
Proč nedáváš pozor?	Dávej pozor!	Proč neuděláš snídani?	Udělej ji!
Proč neděláš úkoly?	Dělej úkoly!	Proč se nezeptáš na cestu?	Zeptej se na ni!
Proč se neobouváš?	Obouvej se!		

Str. 108, cvičení 20

a/ Prosím tě, vstávej (spěchej, snídej rychle, oblékej se, obědvej pravidelně, dělej úkoly, udělej snídani, dej talíře na stůl, podej mi sůl, čekej na mě u vchodu, zamykej vždycky pečlivě, zavolej mi zítra, utíkej)!

b/ Neotvírej nikomu (nedělej zbytečné chyby, nedělej nepořádek, nesnídej ve stoje, nevolej pozdě večer, nezvedej těžký kufr, neotvírej skříň, nenechávej otevřené okno, nenechávej klíč ve dveřích, nenechávej téct vodu v koupelně, nezapomínej zhasnout v koupelně, nezapomínej vypnout rádio, nezapomínej si doma klíče)!

Str. 109, cvičení 21

a/ Běhej (spěchej, odpovídej hlasitě, říkej říkanku, zazpívej písničku, dávej pozor, utíkej, oblékej se, obouvej se, pomáhej mamince, poděkuj, opakuj to slovo, vyslovuj dobře, maluj si)!

b/ Neplač (neutíkej, nedělej nepořádek, neotvírej nikomu, neotvírej okno, neopakuj to, nekupuj si čokoládu, nemaluj na zeď)!

Str. 109, cvičení 22b/

přečíst ten článek	Přečtěte, prosím vás, ten článek!	- Tak dobře, já ho přečtu.
zvednout ten kufr	Zvedněte, prosím vás, ten kufr!	- Tak dobře, já ho zvednu.
zvednout sluchátko	Zvedněte, prosím vás, sluchátko!	- Tak dobře, já ho zvednu.
zapnout televizi	Zapněte, prosím vás, televizi!	- Tak dobře, já ji zapnu.
vypnou rádio	Vypněte, prosím vás, rádio!	- Tak dobře, já ho vypnu.
zavřít dveře	Zavřete, prosím vás, dveře!	- Tak dobře, já je zavřu.

otevřít okno	Otevřete, prosím vás, okno!	- Tak dobře, já ho otevřu.
utřít tabuli	Utřete, prosím vás, tabuli!	- Tak dobře, já ji utřu.
utřít nádobí	Utřete, prosím vás, nádobí!	- Tak dobře, já ho utřu.
vzít si jablko	Vezměte si, prosím vás, jablko!	- Tak dobře, já si ho vezmu.
rozepnout si kabát	Rozepněte si, prosím vás, kabát!	- Tak dobře, já si ho rozepnu.
zapnout si bundu	Zapněte si, prosím vás, bundu!	- Tak dobře, já si ji zapnu.
vyhnout se autu	Vyhněte se, prosím vás, autu!	- Tak dobře, já se mu vyhnu.
zahnout doleva	Zahněte, prosím vás, doleva!	- Tak dobře, já zahnu.
zahnout doprava	Zahněte, prosím vás, doprava!	- Tak dobře, já zahnu.
vypnout televizi	Vypněte, prosím vás, televizi!	- Tak dobře, já ji vypnu.
zhasnout světlo	Zhasněte, prosím vás, světlo!	- Tak dobře, já ho zhasnu.
začít se učit	Začněte se, prosím vás, učit!	- Tak dobře, já začnu.
začít pracovat	Začněte, prosím vás, pracovat!	- Tak dobře, já začnu.
pozvat svou kamarádku	Pozvěte, prosím vás, svou kamarádku!	- Tak dobře, já ji pozvu.
čistit si boty	Čistěte si, prosím vás, boty!	- Tak dobře, já si je vyčistím. (já si je budu čistit).

Str. 109, cvičení 23a/

mluvit pomalu	Mluv, prosím tě, pomalu!
sedět	Seď, prosím tě!
ležet	Lež, prosím tě!
mlčet	Mlč, prosím tě!
učit se česky	Uč se, prosím tě, česky!
vrátit se brzy	Vrať se, prosím tě, brzy!
rozsvítit	Rozsviť, prosím tě!
držet se	Drž se, prosím tě!
nastoupit	Nastup, prosím tě!
vystoupit	Vystup, prosím tě!
přestoupit	Přestup, prosím tě!
koupit noviny	Kup, prosím tě, noviny!
poradit Petrovi	Poraď, prosím tě, Petrovi!
pospíšit si	Pospěš si, prosím tě!
vyplnit složenku	Vyplň, prosím tě, složenku!
doprovodit Helenu domů	Doprovoď, prosím tě, Helenu domů!
nakoupit limonádu	Nakup, prosím tě, limonádu!
navštívit Petra	Navštiv, prosím tě, Petra!
poradit Ireně	Poraď, prosím tě, Ireně!
vyřídit to Petrovi	Vyřiď to, prosím tě, Petrovi!
podržet to	Podrž to, prosím tě!
řídit opatrně	Řiď, prosím tě, opatrně!
učit se česky	Uč se, prosím tě, česky!
rychle přecházet	Přecházej, prosím tě, rychle!
dávat pozor na cestu	Dávej, prosím tě, pozor na cestu!
zavolat Petrovi	Zavolej, prosím tě, Petrovi!
změřit si teplotu	Změř si, prosím tě, teplotu!
užívat pravidelně léky	Užívej, prosím tě, pravidelně léky!
vypravovat o svém výletu	Vypravuj, prosím tě, o svém výletu!
napsat o tom podrobnou zprávu	Napiš o tom, prosím tě, podrobnou zprávu!

Str. 110, cvičení 26

Prosím tě, zavři dvéře (odemkni, zamkni, rozsviť, zhasni, ukliď koupelnu, umyj nádobí, uvař kávu, zaplať činži, promiň mi to)!

Str. 110, cvičení 27

Prosím vás, zavírejte okna (zhasínejte světlo, čistěte si boty, přezouvejte se v předsíni, netelefonujte do ciziny, vypněte rádio a televizi, nezvěte cizí lidi).

Str. 110, cvičení 31

Musíte zavolat pohotovost. Změřila jsem si teplotu. Dejte mi něco na spaní. Mám alergii na antibiotika. Byla u lékaře. Pošlu vás na rentgen.

Lekce 10

Str. 119, cvičení 1

Mluvili jsme o českých ženách, o nových knihách, o českých novinách, o anglických učitelkách, o nových studentkách, o posledních zprávách, o volbách, o nových cenách, o českých učebnicích, o pražských restauracích, o daních, o lidových písních, o volných bytech, o českých filmech, o televizních programech, o moderních obrazech, o platech, o nových zákonech, o našich dětech, o vašich problémech, o jejích starostech, o japonských autech, o českých jídlech, o moravských městech, o ruských vojácích, o albánských uprchlících, o českých dělnících, o mladých učitelích, o studentech, o amerických lektorech, o českých inženýrech, o mladých novinářích, o kanadských hráčích, o moderních počítačích, o sportovních událostech, o ukradených obrazech, o zimních sportech.

Str. 119, cvičení 2

v bačkorách nebo v trepkách, v sandálech, v teplých botách nebo v holinkách, v teniskách, v lodičkách, v lyžařských botách, v polobotkách, v holinkách.

Str. 119, cvičení 3

o hotelech, o kinech, o pamětihodnostech, o kulturních památkách, o platech, o pracovních smlouvách, o krádežích, o loupežích, o požárech, o vraždách, o přepadeních, o nových zákonech, o politických událostech, o sportovních výsledcích, o mezinárodních dohodách, o našich pracovních problémech, ...

Str. 119, cvičení 4

Ve Vršovicích, ve Strašnicích, v Modřanech, v Nuslích, na Vinohradech, na Hradčanech, v Poděbradech, v Mariánských Lázních, v Jinonicích, v Karlových Varech, v Aténách, v Košicích, v Budějovicích, v Helsinkách.

Str. 119, cvičení 5

po knedlíkách, po houskách, po buchtách, po dortech, po smažených řízkách, po různých majonézách a majonézových salátech, po salámech, po tučných jídlech, po zmrzlinových pohárech.

Str. 119, cvičení 6

o českých dějinách, o nových českých knihách, o vašich pěkných historických filmech, o historických památkách, o posledních událostech, o politických problémech, s českých spisovatelích, o starých českých zvycích, o zajímavých výstavách, o pražských koncertech, o slovenských hradech a zámcích, ...

Str. 119, cvičení 7

a/ 1. díval, podívat 2. zeptat, ptá 3. žehlit, vyžehlit 4. vyfotografovat, fotografuji 5. usušit, suším 6. píšu, napsat 7. volat, zavolám

b/ 1. uklízím, uklidím 2. neztratím, ztrácím 3. nastupuješ, nastoupíš 4. vstávám, vstanu 5. dám, dávám

Str. 120, cvičení 8

Nezavírej okno! Nevař kávu! Nemyj nádobí! Nekresli kočku! Nečti ten dopis! Neděkuj mi! Neuč se to! Neptej se ho! Nejez! Nesnídej! Neobědvej! Neodpočívej! Nenavštěvuj ho! Nevystupuj! Neuklízej na tom psacím stole! Nelehej si! Nepomáhej jí! Neprodávej to auto! Neříkej mu pravdu! Nedávej to na stůl! Nekupuj maso! Neplať za mě! Neházej to z okna! Neházej to na zem!

Str. 120, cvičení 9

Tak začni luxovat! Tak začni uklízet! Tak začni prát! Tak začni dělat večeři! Tak to začni překládat! Tak se to začni učit! Tak ho začni hledat!

Str. 120, cvičení 10

Přestaň si prohlížet ten časopis (psát dopis, číst noviny, fotografovat ten kostel, překládat ten článek, jíst, dělat večeři, odpočívat, se učit tu gramatiku) a pojď raději na procházku.

Str. 120, cvičení 11

Já ho budu psát... . Já budu vystupovat... . Já přestoupím ... . Já ho budu nakupovat ... . Já ji budu kupovat ... . Já si je přečtu ... . Já si je vyměním ... . Já ji zavolám ... . Já ho budu uklízet ... . Já do něj půjdu ... . Já na něj pojedu ... . Já do ní půjdu ... . Já si ji umyji ... . Já budu snídat ... . Já na něj půjdu ... . Já se naobědvám ... .Já ho pro ni koupím ... . Já ho budu dělat ... . Já je budu prát ... . Já na ni půjdu ... . Já budu odpočívat ... . Já přestanu ... . Já začnu ... . Já začnu ... . Já budu posílat ... . Já půjdu ... .

Str. 120, cvičení 12

Včera jsem si koupila letenku. - Já si ji koupím ... . Včera jsem si vyměnila peníze. - Já si je vyměním ... . Včera jsem poslala dopis. - Já ho pošlu ... . Včera jsem si koupila teplý svetr. - Já si ho koupím ... . Včera jsem poslouchala rádio . - Já ho budu poslouchat ... . Včera jsem četla noviny. - Já je budu číst ... . Včera jsem si vyžehlila košili. - Já si ji vyžehlím ... . Včera jsem se dívala na televizi. - Já se na ni budu dívat ... . Včera jsem hrála fotbal. - Já ho budu hrát ... . Včera jsem hrála basketbal. - Já ho budu hrát ... . Včera jsem hrála tenis. - Já ho budu hrát ... . Včera jsem sportovala. - Já budu sportovat ... . Včera jsem jela na výlet s partou ze školy. - Já na něj s ní pojedu ... . Včela jsem celý den prala. - Já budu prát až zítra. Včera jsem celý den žehlila a uklízela. - Já budu žehlit a uklízet ... . Včera jsem si uvařila dobrou večeři. - Já si ji uvařím ... . Včera jsem se setkala se zajímavými lidmi. - Já se s nimi setkám ... .

Str. 121, cvičení 13

Prosím tě, nepočkal bys na mě (nepůjčil bys mi sto korun, neutřel bys nádobí, nekoupil bys chleba, neotevřel bys okno, nezavřel bys dveře, neporadil bys mi, neuvařil bys kávu, nedal bys to na stůl, nezavolal bys mi zítra, nepomohl bys mi)?

Str. 121, cvičení 16

Chce, abych přeložil/a ten článek, otevřel/a okno, udělal/a večeři, vypral/a prádlo, vyluxoval/a ložnici, jel/a na výlet, koupil/a letenku, objednal/a taxík, přestal/a kouřit.

Str. 123, cvičení 22

V sobotu **budu muset** vstávat v šest hodin, protože **pojedeme** na kole na výlet. Podle předpovědi **bude** krásné a teplé počasí. **Pojedeme** k rybníku, kde se **utáboříme**. Večer si **uděláme** táborák, **budeme zpívat** a Michal **bude hrát** na kytaru. **Budeme spát** ve stanech. V neděli se **budeme koupat** a **opalovat**. **Vrátíme** se pozdě večer.

Str. 123, cvičení 23

a/ jezdí, jezdit, jede, jezdí, jede
b/ chodíme, jít, chodí, jdeš, jdu, chodit
c/ nosí, nesete, nenosím, nenosí, nesu
d/ vodím, vede, vodí
e/ běžíš, běhá, běžet

Obsah

V roce l992 uplynulo 400 let od narození "učitele národů" Jana Amose Komenského. Rodem z Moravy, jazykem Čech, životem spjatý se Slovenskem a nakonec velký emigrant, nazývaný učitelem národů, snažil se učinit obávanou školu zdrojem zábavy a poučení. Jeho učebnice latiny Janua linguarum reserata se stala bestsellerem r.1631.

Metodické zásady Komenského nás inspirovaly při psaní této knihy a přály bychom si, aby byla považována za maličký kamínek v obrovské mozaice portrétu tohoto velkého myslitele. Pokud se nám to napoprvé tak úplně nepodařilo, prosíme vás o shovívavost. Chtěly jsme vyhovět naléhavé poptávce po učebnici češtiny a řídily jsme se zásadou, kdo rychle dává, dvakrát dává. Z časových důvodů učebnice neprošla recenzním řízením ani jazykovou úpravou.

Těšíme se na vaše připomínky.

Where can you get this book?

At any of the later mentioned schools if you enter their classes or at some bookshops, e. g.:

Academia, Václavské nám. 22, Praha 1

Cizojazyčné literatura (Svatava Nováčková), nám. Míru, 760 01 Zlín

Karolinum, prodejna, Celetná 18, 116 36 Praha 1

Knihkupectví Fišer, budova FFUK, náměstí Jana Palacha č. 2, 110 10 Praha 1

Knihkupectví Fišer, Kaprova 10, 110 10 Praha 1

Knihkupectví Hana Smílková, Arna Nováka 1, 602 00 Brno

Knihkupectví Jan Kanzelsberger, Václavské náměstí 42, Praha 1

Knihkupectví Jan Kanzelsberger, Václavské náměstí 4, Praha 1

Knihkupectví metro Dejvická, Praha **6**

Knihkupectví Na Můstku, Na Příkopě 3, 110 10 Praha 1

Knihkupectví Skippy, Gočárova 30, 500 02 Hradec Králové

Knihkupectví Studentcentrum, Křížkovského 14, 772 00 Olomouc

Knihkupectví U Černé matky boží, Celetná 34, 110 00 Praha 1

Knihkupectví U Černé labutě, Na Poříčí 25, Praha 2

808.50

PAROLKOVÁ, Olga - NOVÁKOVÁ, Jaroslava

Czech for Foreigners: My good Czech Companion / O. Parolková, J. Nováková; Ilustr. Miloš Nesvadba, Jaroslava Bičovská, Libor Štětkář
Vyd. 4., opr. - Praha: nakladatelství Bohemika, 1998 (: az servis). - 172 s. : obr.

ISBN 80-901739-4-2
Čeština - učebnice pro cizince - vyd. čes.- angl.

Sazbu připravil a vytiskl az servis, Mendíků 9, 140 00 Praha 4, tel/fax 02/6122 5527, tel.: 02/6122 5533.

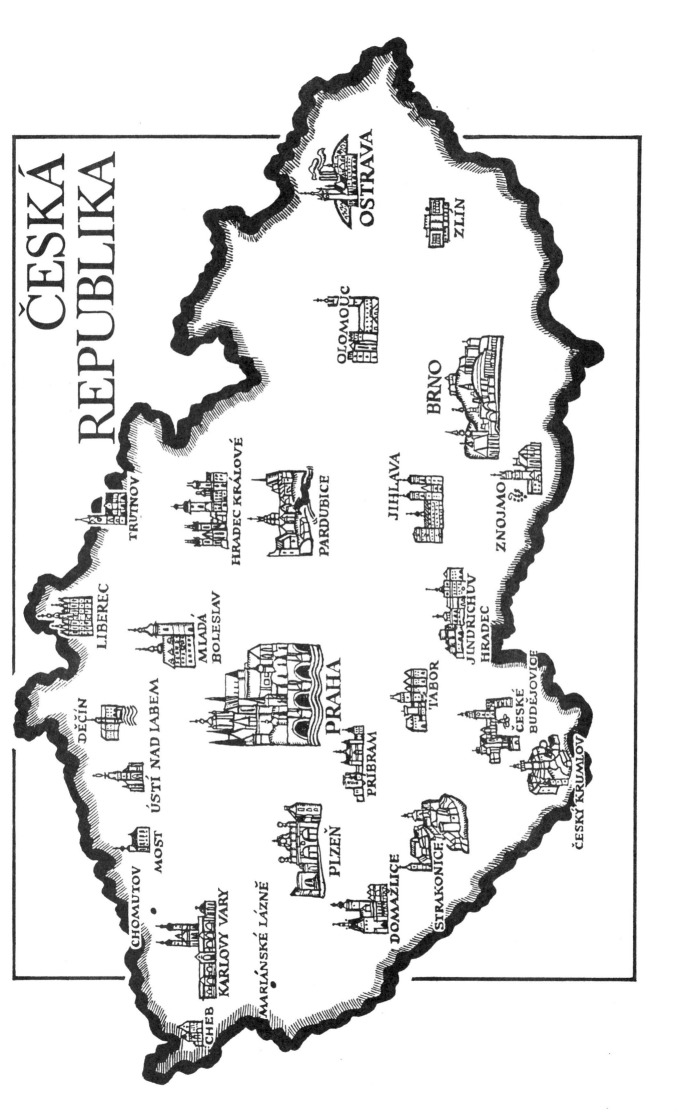

Praha

Order Form

Please send me

CZECH FOR FOREIGNERS + cassette
4th edition, (including a Key)

.... copy(ies)

Price	USD	21	(icluding postage over sea)
	EUR	13	(including postage to Europe)
	Kč	325	(including inland postage)**

CZECH FOR FOREIGNERS without a cassette*
4. th edition, (including a Key)

.... copy(ies)

Price	USD	17	(including postage over sea)
	EUR	11	(including postage to Europa)
	Kč	235	(including inland postage)**

TSCHECHISCH für DEUTSCHSPRECHENDE + Schlüssel + Kassette

.... Exemplar(e)

Preis	EUR	12	(Porto nach Europa eingerechnet)
	Kč	270	(Porto in die ČR eingerechnet)**

TSCHECHISCH für DEUTSCHSPRECHENDE + Schlüssel - ohne Kassette*

.... Exemplar(e)

Preis	EUR	11	(Porto nach Europa eingerechnet)
	Kč	180	(Porto in die ČR eingerechnet)**

CZECH FOR FOREIGNERS II.
Advanced Level, 1st edition, (including a Key) .... copy(ies)

Price	USD	17	(including postage over sea)
	EUR	11	(including postage to Europa)
	Kč	230	(including inland postage)**

CZECH VERBS IN PRACTICE

.... copy(ies)

Price	USD	6	(including postage over sea)
	EUR	4	(including postage to Europe)
	Kč	82	(including postage to Czech Republic)

Чешский язык для русских

.... copy(ies)

Price	Kč	88	(including postage to Czech Republic)

Name Mr/Mrs/Miss..

Address...

....

Signature .... Date ....

* for single cassette in ČR 125 Kč, in Europe 7 EUR, other countries 11 USD including postage.;
** na dobírku (v ČR) příplatek 10 Kč.

Make payment **in Czech currency** to Komerční banka Praha 10 account number 157 540 101/0100
in foreign currency to Komerční banka, Václavské nám. 42, Praha 1, 114 07, Swift Adresse,
KOMB CZ PP; account number (EUR) 34278 - 624150111/0100, Parolková.

Please send your order by mail to O. Parolková, 101 00 Praha 10, Tolstého 19, Česká republika,
tel.: 420 2/717 304 38, fax 02/6122 5527, e-mail: parolkova@volny.cz.

Objednat publikace můžete též prostřednictvím internetu na naší WWW stránce:

You can also order the books using our www pages:

www.bohemika.cz

Where can you learn Czech with this textbook in Prague?

– **Státní jazyková škola,** Praha 1, Národní 20, tel. 206241 or 203807: different levels, groups (10-22), for advanced students possibility to pass state's exam; courses mostly last from September till the end of June. You can also attend their summer course in Czech.

– **The Bell School**, Praha 10, Nedvězská 29, Tel./Fax: 7815342; individual lessons or small groups, in your offices or their premises.

– **Jazyková agentura AHA**, Praha 3, Žižkov, Blahoslavova 8; individual lessons or small groups, courses in your offices or their premises, tel./fax: 644 1359.

– **Jazyková škola Praha 4 a.s.**, Bítovská 3, tel. 42 05 95; individual lessons or small groups in your offices or their premises.

– **London School,** Praha 2, Belgická 25 , tel. 256859 fax 250073; individual lessons or small groups, courses in your offices or their premises; all levels.

– **3D Language services**, Novákových 37, Libeň, Praha 8, tel. 68 46 254; small classes; bilingual teachers or immersion method; range of levels, times and lenghts: intensive, business and company courses also.

– **Cross Czech Language School**, Praha 6, Veleslavínská 283/41, tel. 316 55 89; individual lessons or small groups, on-site, in your office or residence.

– **Czech Language Center,** Kateřinská 24, Praha 2, tel. č. 422/298995; small groups (3-4) or individuals, profesional teachers, variety of levels.

– **LINQUARAMA CZ,** Šrobárova 1, Praha 3, tel.: 42 2/744 889; profesional teachers, Czech language for business.

– **Courses in Czech**, organized by Olga Parolková, author of this textbook, former teacher from the Language School, Národní 20, Praha 1. For further information write: O. Parolková, 101 00 Praha 10, Tolstého 19, or call tel. 4202/7173 0438, fax: 4202/6122 5527.

Where can you learn Czech with this textbook in Brno?

– **Summer School of Slavonic Studies,** Philosophical Faculty, Masaryk University, A. Nováka 1, 660 88 Brno, tel. 05/750 050, fax 05/753 050; different levels, groups (5-10); Summer School in August; 3-6-10 month courses for advanced students or postgraduates.

– **H. E. LINGUA CENTRUM,** Anenská 10, 602 00 Brno, tel./fax: 05/332 638

Where can you learn Czech with this textbook in Olomouc?

– **Institute for Stavonic Studies,** Philosophical Faculty, Palacký University, Křížkovského 10, 771 80 Olomouc, tel. 00420/068/208 348, fax 00420/68/26476; Summer School (4 weeks) or 3-6-10 months courses (also Czech Studies including language, literature and history, classes in English).

V nakladatelství BOHEMIKA si můžete dále objednat:

Czech for Foreigners II Advanced Level (Tschechisch für Fortgeschrittene, Чешский язык для русских), ISBN 80-901739-5-0, dotisk 1. vydání, Praha 2000.

Czech Verbs in Practice, Česká slovesa, O. Parolková; 1. vydání, Praha 1997, ISBN 80-901739-1-8

Tschechisch für Deutschsprechende, O. Parolková - J. Nováková; (1. vydání) ISBN 80-900026-8-4, včetně mg. kazety (stejné jako pro angl. vydání)

Testy k Czech for Foreigners (vhodné i pro Tschechisch für Deutschsprechende) - pro potřebu učitelů.

Чешский язык для русских. ISBN 80-901739-3-4, dotisk 1. vydání, Praha 1999. Ruský komentář k Tschechisch für Deutschsprechende nebo Czech for Foreigners, včetně doplňkových cvičení a česko-ruského slovníčku pro rusky mluvící, kteří se podle výše uvedené učebnice chtějí učit česky.

Audio kazeta k Czech for Foreigners nebo k Tschechisch für Deutschsprechende, která obsahuje jen český text a je tedy použitelná pro všechny verze.

Litevská literatura. Vývoj a tvůrčí osobnosti. R. Parolek, ISBN 80-901739-1-8, Praha 1996

Lotyšská literatura. Vývoj a tvůrčí osobnosti. R. Parolek, ISBN 80-901739-7-7, Praha 2000

V kruhu krásy. Výběr z lotyšské a litevské lidové poezie. R. Parolek. Vyšlo k 80. výročí vyhlášení litevské a lotyšské nezávislosti. ISBN 80-901739-6-9, Praha 1998

Important information:

Money:
Czech Crown (Kč). Exchange rate (1st December 2000): 1 USD = 38 Kč. Inflation rate 6 % per year. Useful advice: for changing money use a bank. In a hotel they charge a higher commission. Never change money in the street: you will be swindeled.

Taxi:
1 km = 20 Kč + 30 Kč for just starting to go. The price should be written on the door (outside). Look at the taximeter and check your watch. You surely will not pass 30 km during 10 minutes in a crowded town and then pay 600 Kč for what really costs only 60 Kč. Please, don't support thieves! Especially be careful at the airport or taking a taxi from the center of the city. The best way is to call a taxi service, say A-A-A , phone n. 140 14 in Prague. The drive to your house is free. (How to call a taxi see Czech for Foreigners I, Parolková- Nováková, L. 3, page 23, dialog 6 e/ in that textbook).

Buses or trams in the city cost 12 Kč for a single ticket. With it you can change (It is valid for 60 minutes only. The ticket for 8 Kč you can use for short trips and you can't change to another transport). You can get tickets at Tabák shop or Trafika or Noviny or at the Metro. If you are going to stay for several days, it is better to get a tourist ticket for 1 (70 Kč), 3 (100 Kč), 7 (250 Kč) or 15 (280 Kč) days. If you are going to stay for a long time, it is better to get a tram/bus pass: you need a passport-sized photo, a passport and 420 Kč (for 1 month). In Prague you must go to street Na bojišti 5 (metro station I.P. Pavlova), where you can get a pass for one month which is valid for all forms of city transport.

Travelling:
If you use a train, you will pay about 1 Kč for each km (+ 30 Kč for express train). If you use a bus, it's about the same. For long distances, buses are quicker and cheaper than trains.

Accomodation:
Warning! There is a brutal housing market in Prague. The price might be from 5,000 Kč for a single room (per month) to 20,000 Kč for a three-room apartment. Try to find somebody to advise you before you sign anything. In the meantime try to find a hostel or a hotel in the outskirts of the city. Per night (bed and breakfast) you will pay from 360 Kč up to 5,000 Kč. If you live outside Prague, your situation will be far more hopeful. You might get information at Accomodation service, phone 4202 / 2310202 (first number is for Czech Republic and Prague). If you get ANNONCE advertising newspaper, you might need linguistic help.

Thief!
Crowds of tourists attract the thieves. Be also alert when boarding the trams and metros. Even the beggars are mostly pickpocket accomplices. Never leave bags unattended. Keep your hand on top of your purse. Keep your money in two or three different places. Don't keep money and your IDs in the same place.

Food:
If you look at the menu card in lesson 4 in Czech for Foreigners I, (Parolková- Nováková) , the real prices in May 2000 are 60% higher in a normal restaurant beyond the center of the city. (In the center or at a hotel the price might be six times higher). Please, take into account that more expensive food is not necessarily better. You should look for a quiet and clean place, but if there are very few or even no guests there, it is better to leave. At a shop, e.g.1 liter of milk costs 14 Kč, a roll 1,20 Kč, 100 gr of ham 17,00 Kč.

Health service:
You can find Emergency medical aid in Prague at Karlovo náměstí 32, Praha 2, hospital, or at První pražská zdravotní Praha 2, Tylovo náměstí 3/15, tel.: 2425 1319 or 0603/555 006. Be prepared to pay about 500 Kč for one visit.
Emergency dental care can be found in Prague at Vladislavova 22, Praha 1, tel. 261 374.
In general, the quality of health care in any Czech hospital is good.

Phone calls:
To make call from abroad to somebody in Prague, whose number is 71730438, first dial 420 (International Code) then 2 (City Code) and then his Local Number (i.e. 4202/71730438).

Important numbers:

Police:	158	Lost Visa,Diners Club:	24125353
Fire:	150	Lost Master Card:	2442 3135; fax 2424 8037
Ambulance:	155	Lost American Expres:	2421 9992
Airport:	2011 1111		